UN TRAM...

LA CHATTE ... NT

Petit-fils de pasteur, fils d'un représentant de commerce, Tennessee (Thomas Lanier) Williams passe sa jeunesse dans le Missouri (Etats-Unis) où il est né en 1914. Contraint de travailler par la crise économique des années 1930, il ne termine ses études qu'en 1938. Fixé à la Nouvelle-Orléans, il occupe divers emplois, voyage et écrit de nombreuses pièces.

Il remporte son premier succès théâtral en 1945 avec La Ménagerie de verre et reçoit le Prix Pulitzer en 1947 pour Un Tramway nommé Désir, en 1955 pour La Chatte sur un toit brûlant. Citons aussi : Le Printemps romain de Mrs Stone (1950), La Rose Tatouée (1951).

Une jeune femme trop élégante pour ce quartier de la Nouvelle-Orléans hésite devant une porte. Elle vient chez sa sœur Stella, Mrs. Stanley Kowalsky. Elle ne s'attendait pas à un endroit pareil : rien que deux pièces, pas de bonne... elle, Blanche Du Bois, est habituée à autre chose.

Piqué au vif, Kowalsky enquête sur cette prétentieuse belle-sœur. Au moment où elle croit trouver l'homme qui lui offrira un refuge, la dure réalité fait échouer au port et rejette dans ses phantasmes la pitoyable épave du Tramway.

Heure de la vérité aussi dans une plantation du Sud pour Grand-Père Pollitt et son fils préféré, Brick, dans La Chatte sur un toit brûlant. La chatte, c'est Maggie, la femme de Brick qui la repousse parce qu'il la croit responsable de la mort de son meilleur ami. De même que Grand-Père se croit exempt d'un cancer, de même que Grand-Mère se croit aimée...

Paru dans Le Livre de Poche :

LE PRINTEMPS ROMAIN DE MRS STONE.
LA STATUE MUTILÉE.
BABY DOLL.

TENNESSEE WILLIAMS

Un tramway nommé Désir

suivi de

La chatte sur un toit brûlant

ROBERT LAFFONT

UN TRAMWAY NOMMÉ DÉSIR

(ASTREETCAR NAMED DESIRE)

(A STREETCAR NAMED DESIRE)

Adaptation de Paule de Beaumont

L'action se passe dans le quartier français de La Nouvelle-Orléans.

Atmosphère sensuelle et décadente.

La scène représente un appartement assez lamentable, composé de deux pièces séparées par un rideau que l'on tire à volonté. L'une est un living-room, l'autre est la chambre à coucher. Derrière, au second plan, on aperçoit la rue à travers les murs de l'appartement.

Stella Du Bois, fille d'une vieille famille de l'aristocratie du Sud, a quitté un jour la plantation familiale pour suivre un Polonais, Stanley Kowalsky, plébéien et sensuel, qu'elle a épousé et avec lequel elle vit à La Nouvelle-Orléans. Elle est enceinte.

Dès le début de la pièce, apparaît sa sœur, Blanche Du Bois, qui, blessée par une réalité sordide dont nous saurons plus tard le secret, arrive ayant juste envoyé un télégramme à sa sœur.

Tout de suite, elle est surprise et heurtée par la simplicité, la bohème qu'elle trouve chez sa sœur, et la vulgarité de Kowalsky.

Mariée elle-même à l'âge de seize ans à un jeune garçon, poète d'une très grande beauté, elle fut blessée un jour dans tout ce qu'elle avait de plus sacré en découvrant que son mari était pédéraste, alors qu'elle l'adorait.

Veuve, presque immédiatement après sa découverte, elle a continué à vivre dans la plantation essayant de tout maintenir, de sauver cette propriété familiale qui, grevée d'hypothèques, a dû être abandonnée. C'est ce qu'elle apprend à sa sœur dès son arrivée.

Blanche Du Bois vit dans un monde imaginaire d'exaltation, de raffinement et de grandeur. Elle est perpétuellement à bout de nerfs et la promiscuité de ce jeune couple uniquement sensuel accentue son déséquilibre.

Stanley Kowalsky commence par la soupçonner au sujet de la perte de la propriété et décide, sans en parler à personne, de mener une enquête.

Un de ses amis, Mitch, au-dessus de la moyenne vulgaire des autres, sorte de lourdaud sentimental vivant seul avec sa mère, s'intéresse à Blanche Du Bois. Elle lui joue la pureté, l'innocence, mais on sent véritablement chez elle un besoin profond de s'accrocher à un être humain. Mitch sera presque décidé à l'épouser.

Blanche jette le désarroi dans l'âme de sa sœur par sa seule présence. Elle ne lui cache pas son opinion sur Kowalsky qu'elle apparente à un singe des premiers âges, sorte de fou alcoolique. Stella ne se laisse pas ébranler dans son amour, mais ses gestes instinctifs de la première scène sont un peu refrénés. Kowalsky lui-même, qui a surpris une conversation, n'est plus le même.

L'enquête est terminée. Kowalsky a découvert la vérité et vient en faire part à sa femme.

Blanche Du Bois, si elle n'a pas commis d'escroquerie au sujet de la plantation, a, depuis des années, mené la vie d'une putain de bas étage, recevant chaque nuit, dans sa chambre d'hôtel à Laurel, des hommes de passage, se faisant renvoyer de ville en ville pour mœurs dépravées et, finalement, de l'école où elle était comme institutrice parce qu'elle avait séduit un jeune garçon de dix-sept ans. L'arrivée de Blanche chez sa sœur n'était que le dernier havre où elle pouvait se réfugier.

Kowalsky a dit la vérité à Mitch, son ami, qui vient demander des explications à Blanche. Celle-ci, dans un état d'exaltation hystérique, lui avoue sa vie, déséquilibrée à la base par sa déception sentimentale.

Mitch quittera Blanche sur cette phrase :

« Vous n'êtes pas assez pure pour que je vous montre à ma mère... »

Kowalsky, le soir où sa femme va avoir son bébé, où Blanche Du Bois a été lâchée par Mitch, et où elle sait qu'elle part le lendemain avec un ticket d'autobus donné par Kowalsky pour son anniversaire, couche avec elle.

Kowalsky, décidé à retrouver son bonheur et sa vie simple, renvoie Blanche de chez lui et la fait prendre par le médecin d'une maison de repos. Blanche, dans sa dernière exaltation, essaie de faire croire à Kowalsky qu'elle part pour une croisière, invitée par un des ses admirateurs.

ACTE PREMIER

SCÈNE PREMIÈRE

Au lever du rideau, la scène est dans l'ombre. Un petit orchestre joue une musique de jazz. La scène s'éclaire lentement dévoilant l'appartement de Kowalsky, composé de deux pièces, dans le quartier français de La Nouvelle-Orléans.

A gauche, dans la chambre à coucher, Stella Kowalsky, affalée dans un fauteuil bancal, s'évente avec une feuille de palmier. Elle mange des chocolats qu'elle tire d'un sac de papier et lit un hebdomadaire de cinéma. Deux marches, à sa gauche, mènent à la salle de bain dont la porte est fermée. Au-dessus de la porte de la salle de bain, dans le coin gauche, une portière cache un réduit.

Le living-room, au centre de la scène, est vide. Une séparation fictive, entre les deux pièces, est simplement constituée par un encadrement de porte en plein cintre. Un rideau est suspendu sous un vasistas cassé qui donne sur la rue et coulisse sur une tringle ou un simple fil de fer pour séparer les deux pièces.

A droite, dans le living-room, une porte basse donne sur un porche à ciel ouvert. Tout de suite, à droite, un escalier en spirale mène à l'appartement du dessus. Une grosse Négresse languide est assise sur l'escalier, s'éventant avec une feuille de palmier, ainsi qu'Eunice Hubben, locataire de l'appartement du dessus. Celle-ci mange des cacahuètes et lit *Confidences*.

A droite de l'escalier en spirale et du porche, un passage conduit à la hauteur de la rue, qui traverse toute la scène derrière les deux pièces de l'appartement de Kowalsky. Les murs de l'appartement en tissu métallique laissent apercevoir la rue lorsqu'elle est éclairée. Seul, l'encadrement des deux fenêtres se détache en noir sur le fond transparent. En contrebas, derrière la rue, séparée d'elle par un autre tissu métallique, on aperçoit en arrière-plan la voie ferrée L/N (ou P. O.) qui passe par là.

Au lever du rideau, une femme, portant un sac à provisions plein de paquets, traverse la rue d'un pas fatigué, de l'arrière-plan droit jusqu'au premier plan gauche, et disparaît.

Stanley Kowalsky apparaît dans la rue venant du premier plan gauche, suivi par Harold Mitchell (Mitch), son ami. Stanley avance rapidement le long de la rue vers la porte de son appartement, suivi péniblement par Mitch qui a du mal à suivre le train.

La musique joue toujours, la scène est plus éclairée.

STANLEY, beugle en ouvrant la porte du living-room.
Hé! Stella! Où es-tu, ma gosse?

Mitch attend Stanley à la porte de droite.

STELLA, bondit de son fauteuil et vient dans le living-room.
Ne hurle pas après moi comme ça!

STANLEY, lançant à Stella un paquet de viande taché de sang.

Attrape!

STELLA, attrapant le paquet.

Oui...?

STANLEY

Viande!

Stanley et Mitch sortent par la porte de droite.

STELLA, courant à la porte avec son paquet.

Stanley! Où vas-tu?

STANLEY, loin.

Jouer aux boules.

STELLA, à travers la porte.

Est-ce que je peux venir voir?

STANLEY, encore plus loin.

Viens vite!

STELLA

J'arrive.

Stella range le paquet de viande sur la table du living-room, se regarde dans la glace accrochée contre la porte d'un petit débarras, au second plan, entre la glacière et un lit-divan adossé au mur du fond du living-room. Elle enjambe un balai par terre, devant la porte, et sort dans le porche, fermant la porte de l'appartement derrière elle. La musique joue en sourdine.

STELLA, se dépêchant de sortir à droite, fait un petit signe amical aux deux femmes en passant.

Alors, Eunice, ça va bien?

Elle sort à droite, par le fond.

EUNICE

Ça va! (*Elle se penche en avant en interpellant Stella.*) Dis donc à Stève qu'il achète un sandwich à deux sous, il n'y a plus rien à manger ici.

Eunice et la Négresse rient.

LA NÉGRESSE

Qu'est-ce qu'il lui a lancé dans le paquet?

Elle rit.

EUNICE, amusée.

Tu es discrète, toi, au moins!

LA NÉGRESSE, imitant le geste de Stanley lançant la viande à Stella.

Attrape!

Les deux femmes se mettent à rire.

Blanche Du Bois entre en scène, à gauche, dans la rue. Elle avance le long de la rue. Elle porte un petit nécessaire de toilette dans une main, et une feuille de papier dans l'autre. Tandis qu'elle regarde autour d'elle, elle a l'air déçue et incrédule (indécise). Son personnage extérieur est en désaccord avec l'atmosphère environnante. Elle est habillée comme pour un cocktail-party dans le quartier résidentiel. Elle a à peu près cinq ans de plus que Stella. Toute sa façon d'être, ses gestes incertains, vous suggère l'idée d'un papillon nocturne. Un marin en pantalon blanc entre en scène à droite et s'approche de Blanche. Il lui pose une question que la musique empêche le public d'entendre. Elle a l'air ahuri et, de toute évidence, ne peut lui répondre. Il continue son chemin et disparaît à gauche. La musique s'éteint doucement. Blanche longe le coin de la rue à droite et s'approche des deux femmes sur l'escalier. Tandis que l'appartement s'éclaire, les lumières de la rue disparaissent.

EUNICE, à Blanche.

Qu'est-ce qu'il y a, ma belle, vous êtes perdue?

BLANCHE, debout, à droite de l'escalier.
Elle parle d'une façon légèrement hystérique.

Ils m'ont dit de prendre un tramway pour la rue du Désir, puis de changer, d'en prendre un autre pour la rue du Cimetière, de laisser passer six stations et de descendre aux Champs-Elysées...

EUNICE

C'est ça, vous y êtes maintenant.

BLANCHE

Aux Champs-Elysées!

EUNICE, d'un geste de la main.

Tout ceci, c'est les Champs-Elysées.

La Négresse rit. Blanche va, avec hésitation, vers la porte conduisant à l'appartement, qu'elle dépasse légèrement.

BLANCHE

Ils n'ont pas dû... comprendre quel numéro je cherchais.

EUNICE

Quel numéro qu'vous cherchez?

BLANCHE, regardant avec lassitude le bout de papier
dans sa main.

632.

EUNICE, montrant le numéro 632 à côté de la porte
de l'appartement.

Faut pas chercher plus loin.

La Négresse rit.

BLANCHE, sans comprendre, marche vers la gauche.

Je cherche ma sœur Stella Du Bois... non, je
veux dire Mme Stanley Kowalsky.

EUNICE

Ben, c'est ça. Elle n'est pas là, par exemple.

Elle se lève, s'étire, descend une marche vers la droite.

BLANCHE

Oh! Elle est sortie!

EUNICE, montrant l'arrière-plan droit avec son doigt.

Vous avez pas remarqué un jeu de boules der
rière le coin de la rue?

BLANCHE

Non... Non... Non... je ne crois pas.

EUNICE

C'est là qu'elle est. Elle regarde son mari jouer.

(*La Négresse rit.*) Laissez donc votre valise là, allez-y aussi!

BLANCHE

Non...

LA NÉGRESSE

Je vais lui dire vous êt'e arrivée.

BLANCHE, posant son nécessaire.

Merci.

LA NÉGRESSE

Y a pas de quoi. (*Elle sort d'un pas traînant à droite.*)

EUNICE, se levant.

Elle vous attendait pas?

BLANCHE, chiffonnant le bout de papier et le jetant.

Non... non... pas ce soir.

EUNICE

Pourquoi ne rentrez-vous pas? Faites comme chez vous jusqu'à ce qu'ils reviennent.

BLANCHE

Mais comment puis-je faire?

EUNICE

Nous sommes propriétaires, je peux vous ouvrir la porte.

Eunice pousse violemment la porte avec la paume de sa main droite, la porte s'ouvre. Blanche entre dans le living-room et reste debout devant la table, très émue et agitée. Eunice ramasse le nécessaire de Blanche, entre dans la pièce, pose le nécessaire à côté du débarras, ramasse le balai, toujours à terre devant la porte, le pose contre la glacière à droite, puis remarque l'expression de Blanche. Elle s'avance pour ramasser deux des robes de Stella restées sur le divan et les porte dans la chambre à coucher. Elle a fermé la porte d'entrée.

EUNICE

Oh! c'est un peu en désordre maintenant, mais quand c'est rangé, c'est vraiment gentil!

Elle pose les robes sur le lit dans la chambre à coucher, chipe en revenant une pomme dans un petit plat posé sur la radio, juste derrière la porte de la chambre à coucher.

BLANCHE, regardant autour d'elle.

C'est?...

EUNICE

C'en a tout l'air!... Alors, vous êtes la sœur de Stella?

BLANCHE, soulevant sa voilette.

Oui. (*Essayant de se débarrasser d'Eunice.*) Merci, merci bien de m'avoir aidée à entrer.

EUNICE, dans la chambre à coucher, arrangeant un peu le lit.

Por nada! Comme disent les Mexicains. Por

nada! (*Elle étend un couvre-pied sur le lit.*) Stella m'a parlé de vous!

BLANCHE

Vraiment?

EUNICE

Elle a dit (je crois) que vous êtes institutrice, je crois?

Elle est revenue dans le living-room et se tient debout, mangeant sa pomme.

BLANCHE

Oui.

EUNICE, assise sur un petit banc en forme d'L, à gauche dans le living-room. Elle regarde Blanche.

Et vous êtes du Mississippi, non?

BLANCHE

Oui.

EUNICE

Elle m'a montré une photo de chez vous, de la plantation.

BLANCHE

Belle Rêve?

EUNICE

Une belle grande maison avec des colonnes blanches...

BLANCHE

Oui.

EUNICE

Ça doit être rudement cher, un endroit comme ça à entretenir.

BLANCHE

Excusez-moi, mais je suis sur le point de m'évanouir...

EUNICE

Bien sûr, ma belle... il faut vous asseoir.

BLANCHE

Non... je voulais dire que j'aimerais bien rester seule.

EUNICE, offensée, se lève et se dirige vers la porte d'entrée; elle passe devant Blanche.

Ça va!... J'ai pas besoin qu'on m'dise les choses deux fois.

BLANCHE

Je ne voulais pas être malpolie, mais...

EUNICE, tapotant le bras de Blanche.

Je vais passer par le jeu de boules... la bousculer un peu pour qu'elle vienne vite!

Elle sort, fermant la porte derrière elle, quitte la scène, à droite, au fond. Blanche regarde autour d'elle. Elle se dirige avec hésitation vers la chambre à coucher, regarde, revient sur ses pas, aperçoit la porte ouverte du petit débarras, s'en approche, prend une bouteille de cognac et un verre. Elle s'avance vers la table et se verse une large portion de cognac, boit, pose le verre, le reprend, secoue les dernières gouttes sur le tapis, repose le verre et la bouteille dans le débarras. D'un pas mal assuré, elle se dirige vers le petit banc en forme d'L et s'y assoit. Au loin, à droite, un chat miaule lamentablement.

BLANCHE, effrayée, se dresse de son banc.

Il ne faut pas que je me laisse aller. (*Elle fait quelques pas. Stella arrive précipitamment sous le porche, suivie par Eunice. Elle rentre dans l'appartement. Eunice monte l'escalier.*)

STELLA, appelant joyeusement en ouvrant la porte. Blanche!

Pendant un instant, les deux sœurs se regardent. Stella va vers un commutateur électrique dans le coin de droite du living-room, sous l'escalier en spirale. Elle allume, la pièce s'éclaire. Elle se précipite dans les bras de sa sœur, au premier plan, devant la scène, dans le living-room.

BLANCHE

Stella! Oh! Stella!... Stella, comme étoile! (*Elle dit tout ce qui suit avec une vivacité fébrile, comme si elle craignait que l'une d'entre elles puisse s'arrêter et réfléchir.*) Laisse-moi te regarder! (*Elle tourne un peu le dos à la scène.*) Ne me regarde pas, non! Ne me regarde pas, toi! Stella, non, non, non... un peu plus tard, attends un peu.

quand j'aurai pris un bain et que je me serai reposée... et puis, éteins un peu cette lumière! Eteins!... je ne veux pas qu'on me regarde sous cette lumière crue! (*Stella rit et va éteindre la lumière.*) Je croyais que tu ne reviendrais jamais dans cet horrible endroit... Qu'est-ce que je raconte? Ce n'est pas du tout ça que je voulais dire! Je voulais être très gentille et dire : Quelle chance d'avoir trouvé un endroit si pratique et... tellement... Ah! ah! ah! mon cher ange, tu ne m'as pas encore dit un mot.

STELLA

Tu ne m'en as pas beaucoup laissé le temps, ma chérie!

> Elle rit, embrasse Blanche et lui jette un regard légèrement anxieux.

BLANCHE

Eh bien, parle maintenant! Ouvre ta jolie bouche et parle pendant que je cherche par là de quoi boire. (*Elle traverse la scène devant Stella, vers la droite à côté de la table.*) Oh! je pense bien que tu dois avoir du cognac, quelque part ici! Mais où ça, par exemple! (*Elle tourne le dos à la scène.*) Ah! j'ai trouvé! J'ai trouvé!

> Elle se dirige vers le petit débarras, prend la bouteille et un verre, qui manque de glisser de ses mains. Elle est toute tremblante, haletante, et essaie de rire. Stella s'approche à gauche de Blanche et prend la bouteille.

STELLA

Blanche, là, assieds-toi et laisse-moi te servir. (*Blanche recule vers le divan du living-room et Stella apporte la bouteille et le verre qu'elle pose sur la table, à droite. Elle verse du cognac dans le verre.*) Qu'est-ce qu'on va pouvoir mettre avec ça? Je ne sais pas ce que nous avons là. Il y a peut-être autre chose dans la glacière.

BLANCHE, arrachant le verre des mains de Stella.

Non, chérie, ça suffit comme ça pour ce soir, avec mes nerfs!

Stella pose la bouteille sur la table et la rebouche. Blanche traverse la pièce, avec son verre à la main, tandis que Stella va vers la glacière, s'agenouille, ouvre et regarde dedans. Blanche, devant le divan, fait un pas en avant.

BLANCHE

Où... Où est...?

STELLA, de la glacière.

Stanley? Il joue aux boules, il adore ça. (*Blanche boit.*) Aujourd'hui, il joue dans un... (*Elle sort une bouteille de la glacière.*) J'ai trouvé une bouteille de cola... championnat.

BLANCHE

De l'eau, simplement, chérie, pour faire descendre tout ça. (*Stella revient vers la table avec la bouteille de cola, une cruche d'eau et un tire-*

bouchon qu'elle a trouvé sur le haut de la gla-cière.) Allons, ne te tracasse pas! Ta sœur n'est pas devenue une alcoolique! Je suis simplement toute retournée, fatiguée... sale... et j'ai chaud. (*Elle fait quelques pas vers la gauche.*) Assieds-toi! Explique-moi... tout ceci! Qu'est-ce que tu fabriques dans un endroit pareil?

STELLA, pose la cruche d'eau sur la table, s'assoit sur la
    chaise devant la table à droite, ouvre la bouteille
    de cola, qu'elle boit à même le goulot.

Voyons, Blanche.

BLANCHE

Oh! je ne vais pas être hypocrite. Je vais dire honnêtement ce que je pense et critiquer. (*Elle va un peu à gauche et regarde la chambre à coucher.*) Jamais je n'aurais pu imaginer, jamais... jamais... dans mes plus mauvais rêves. (*Se retournant vers Stella.*) Poe... seul M. Edgar Allan Poe pourrait peut-être admettre... (*D'un geste, elle montre la rue.*) Et là, dehors... c'est le bois hanté, le domaine des vampires! (*Rires.*)

STELLA

Non, mon ange, c'est la voie ferrée du L/N. (P. O.).

BLANCHE, faisant un pas vers Stella.

Non. Maintenant, parlons sérieusement. Pour-quoi ne m'as-tu pas dit? Pourquoi ne m'as-tu pas écrit?... Chérie, pourquoi ne m'as-tu pas mise au courant?

Elle s'approche encore d'un pas.

STELLA, *au-devant.*

Au courant de quoi, Blanche?

BLANCHE

Oh! écoute. Mais que tu vivais dans de telles conditions.

STELLA, *posant la bouteille de cola sur la table, va vers Blanche.*

Tu ne crois pas que tu exagères un peu? Ce n'est pas si mal que ça, après tout! La Nouvelle-Orléans... ce n'est pas comme les autres villes.

Elle pose gentiment ses mains sur Blanche.

BLANCHE, *s'écartant de sa sœur.*

Ça n'a rien à voir avec La Nouvelle-Orléans! Tu pourrais aussi bien dire... (*Elle tapote l'épaule de Stella de sa main droite.*) Oh! pardon, mon enfant chérie... n'en parlons plus, va.

Elle fait un pas vers le devant de la scène.

STELLA, *allant à gauche, devant Blanche.*

Merci.

BLANCHE, *retenant Stella par le ton de sa voix. Elle regarde dans son verre qui tremble dans sa main.*

Tu es tout ce que j'ai au monde... et tu n'es pas contente de me voir...

STELLA, allant vers Blanche, à gauche et la prenant
dans ses bras.

Voyons, Blanche, tu sais bien que ce n'est pas
vrai!

BLANCHE, la regardant.

Vraiment?... Oui, j'avais oublié comme tu es
calme.

STELLA, allant dans la chambre à coucher.

Tu sais que tu ne m'as jamais donné l'occasion
de dire grand-chose, Blanche. (*Elle ramasse l'éven-
tail, l'hebdomadaire et le paquet de bonbons qui
étaient sur le fauteuil et les pose sur un bureau à
côté de la porte du réduit, au second plan, à
gauche.*) Alors, j'ai pris l'habitude d'être toujours
tranquille et... calme avec toi.

BLANCHE

Une bien bonne habitude à prendre. (*Elle boit
une autre gorgée dans son verre.*) Tu ne m'as pas
demandé comment j'ai pu quitter l'école avant que
le second trimestre soit terminé.

STELLA, ramassant des vêtements sur le lit.

Eh bien, je pensais que tu me dirais ça toute
seule, si tu en avais envie.

Elle entre dans le réduit avec les vêtements.

BLANCHE, entre dans la chambre à coucher avec son
verre à la main et s'appuie contre le fauteuil.

Tu croyais qu'on m'avait renvoyée?

STELLA, réapparaissant.

Non, je pensais que tu avais peut-être donné ta démission.

Elle s'assoit sur une petite chaise sans dossier au pied du fauteuil et regarde Blanche.

BLANCHE, s'asseyant sur le bras gauche du fauteuil, qui n'a pas de bras droit.

J'étais tellement éreintée! Tu sais, j'en avais vu de toutes les couleurs. Mes nerfs n'ont pas tenu le coup. Je devenais presque folle... oui, vraiment. Alors, M. Graves — M. Graves est le directeur de l'école secondaire — m'a proposé de prendre un congé, de me porter malade... Je ne pouvais pas expliquer tout ça dans un télégramme. (*Elle boit rapidement.*) Oh! ça pétille dans tout mon corps et que c'est bon!!!

STELLA

Tu en veux un autre?

BLANCHE

Non, merci! Un c'est mon maximum!

Elle se lève, va vers la coiffeuse contre le mur gauche de la chambre à coucher, elle pose son verre sur la coiffeuse et se tient debout, faisant face à Stella.

STELLA

Sûrement?

BLANCHE, se regardant dans la glace au-dessus de la
coiffeuse, et se tournant vers Stella.

Comment me trouves-tu? Tu ne me l'as même
pas dit!

Elle enlève son chapeau, va le poser sur le bureau et
revient.

STELLA

Tu as l'air en pleine forme!

BLANCHE

Dieu te bénisse de mentir comme ça! On n'a
jamais vu une ruine pareille... Quant à toi, tu as
un peu engraissé, tu es aussi ronde qu'une petite
caille! (*regardant Stella*) et ça te va rudement bien.

STELLA

Voyons, Blanche!

BLANCHE

Mais oui, vraiment. Sans cela je ne te le dirais
pas. Il faut simplement que tu te méfies un peu
autour des hanches... Lève-toi...

STELLA

Non, pas maintenant.

BLANCHE

Tu m'entends... Lève-toi. (*Elle force Stella à se
lever, s'affaire autour d'elle.*) Que tu es sale!...
Regarde... ton joli col de dentelle blanche est rem-
pli de taches!... Puis tes cheveux... Tu devrais les

faire couper plus court, comme un pâtre, ce serait plus joli avec tes traits fins. (*Remarquant les mains de Stella.*) Stella, tu as une bonne? Non?

STELLA, se dirigeant vers le devant de la scène, devant le lit, et montrant l'appartement.

Bien sûr que non! Avec simplement deux pièces!

BLANCHE

Comment! (*Elle passe à la gauche de Stella.*) Tu as dit deux pièces?

STELLA

Celle-ci... et... (*elle est un peu embarrassée.*)

BLANCHE, faisant un pas vers le living-room.

Et cette autre? (*Elle aperçoit la bouteille de cognac sur la table du living-room et va rapidement vers le petit débarras chercher un autre verre, Stella la suit.*) Je vais juste en prendre une petite goutte... histoire de reboucher la bouteille... tu comprends. (*Elle se verse une rasade de cognac.*) Mais, range la bouteille! Pour que je n'aie plus de tentations! (*Elle boit, tend la bouteille à Stella, qui la prend et la range. Blanche pose son verre sur la table. Stella est face à la scène, devant la table où Blanche pose son sac, enlève sa jaquette, et tourne sur elle-même vers la gauche.*) Regarde ma silhouette. Je n'ai pas pris un gramme depuis dix ans, Stella. Je pèse le même poids que l'été où

tu as quitté *Belle Rêve,* l'été de la mort de papa,
et où tu es partie.

> Elle se dirige avec des gestes maniérés vers le devant
> de la scène. Elle porte sa jaquette.

STELLA, devant la table, avec un peu de lassitude.
C'est incroyable, Blanche, comme tu as l'air en
forme!...

BLANCHE, touchant son front, en tremblant un peu.
Stella! Il n'y a que deux pièces... Je ne vois pas
très bien où tu vas m'installer...

STELLA, allant vers le divan, dans le living-room.
Nous allons tranquillement t'installer ici.

> Elle montre le divan.

BLANCHE, allant vers le divan et le tâtant.
Quel genre de lit est-ce? Un lit-cage... ou...?

STELLA
Est-ce qu'il a l'air confortable?

BLANCHE, d'un ton de doute.
Merveilleux, chérie... Je n'aime pas les lits trop
moelleux. (*Elle se dirige vers le cintre entre les
deux pièces. Stella s'étend sur le divan.*) Mais... il
n'y a pas de porte entre les deux chambres... Et
Stanley?... Est-ce qu'il va être convenable?

> Elle est dans la chambre à coucher et se retourne vers
> Stella.

STELLA

Stanley est Polonais, tu sais.

BLANCHE

Je sais. Oui. C'est un peu comme Irlandais...
n'est-ce pas?

STELLA

Ben... Heu...

> Elles se mettent à rire toutes les deux. Blanche est
> toujours dans la chambre à coucher, devant le
> fauteuil.

BLANCHE

J'ai apporté de jolies robes, pour faire la connaissance de tes élégants amis.

STELLA

Je crains fort que tu ne les trouves pas très élégants.

BLANCHE

Ah! Comment sont-ils?

STELLA

Ce sont les amis de Stanley.

BLANCHE

Des types... (hétérogènes)... hétéroclites?...

STELLA, riant un peu.

O...ui, O...ui... En tout cas, sûrement des types!

BLANCHE

Tant pis! J'ai apporté de jolies robes, et je les mettrai. Je suppose que tu espères que je vais aller m'installer à l'hôtel, mais non, je ne vais pas aller à l'hôtel. Je veux être près de toi, il faut que je sois avec quelqu'un, je ne peux pas rester seule... parce que... comme tu t'en es peut-être aperçue, je ne vais pas très bien.

Le ton de sa voix tombe. Elle a un regard effrayé.

STELLA, se lève, va vers Blanche et l'embrasse.

Tu as l'air bien nerveuse, bien surmenée. Qu'est-ce qui se passe?

BLANCHE

Est-ce que Stanley va s'entendre avec moi? Est-ce qu'il va m'aimer?... Ou bien, serai-je simplement une belle-sœur en visite?... Stella... je ne pourrais pas supporter ça!

STELLA, se tournant vers Blanche.

Vous vous entendrez très bien, tous les deux... Par exemple, il ne faut pas que tu... le compares aux hommes avec lesquels nous avions l'habitude de sortir, chez nous.

BLANCHE

Pourquoi?... Il est tellement différent?

STELLA

Oui. Un autre genre quoi!

BLANCHE

Quel genre?... Comment est-il?

STELLA

Est-ce qu'on peut décrire quelqu'un qu'on aime!

Elle traverse la scène, devant Blanche, va à la coiffeuse et prend une photo de Stanley, qui, dans un petit cadre, est à la place d'honneur. Blanche va vers elle, passe devant le fauteuil, et quand Stella se retourne de son côté avec la photographie, elle est assise dans le fauteuil, regardant au second plan.

Tiens, voilà sa photo.

BLANCHE, regardant la photo.

Il est officier?

STELLA

Sergent-chef dans le génie. Là... ce sont ses décorations.

BLANCHE

Je pense qu'il les portait quand tu l'as rencontré?

STELLA

Je t'assure que ça ne m'a pas éblouie.

BLANCHE

Ce n'est pas ce que je...

STELLA

Bien sûr, après, il a fallu que je m'adapte à pas mal de choses... Oh! après il a...

BLANCHE

A son état civil... à son atavisme... Qu'est-ce qu'il a dit quand tu lui as annoncé mon arrivée?

STELLA

Oh! mais il n'en sait rien... encore rien.

BLANCHE, effrayée.

Tu... Tu ne lui as rien dit?

STELLA

Il est très souvent sur les routes, tu sais.

BLANCHE

Oh! il voyage?

STELLA

Oui.

BLANCHE

Ah bon!... Est-ce que ce n'est pas...? Je veux dire...

STELLA, tenant la photo de Stanley.

Je peux à peine supporter qu'il s'absente une nuit.

BLANCHE

Mais... Stella!

STELLA

Je deviens presque folle quand il n'est pas là pendant huit jours.

BLANCHE, à côté de la coiffeuse.

Mon Dieu!

STELLA

Et quand il revient, je sanglote sur ses genoux comme une enfant!

Elle penche la tête sur son épaule en s'appuyant sur le fauteuil.

BLANCHE, à côté de la tête du lit.

Je pense que c'est ça qu'on appelle l'amour... (*Stella lève la tête avec un sourire radieux. Blanche se retourne vers elle.*) Stella?

Blanche pose sa jaquette sur le bureau à gauche.

STELLA

Quoi?

BLANCHE, précipitamment, mal à l'aise, elle va vers Stella, au premier plan, sur le devant de la scène.

Je ne t'ai posé aucune des questions que tu attendais sans doute... alors, j'espère que tu vas être compréhensive... sur ce que, moi, j'ai à te dire...

STELLA

Qu'est-ce que c'est, Blanche?

Son visage devient anxieux.

BLANCHE, à la tête du lit.

Voilà, Stella. Tu vas me faire des reproches, j'en suis sûre, mais d'abord, il faut que tu te mettes bien dans la tête que c'est toi qui es partie... (*Devant la scène, à droite de Stella.*) Je suis restée... Je me suis débattue. Tu es venue à La Nouvelle-Orléans... tu n'as pensé qu'à toi... Je suis restée à *Belle Rêve*. J'ai tâché de tout maintenir... Je ne te fais aucun reproche, mais tous les ennuis sont tombés sur moi seule.

STELLA

J'ai fait ma vie de mon côté... c'est ce que j'avais de mieux à faire, Blanche.

BLANCHE, prise d'un tremblement nerveux, va vers
le second plan de la scène, à gauche.

Bien sûr. Bien sûr. Mais tu es celle qui a abandonné *Belle Rêve*... pas moi... Je suis restée... Je me suis débattue... J'ai sué sang et eau pour cette maison, j'ai failli mourir pour elle

STELLA

Assez... Tu deviens hystérique. Dis-moi ce qui s'est passé, qu'est-ce que ça signifie : battue... sué sang et eau! Quel genre de...

BLANCHE

J'en étais sûre, Stella... Je savais que tu réagirais comme ça là-dessus.

STELLA

Sur quoi? A quel sujet?... Je t'en prie!

BLANCHE

La ruine... la ruine... (la perte... la perte).

STELLA

Quoi? Nous sommes ruinées? Nous avons perdu
Belle Rêve?

BLANCHE

Oui, Stella...

Un train passe bruyamment sur la voie ferrée, dehors,
Blanche va dans le living-room, prend son sac sur
la table, et sort un petit flacon d'eau de Cologne
et s'en tapote l'arrière des oreilles.

STELLA, laissant la photo sur le lit, se lève, va vers
le living-room, devant le petit banc en forme d'L.
Elle regarde Blanche.

Mais... comment est-ce possible?... Qu'est-il
arrivé?

BLANCHE

Tu es bien placée pour me demander comment
c'est arrivé!

STELLA, se rapprochant de Blanche.

Blanche!

BLANCHE, en crescendo.

Tu es bien placée pour rester là devant moi à
m'accuser, à me rendre responsable.

STELLA, s'asseyant sur le petit banc face à Blanche.
Blanche!

BLANCHE, face à Stella.

C'est moi... moi... MOI qui ai tout reçu! En pleine figure! Toutes ces morts!... Ce long convoi vers la tombe... Papa... Maman... Margaret... Et de quelle façon atroce!... Si enflée qu'on ne pouvait pas la mettre dans son cercueil... Il a fallu la brûler, comme des vieux chiffons... Tu arrivais juste à temps pour l'enterrement, Stella!... C'est beau, un enterrement comparé à la mort. C'est calme, un enterrement... Mais la mort, pas toujours... Quelquefois, leur souffle est rauque... Quelquefois, ils se mettent à râler... D'autres fois, ils vous appellent, ils s'agrippent à vous : « Sauve-moi! Ne me laisse pas! »... Comme si on y pouvait quelque chose!... Mais un enterrement, c'est calme. Avec de belles fleurs... Et les luxueux cercueils dans lesquels on les installe! A moins d'avoir été là près du lit, quand ils crient : « Tiens-moi! » on ne peut pas se douter de cette lutte... pour le sang! pour la vie!... (*Stella se lève, va dans la chambre à coucher. Blanche passe à sa droite.*)... Moi, j'ai vu, vu... VU. Et maintenant, tu es là, devant moi, ton regard plein de reproches, m'accusant d'avoir tout lâché. (*Stella, face à la scène. Blanche la suit, la tient à bout de bras.*) Comment diable t'imagines-tu qu'on a payé toutes ces maladies, toutes ces morts? (*Blanche va vers le living-room.*) C'est cher, la mort, Miss Stella! (*Stella va devant le fauteuil. Blanche la suit.*) Et la vieille cousine Jessie, tout de suite après Margaret? Son enterrement? La mort avait monté sa tente sur notre seuil, Stella! *Belle Rêve* était son quartier général! (*Elle va devant le fauteuil.*) Voilà, mon ange! Voilà comment tout a filé entre mes doigts! (*Elle passe à la droite de Stella.*) Qui nous a légué de l'argent?... Lequel nous a laissé même un centime... en assurances! Oui! la pauvre vieille Jessie... cent dollars pour son cercueil! C'est tout, Stella! Et moi!... Avec mon pitoyable salaire d'institutrice!... Oui! accuse-moi! Regarde-moi, pensant que j'ai tout abandonné!... J'ai abandonné la maison! Où étais-tu, toi? au lit avec ton Polack.

STELLA

Blanche! Tais-toi, ça suffit!

Elle se dirige vers la salle de bain.

BLANCHE, tout près de Stella.

Où vas-tu?

STELLA, s'arrêtant sur les marches conduisant à la salle de bain.

Je vais dans la salle de bain me laver la figure.

BLANCHE, essayant de la retenir.

Stella... Stella... tu pleures!

STELLA

Ça t'étonne?

BLANCHE

Pardon... pardon... je ne voulais pas...

Au loin, à droite, des voix d'hommes. Stella entre dans la salle de bain et referme la porte derrière elle. Quand les hommes apparaissent dans la rue et que Blanche se rend compte que c'est probablement Stanley qui revient, elle va en hésitant devant la coiffeuse et regarde avec appréhension la porte d'entrée. Stanley entre en scène, à droite, suivi par Stève et Mitch. Stanley s'arrête devant sa porte, Stève, au pied de l'escalier en spirale. Mitch est un peu au-dessus d'eux, dans le passage, prêt à s'en aller. Pendant que les hommes entrent en scène, on entend le dialogue suivant :

STANLEY

Comment a-t-il gagné?

STÈVE

J' vais t' dire... Il a mis trois cents balles sur le 9, il est sorti quatre fois, tu te rends compte...

STANLEY, à Mitch.

Et tu ne vas même pas nous payer une tournée?

MITCH

Tu parles! (*Il sort en arrière vers la droite.*) Bonsoir tout le monde !

STÈVE, à Stanley.

On joue au poker demain?

STANLEY

Sûr, chez Mitch.

MITCH, qui a entendu, revient rapidement près de la
rampe de l'escalier.

Pas chez moi. Ma mère est toujours malade.

STANLEY

Bon. Chez moi, alors... (*Mitch ressort.*) Et tu
apportes la bière!

Mitch fait semblant de ne pas entendre et quitte la
scène, à droite. On entend la voix d'Eunice de
l'appartement du dessus.

EUNICE

Hep! ça a assez duré en bas! (*Stanley rappelle
encore une fois à Mitch d'apporter de la bière.*)
J'ai fait un plat de spaghetti et je l'ai mangé toute
seule.

STÈVE, parlant en montant l'escalier.

Ses commentaires sont ponctués d'expressions colorées
devant Eunice.

J' t'ai dit que j' t'ai téléphoné qu'on jouait chez
Jack.

EUNICE

T'as pas téléphoné une fois!

STÈVE

J' t'ai dit au petit déjeuner. J' t'ai téléphoné au déjeuner!

EUNICE

Ça va! Bon Dieu! Tu pourrais tout d' même être ici de temps en temps.

STÈVE

Merde alors! Tu veux un entrefilet dans les journaux?

Les portes claquent au-dessus. Stanley entre dans l'appartement, ferme la porte derrière lui, aperçoit la viande sur la table du living-room, la met dans la glacière. Blanche s'avance vers le living-room, s'arrête et regarde Stanley. Stanley l'aperçoit et la fixe. Involontairement, elle a un mouvement de retrait, se dégageant de son regard.

BLANCHE

Vous êtes Stanley, sans doute?... Je suis Blanche...

STANLEY

La sœur de Stella?

BLANCHE

Oui.

STANLEY, se dirigeant vers elle, Blanche fait un pas en arrière.

Eh! Oh!... Où est la p'tite femme?

Il passe devant Blanche et va dans la chambre à coucher.

BLANCHE

Dans la salle de bain.

STANLEY

Ah! (*Il revient dans le living-room.*) J' savais pas que vous veniez par ici!

BLANCHE

Euh... euh...

STANLEY, allant vers le petit réduit.

D'où êtes-vous, Blanche?

BLANCHE

Mais, je... j'habite Laurel...

STANLEY, apportant une bouteille de cognac et un verre qu'il pose sur la table.

Laurel... où? Ah! ouais, ouais... Laurel, je vois! C'est pas sur mon canton. (*Il soulève la bouteille, remarque que le niveau a baissé.*) Ça file vite, quand il fait chaud! Un p'tit coup?

Il se verse à boire.

BLANCHE

Non, je n'en prends presque jamais.

STANLEY, souriant à Blanche.

Y a des gens qui n'en prennent presque jamais, mais ça les prend une fois sur dix.

Il boit.

BLANCHE, faiblement en riant.

Ah... ah...

STANLEY, laissant son verre et la bouteille sur la
table va vers la chambre à coucher.

Ma chemise me colle au corps! Ça vous est égal
que j' me mette à l'aise?

Il est debout devant le lit et enlève sa chemise.

BLANCHE, s'avançant vers la table du living-room,
prend son sac.

Je vous en prie, je vous en prie...

STANLEY

Etre à l'aise, c'est notre devise dans mon pays!

BLANCHE

C'est la mienne aussi. (*Elle a ramassé son sac et
regarde dedans.*) Ce n'est pas facile de rester
fraîche. Je ne me suis pas lavée, je ne me
suis même pas poudré le nez. (*Elle examine sa
silhouette à demi nue.*) Et voilà que vous arrivez!

Elle s'éponge la figure avec son mouchoir imbibé d'eau
de Cologne et s'en va vers le fond de la pièce.

STANLEY, ramassant une chemise qui était sur la
radio. Il la met et passe à gauche de Blanche.

Vous savez qu'on peut attraper froid si on garde
des vêtements humides, surtout après un exercice
violent comme le jeu de boules... Vous êtes institutrice, n'est-ce pas?

BLANCHE, face à Stanley dans le centre du living-room.
Oui.

STANLEY

Qu'est-ce que vous enseignez, Blanche?

BLANCHE

L'anglais.

STANLEY

Oh! J'ai jamais été très bon élève d'anglais!...
Pour combien de temps êtes-vous là, Blanche?

BLANCHE

Je n'en sais encore rien.

STANLEY

Vous allez planter votre tente ici?

BLANCHE

J'espérais... si ça ne vous dérange pas trop tous
les deux.

STANLEY

Très bien.

BLANCHE

Les voyages m'éreintent.

STANLEY

Allez! Vous en faites donc pas!

Un chat hurle dans le lointain à droite, et Blanche
sursaute et se rapproche involontairement de
Stanley qui s'en amuse.

BLANCHE

Qu'est-ce que c'est?

STANLEY

Des chats. (*Il sourit largement et va vers la chambre à coucher en miaulant. Il s'approche de la salle de bain et appelle :*) Eh! Stella!

STELLA, dans la salle de bain.

Oui, Stanley...

STANLEY

T'es tombée dans le trou? (*Dans le living-room, Blanche fait quelques pas hésitants vers la droite au fond de la scène. Stanley, tournant le dos à la salle de bain, interpelle Blanche.*) J'ai peur que vous ne me trouviez pas très raffiné... Stella m'a beaucoup parlé de vous. (*Pendant ce temps, il est entré dans le réduit qui est dans la chambre.*) Vous avez été mariée, n'est-ce pas?

BLANCHE

Oui, quand j'étais très jeune.

STANLEY

Eh bien, qu'est-ce qui est arrivé?

BLANCHE

Mon mari... mon mari est mort. (*Dans le lointain, on entend jouer* Varsouviana *ou* Ramona). *Blanche, écoutant la musique, va en titubant vers le petit banc en forme d'L.*) Ah! Je crois que je vais être malade.

> Elle s'assied sur le petit banc, la musique s'amplifie, elle essaie de ne pas écouter, regarde, effrayée, autour d'elle tandis que la lumière diminue. Quand la musique atteint son maximum, elle se dresse sur ses pieds, pressant ses oreilles de ses deux mains. La lumière s'éteint rapidement, la musique se tait. Dans l'obscurité, un jazz joue un blues jusqu'à la scène suivante.

SCÈNE II

Blanche est en train de prendre son bain. Stella, en
    combinaison, est assise devant la coiffeuse, dans la
    chambre à coucher. Elle termine sa toilette.
    Sa robe est posée sur le dossier de la chaise, à
    côté de la coiffeuse. La malle-armoire de Blanche
    est arrivée et a été mise à gauche de son lit-divan
    dans le living-room, elle est ouverte et l'on aper-
    çoit plusieurs robes voyantes.
Devant la table du living-room, sur une chaise, plu-
    sieurs autres robes de Blanche ont été jetées en
    désordre. Une boîte de bijoux en forme de cœur,
    pleine de bijoux, une tiare en pierres du Rhin, et
    un vaporisateur sont également posés sur la table.
Le paravent à trois feuilles, qui jusqu'alors avait été
    placé dans le coin gauche du living-room face à la
    scène, est maintenant près de la tête du lit dans
    la chambre à coucher.
La robe de Stella (celle qu'elle va mettre) est étendue
    sur le lit.
Au lever du rideau, la rue est éclairée, Stanley entre en
    scène au second plan, à gauche dans la rue, allant
    de gauche à droite, accompagné de Pablo Gonzalès,
    un de ses amis. Chacun porte sa musette de déjeu-
    ner. Stève et un inconnu les suivent. Ces derniers

traversent la rue et sortent au bout de la scène, à droite au second plan.

Une femme, portant un panier, suit la même direction que les hommes.

La musique de jazz diminuera peu à peu au fur et à mesure du dialogue.

Stanley dit au revoir à Pablo, à droite de la scène, et entre dans le living-room fermant la porte derrière lui. Il dépose sa musette sur la table et aperçoit les robes sur le dossier de la chaise.

STANLEY, à Stella.

Hello, chérie!

STELLA, se levant précipitamment.

Oh! Stanley!

STANLEY, montrant les robes et regardant la malle.

Qu'est-ce que c'est que toutes ces frusques?

STELLA

Stan! (*Elle se précipite dans ses bras et l'embrasse. Il se laisse faire avec dignité tout en lui tapotant familièrement les fesses.*) J'emmène Blanche chez Galatoire pour dîner, puis à une revue, parce que c'est ton jour de poker.

Au mot « Galatoire », la musique s'arrête.

STANLEY, à la droite de Stella.

Où est-elle?

STELLA

Elle mijote dans un bain chaud, pour calmer ses nerfs. Elle est complètement retournée.

STANLEY

Pourquoi?

STELLA

Bien, tu sais, elle a été à rude épreuve.

STANLEY

Hein?

STELLA

Stan, nous avons... perdu *Belle Rêve.*

STANLEY

La maison de campagne?

STELLA

Oui.

STANLEY

Mais comment?

> Stella prend un peu d'argent et remet le reste dans la poche de son mari, elle traverse la scène et va dans la chambre à coucher et pose l'argent qu'elle a gardé sur la coiffeuse. Elle répond d'une façon vague.

STELLA

Oh! il a fallu l'abandonner, ou à peu près... (*Il y a un moment de silence, pendant lequel Stanley réfléchit. Stella se dirige à nouveau vers la chambre.*) Dis donc, quand elle sortira de la salle de bain, dis-lui quelque chose de gentil, qu'elle a bonne mine, qu'elle est jolie, enfin quelque chose de ce genre-là, quoi!

Stanley vient dans la chambre à coucher et se dirige vers la salle de bain. Il entend Blanche chantant dans la salle de bain. Il fait quelques pas en arrière et s'arrête devant le fauteuil de la chambre à coucher.

STELLA

Ah! au fait, ne parle pas du bébé, je ne lui ai encore rien dit. J'attends qu'elle soit plus calme.

STANLEY, d'une voix sinistre.

Et alors?

STELLA

Essaie de la comprendre un peu, sois gentil avec elle, Stan. (*Blanche continue de chanter. Ils se regardent tous les deux intensément pendant quelques secondes. Stella met sa robe.*) Tu comprends, elle ne s'attendait pas à nous trouver dans un appartement si simple... si petit... Dans mes lettres, j'avais essayé d'enjoliver un peu les choses.

STANLEY

Et alors?

STELLA, va vers lui et, se tenant à sa gauche.

Et puis, fais-lui des compliments sur sa robe. Dis-lui qu'elle est belle. C'est très important pour

Blanche, tout ça. (*Elle embrasse Stanley et fait un ou deux pas vers la gauche. Elle boutonne sa robe.*) C'est son point faible.

STANLEY

Ouais!... Je comprends bien! Maintenant, si on faisait un peu machine en arrière. Si on en revenait au moment où tu me disais qu'il avait fallu abandonner la maison...

Il s'installe dans le fauteuil.

STELLA, ennuyée.

Ah! oui...

STANLEY

Qu'est-ce que tu en penses? Si on demandait un peu plus de détails sur la question?

STELLA

Oh! il vaut mieux ne pas trop en parler avant qu'elle soit calmée.

STANLEY

Ah! c'est ça la question! Hein? Pour le moment, la chère sœur Blanche ne doit pas être embêtée par les questions d'affaires.

STELLA

Tu as bien vu l'état dans lequel elle était hier soir?

STANLEY

Hum! oui, j'ai vu comment elle était! Tout de même... si on biglait un peu l'acte de vente?

STELLA

Mais, je ne l'ai pas vu... moi.

STANLEY

Elle t'a montré aucun papier?... aucun acte notarié... ou quelque chose comme ça?

STELLA, allant vers la coiffeuse et finissant de s'habiller.

Je n'ai pas l'impression que ça a été vendu.

STANLEY

Mais, nom de Dieu, alors, qu'est-ce qu'on en a fait? On l'a donné... pour une œuvre de charité, peut-être?

STELLA, faisant quelques pas vers la salle de bain.

Chut! elle va t'entendre!

STANLEY

J' m'en fous, si elle m'entend! (*Se levant, il va à la droite de Stella.*) Voyons un peu les papiers.

STELLA, face à lui.

Il n'y a pas de papiers... Elle ne m'a pas montré de papiers... Ça m'est égal, les papiers!

STANLEY, attrapant son bras.

As-tu jamais entendu parler du Code Napoléon?

STELLA, *se dégageant, s'assoit devant la coiffeuse, et se poudre le nez.*

Non, Stan, je n'ai jamais entendu parler du Code Napoléon, et même...

STANLEY, *se dirigeant vers le devant de la coiffeuse, s'accoude à celle-ci et regarde Stella.*

Laisse-moi t'éclairer sur un point ou deux, ma grosse.

STELLA

Oui.

STANLEY

Dans l'état de Louisiane, il existe ce qu'on appelle le Code Napoléon, d'après lequel ce qui appartient à la femme, appartient également au mari, et vice versa. Par exemple, si j'avais une propriété ou si tu avais une propriété...

STELLA, *continue avec persistance à se poudrer le nez. Stanley lui arrache des mains la houppette et la pose avec décision sur la coiffeuse.*

Ma tête éclate!

STANLEY, *s'éloignant d'un pas vers la droite.*

Très bien! Je vais attendre qu'elle ait fini de mijoter dans son bain chaud, puis je ferai une petite enquête pour savoir si elle a entendu parler du Code Napoléon. J'ai l'impression que tu as été filoutée, mon p'tit! Et quand tu es filoutée, d'après le Code Napoléon, je suis filouté aussi, et je n'aime pas ça, être filouté.

STELLA, traversant la scène, allant vers la gauche.

On a tout le temps de lui poser des questions! Un peu plus tard! Si tu le fais maintenant, elle va encore tomber en morceaux! Je ne comprends pas ce qui a pu arriver à *Belle Rêve*... mais, ce que tu peux être ridicule quand tu t'imagines que ma sœur, ou moi, ou quelqu'un de la famille pourrait être un escroc!

STANLEY

Bon! bien, alors, où est l'argent de la vente?

STELLA

Pas vendue... abandonnée... abandonnée...

Elle s'installe à nouveau à la coiffeuse, Stanley l'agrippe et la ramène à nouveau dans le living-room, la fait passer devant lui et l'attire jusqu'à la droite de la malle de Blanche.

STELLA, protestant.

Stanley!

STANLEY, sortant violemment des robes de la malle et les jetant sur le divan.

Regarde toutes ces fripes! Tu crois qu'elle les a achetées avec le salaire d'une institutrice!

STELLA, essayant de ramasser les robes de sur le divan.

Chut!

STANLEY, continuant à extirper les robes de la malle.

Non, mais, vise ces plumes et ces fourrures qu'elle apporte ici pour se pavaner! Mais, qu'est-ce que c'est que ça? Une robe tout en or, ma parole! (*Il tient à bout de bras une robe en lamé d'or. Stella la lui prend.*) Et celle-ci! (*Il jette une autre robe sur le divan.*) Et ça, des renards! (*Il tient à bout de bras une fourrure en renard blanc.*) Trois cents mètres de vrai renard! Où sont les tiens, tes renards, Stella? Blancs comme neige, et épais, par-dessus le marché! Où sont-ils tes renards blancs?

STELLA, attrapant la fourrure

Ça n'a aucune valeur... Blanche l'a depuis long-temps.

STANLEY, se dirige vers la droite du living-room avec la fourrure, tandis que Stella commence à entasser les robes dans la malle.

J'ai un copain qui est dans la fourrure, je vais lui demander de venir ici pour expertiser.

STELLA

Ne sois pas si stupide, Stanley.

Elle lui reprend la fourrure et la range dans la malle.

STANLEY, poursuivant Stella.

Je veux bien te faire un pari, tiens! Ça vaut bien mille dollars ce qu'il y a dans cette malle! (*D'un coup d'œil, il aperçoit, soudain, la boîte à bijoux sur la table.*) Et qu'est-ce que c'est que ça encore? La cassette d'un pirate?

> Il s'avance vers la table et d'une pichenette ouvre la boîte à bijoux en forme de cœur.

> STELLA, se précipitant à la gauche de Stanley.

Oh!... Stanley!

> STANLEY, maintenant Stella de son bras gauche, extrait, en vrac, les bijoux de la boîte.

Des perles! Des kilomètres de perles! Mais... qu'est-ce que c'est que cette sœur?... Une plongeuse en mer profonde qui découvre les trésors des naufragés!... Ou la reine des cambrioleurs de tous les temps! (*Il tient à bout de bras un bracelet, après avoir jeté les perles sur la table.*) Des bracelets d'or massif, aussi! Où sont tes perles et tes bracelets d'or?

> Stella lui prend le bracelet, se dirige vers le devant de la table et le remet dans la boîte à bijoux.

STELLA

Chut! Calme-toi, Stanley!

> STANLEY, prenant la tiare qui était sur la table.

Et ça, maintenant! des diamants! Une couronne d'impératrice!

> Il s'avance sur le devant de la scène, tenant la tiare.

> STELLA, rangeant les bijoux dans la boîte.

Une tiare de pierres du Rhin qu'elle a portée à un bal costumé.

STANLEY

Qu'est-ce que c'est que ça, des pierres du Rhin?

STELLA, prenant la tiare et la rangeant dans la boîte
à bijoux.

La sœur jumelle du verre.

STANLEY

Quelle blague! (*Il se dirige vers Stella et tripote
les bijoux.*) Je connais quelqu'un qui travaille dans
une bijouterie. Je lui demanderai de venir ici pour
faire une expertise. (*Il se dirige vers la malle, en
retire une fois de plus tous les vêtements et les
tient à bout de bras.*) Voilà ta plantation, ou ce qui
en reste, la voilà!

STELLA, allant vers lui, prenant les vêtements, traverse la scène derrière Stanley et les remet dans la
malle.

Ce que tu peux être stupide et abominable! Je
t'en supplie, laisse cette malle tranquille. Elle va
sortir de la salle de bain.

STANLEY, allant un peu à droite du living-room.

Les Kowalsky et les Du Bois ont des points de
vue différents.

STELLA, très mécontente.

C'est vrai, grâce à Dieu! C'est parfaitement exact,
Dieu merci! (*Elle va dans la chambre à coucher et
prend son chapeau. Stanley met une cigarette derrière son oreille.*) Je sors! (*Elle passe à gauche de*

Stanley.) Viens avec moi pendant que Blanche s'habille.

STANLEY, assis sur le coin de la table, allume une cigarette.

Depuis quand me donnes-tu des ordres?

STELLA, face à lui, le regardant.

Est-ce que tu vas rester ici et lui lancer des insultes à la figure?

STANLEY

Tu parles que je vais rester ici!

Stella se dépêche de sortir par la porte d'entrée et la laisse ouverte. Elle reste debout, au second plan, dans le porche, allume une cigarette qu'elle a tirée de son sac. Blanche ouvre la porte de la salle de bain et apparaît enveloppée d'un peignoir. Elle porte sur son bras une robe légère et transparente. Elle se dirige vers le living-room.

BLANCHE, volontairement immatérielle.

Hello! Stanley... me voici toute fraîche et parfumée... Renouvelée... toute neuve... une autre personne.

STANLEY

Dieu soit loué!

BLANCHE, un pas vers la droite.

Oh! Stanley, je m'excuse, mais il faut que je mette ma jolie robe neuve.

Elle met la robe sur le divan.

STANLEY, n'ayant pas compris :

Ne vous gênez pas, Blanche.

> Se rendant compte de ce qu'elle veut, il se lève et **va** dans la chambre à coucher. Blanche se tient modestement au second plan à côté de sa malle pour laisser passer Stanley, puis elle tire les rideaux qui séparent les deux pièces.

> BLANCHE, retirant son peignoir, qu'elle pose sur **la** malle, et mettant sa robe.

Si j'ai bien compris, il va y avoir une petite partie de poker à laquelle nous autres dames sommes cordialement priées de ne pas assister.

> STANLEY, d'une voix sinistre, debout derrière le lit, le dos au public.

C'est bien ça...

> Il enlève son veston, tire deux cigarettes de sa poche en met une derrière son oreille et jette son veston sur son lit.

BLANCHE

Où est Stella?

> Elle examine le désordre de sa malle-armoire.

STANLEY

Dehors, dans le porche.

> BLANCHE, après avoir jeté un rapide coup d'œil dans la direction du porche.

Dans quelques instants, je vais vous demander de me rendre un service.

Stella se rapproche de la droite de l'escalier, face droite et s'appuie contre la rampe.

STANLEY

Je me demande ce que ça peut-être?

BLANCHE

Quelques boutons dans mon dos. (*Elle ouvre les rideaux.*) Vous pouvez entrer.

Elle se dirige vers le centre du living-room. Stanley s'approche et reste au premier plan, devant elle. Il a un regard lourd et rébarbatif.

BLANCHE, se mettant juste devant lui.

Comment suis-je?... Bien? Est-ce que je suis bien? Est-ce que vous me trouvez bien?

STANLEY

Très bien.

BLANCHE

Merci beaucoup! Maintenant, les boutons!

Elle se retourne et lui montre son dos en regardant à droite.

STANLEY, s'approchant d'elle.

J'peux rien faire avec ça!

BLANCHE

Oh! vous autres hommes, avec vos gros doigts malhabiles... (*Elle le regarde.*) Donnez-moi une bouffée de votre cigarette...

STANLEY, lui donnant la cigarette qu'il avait derrière l'oreille.

Prenez-en une entière!

BLANCHE, au second plan derrière, à gauche de Stanley.

Mais, mon Dieu, on dirait que ma malle a explosé!

STANLEY, allumant la cigarette de Blanche.

On vous a aidée à la défaire... Stella et moi.

BLANCHE, s'approchant de sa malle.

Eh bien, ç'a certainement été du travail rapide et fait à fond...

STANLEY

On dirait que vous avez fait une razzia de tous les magasins élégants de Paris.

Il s'approche d'elle, à droite.

BLANCHE, regardant ses robes dans la malle.

Oui, j'ai la passion des robes!

Elle s'enveloppe de sa fourrure blanche.

STANLEY

Qu'est-ce que ça coûte, une fourrure comme ça?

BLANCHE, avec un geste d'ignorance et une légère emphase.

Je n'en sais rien! C'est un cadeau d'un de mes admirateurs.

STANLEY

Il devait avoir beaucoup d'admiration!

BLANCHE, posant, enveloppée de sa fourrure.

Oh! dans ma jeunesse, j'avais beaucoup d'admirateurs. Mais, regardez-moi maintenant. (*Et elle lui sourit d'un air radieux.*) Pourriez-vous croire qu'il fut un temps où j'avais la réputation d'être séduisante?...

STANLEY

Vous êtes très bien... Physiquement.

BLANCHE, riant, remet la fourrure dans la malle.

Un compliment! Stanley... Merci, c'est ce que je voulais.

STANLEY

Je ne marche pas pour ce truc-là, moi!

BLANCHE

Quel truc?

STANLEY, tandis que Blanche arrange les robes dans la malle.

Oh! Faire des compliments aux femmes! J'ai jamais rencontré une poule jolie et qui ne le savait pas! Pas besoin qu'on lui dise... Mais y en a beaucoup qui se croient mieux qu'elles ne sont. Je suis sorti une fois avec une fille qui me répétait tout le temps : « J'ai l'air d'une vamp!... » J'ai répondu : « Bon et alors? *J'ai l'air d'une vamp?* »

BLANCHE, allant à la table chercher sa boîte à bijoux.
Et elle, qu'est-ce qu'elle a dit?

STANLEY

Elle a rien dit (*à la cantonade*) ça la lui a bouclé.

BLANCHE, allant vers la malle.
Ça a terminé l'aventure?

STANLEY

Ça a terminé la conversation. C'est tout.
(*Blanche met la boîte à bijoux sur le haut de la
malle.*) Il y a des types qui se laissent bluffer par le
genre Hollywood, mais d'autres pas.

BLANCHE, devant la malle.
Je suis sûre que vous appartenez à la deuxième
catégorie.

STANLEY

Oh! oui, alors.

BLANCHE

Je ne vous vois pas du tout pris dans les filets
d'une ensorceleuse.

STANLEY

C'est vrai.

BLANCHE

Vous êtes droit, simple, honnête... un peu... primitif, peut-être? Pour vous intéresser, une femme devrait...

> Elle s'arrête avec un geste indéfinissable.

STANLEY

Jouer cartes sur table.

> Blanche se tourne vers Stanley, elle se dirige vers la gauche. Stanley la suit.

BLANCHE

Je n'ai jamais beaucoup aimé les gens fadasses. Tenez, quand vous êtes entré dans cette pièce hier soir, j'ai su que ma sœur avait épousé un Homme! (*Elle lui tape sur l'épaule.*)... Bien sûr, c'est... tout ce que je pouvais deviner...

STANLEY, hurlant.

Assez! Assez de conneries! Parlons un peu de nos oignons!

> BLANCHE, avec une intimidation feinte, les mains aux oreilles, fait quelques pas vers la gauche.

Ohu... u... u...

> Stella, qui a entendu le bruit, se précipite dans la pièce.

STELLA

Stanley! Sors d'ici et laisse Blanche finir de s'habiller.

BLANCHE

J'ai fini de m'habiller, mon ange.

STELLA, agrippée au bras de Stanley.

Viens tout de même avec moi!

STANLEY, implacable.

Ta sœur et moi sommes en train d'avoir une petite conversation.

Son regard ne quitte pas Blanche.

BLANCHE, passe derrière Stanley et va à la gauche de Stella, Stanley se dirige également vers la gauche — légèrement à Stella :

Chérie, veux-tu être gentille? Va vite au café me chercher un citron pressé avec beaucoup de glace... tu veux faire ça pour moi, mon chou?

Elle conduit Stella vers la porte d'entrée et le porche.

STELLA, à contrecœur.

Oui.

Elle sort par la droite. Blanche ferme la porte d'entrée et se retourne vers Stanley. Celui-ci écrase sa cigarette sur le téléphone.

BLANCHE

Pauvre chou! Elle était là dehors à nous écouter. Je commence à avoir l'impression qu'elle vous comprend moins bien que moi... Bon! Maintenant, monsieur Kowalsky, procédons avec un peu moins de digressions. (*Elle éteint sa cigarette dans un cendrier sur la table.*) Je suis prête à répondre à toutes les questions. Je n'ai rien à cacher. Que voulez-vous savoir?

STANLEY, se rapprochant d'elle.

Dans l'Etat de Louisiane, il existe ce qu'on appelle le Code Napoléon, d'après lequel ce qui appartient à la femme appartient également au mari et vice versa.

BLANCHE, qui vient de se vaporiser entièrement avec le vaporisateur pris sur la table.

Eh bien! Vous êtes aussi impressionnant qu'un juge!

Elle le vaporise en riant.

STANLEY, la saisissant par les poignets.

Bon Dieu! Si tu n'étais pas la sœur de ma femme... j'croirais qu'tu...

BLANCHE

Quoi?

STANLEY

Faites pas l'idiote, vous savez très bien!

BLANCHE, posant le vaporisateur sur la table.

Très bien! Cartes sur table! J'aime ça. Je sais bien que je raconte pas mal d'histoires, mais... est-ce qu'après tout, il n'y a pas cinquante pour cent d'illusion dans le charme d'une femme?... Mais quand une chose est importante, je dis la vérité, et voici la vérité : je n'ai jamais frustré ma sœur. vous, ni personne de ma vie.

STANLEY

Alors, où sont les papiers? Dans la malle?

BLANCHE

Tout ce qui m'appartient est dans cette malle. (*Stanley se dirige vers la malle et commence à fourrager dans le premier tiroir.*) Au nom du Ciel! A quoi pensez-vous? Qu'est-ce qui se cache dans la tête de ce petit garçon? Laissez-moi faire. Cela ira plus vite et ce sera plus simple. (*Elle va vers la malle et le pousse à l'écart à sa droite. Elle ouvre le deuxième tiroir et en sort une boîte en fer-blanc.*) Presque tous mes papiers sont rangés dans cette boîte.

STANLEY, regardant par-dessus son épaule.

Et ça, là-dessous, qu'est-ce que c'est?

BLANCHE

Des lettres d'amour... (*On entend en sourdine Ramona ou Varsouviana*)... jaunies par le temps... toutes du même homme. (*Elle met la boîte en fer-blanc sur le haut de la malle. Stanley arrache les lettres d'amour et se dirige vers la droite. Blanche pousse un cri et le suit.*) Rendez-moi ça!

> Stanley arrache le ruban qui entoure les lettres et tient Blanche à l'écart, tandis qu'elle se précipite vers lui, de droite à gauche, essayant d'atteindre les lettres.

STANLEY

Je vais d'abord y jeter un coup d'œil.

BLANCHE

N'y touchez pas, vous les profanez!

STANLEY, regardant les lettres.

Allez... foutez-moi la paix!

BLANCHE, gesticulant et se débattant pour
essayer d'avoir les lettres.

Je les brûlerai, maintenant que vous les avez touchées.

Les lettres tombent à terre en s'éparpillant. Blanche
se jette à genoux, les ramasse et les entoure du
ruban.

STANLEY

Qu'est-ce qu'il y a dedans?

BLANCHE, toujours à genoux.

Des poèmes... écrits par un mort... Je lui ai fait mal comme vous voudriez me faire mal... mais je ne suis plus ni jeune ni vulnérable, moi... lui l'était... Enfin, ne parlons plus de ça.

STANLEY

Qu'est-ce que vous voulez dire en disant que vous allez les brûler?

BLANCHE, nouant le ruban.

Non... j'ai perdu la tête... un instant... Est-ce que tout le monde n'a pas quelque chose de très intime, et de secret que personne ne doit toucher?... (*Elle semble prête à s'évanouir de fatigue, tandis qu'elle*

*replace les lettres dans la malle. Puis elle rapporte
vers Stanley deux grandes enveloppes contenant des
papiers d'affaires. Stanley s'approche d'elle à sa
droite pendant que la musique s'éteint. Elle tend à
Stanley la boîte de fer :)* Ambler et Ambler...

STANLEY

Qu'est-ce que c'est que ça, Ambler et Ambler?

BLANCHE

Une société qui avait prêté de l'argent sur la
maison. *(Elle pose sur le couvercle de la boîte une
enveloppe pleine de papiers.)* Crabtree, et puis encore Ambler et Ambler...

STANLEY

Alors, elle a vraiment été perdue à cause des
hypothèques?

BLANCHE

C'est probablement ce qui est arrivé.

STANLEY

Je n'veux pas de... probablement... de si et de
mais... Qu'est-ce que tous ces autres papiers?

Il avance vers la table, tire la petite chaise à la gauche
de la table, s'assoit et examine les papiers. Blanche,
regardant dans la dernière enveloppe qui était posée
sur la malle, Stanley se lève, prend l'enveloppe et
la boîte et se rassoit.

BLANCHE

Il y a tout un monceau de paperasses s'étageant

sur des centaines d'années, concernant *Belle Rêve*.
Pour dire les choses telles qu'elles sont : nos
grands-pères, nos pères, nos oncles, nos frères trop
prodigues ont échangé... morceau par morceau...
leurs terres contre leurs aventures d'amour. Le rem-
boursement de la dernière hypothèque nous a enlevé la plantation et... finalement, la seule chose
qui restait, et Stella peut le vérifier, était la maison
elle-même avec une vingtaine d'ares et comprenant
une sépulture dans laquelle nous sommes tous, sauf
Stella et moi. (*Fourrant les papiers entre les mains
de Stanley sur la table :*) Voilà tout ce qui en reste,
rien que des papiers! Je vous les lègue. Prenez-les!
Lisez-les attentivement. Apprenez-les par cœur!...
N'est-ce pas une admirable solution que *Belle Rêve*
soit un tas de vieux papiers entre vos grosses mains!
(*On entend la musique de jazz.*) Je me demande si
Stella va bientôt revenir avec mon citron pressé?

Elle se dirige vers l'entrée.

STANLEY

J'ai un ami notaire. Je vais lui donner tout ça.

**BLANCHE, allant vers la chambre prendre son
chapeau et son sac.**

Bonne idée! Mais n'oubliez pas de lui apporter
un tube d'aspirine!

STANLEY, toujours assis, un peu penaud.

Vous comprenez, d'après le Code Napoléon, un

mari doit s'intéresser aux affaires de sa femme, surtout maintenant qu'elle va avoir un bébé.

BLANCHE, interloquée.

Stella va avoir un bébé? (*Elle revient dans le living-room.*) Mais je ne savais pas qu'elle allait avoir un bébé!... (*Stella apparaît à droite avec le citron pressé dans un carton. Blanche se précipite vers elle et l'emmène sous le porche. Stanley se lève, emmène les papiers dans la chambre à coucher, tire une petite cassette de dessous le lit, y enfouit les papiers, repousse le tout sous le lit, s'assoit lourdement dessus et regarde fixement devant lui. Blanche est sous le porche, à gauche de Stella.*) Stella, Stella comme étoile! comme c'est merveilleux d'avoir un bébé!

STELLA

Je ne sais pas quoi répondre.

BLANCHE

Tout est arrangé! On a débattu la question à fond. Je suis un peu sens dessus dessous, mais je crois que j'ai très bien manœuvré. Je lui ai tout expliqué très gentiment. J'ai tout pris en riant (*Stève et Pablo apparaissent au second plan à droite, portant une caisse de bière.*) Je l'ai appelé un pt'it garçon, j'ai ri... j'ai flirté... Oui, j'ai flirté avec ton mari... (*Tandis que les hommes s'approchent.*) Tiens, voici les invités pour la partie de poker.

Les hommes traversent le porche et touchent leur chapeau en passant devant les deux femmes.

PABLO

Hep! Stella!

A l'intérieur du living-room, les hommes commencent à ranger la bière dans la glacière, Blanche traverse le porche derrière Stella à droite.

BLANCHE

Par où allons-nous, Stella? Par ici?

STELLA

Non, par là.

BLANCHE, riant en se dirigeant vers le fond à droite.

Le paralytique conduit l'aveugle.

On entend la voix d'un marchand ambulant :
Cacahuètes... hètes...

La scène s'assombrit, la musique de jazz augmente et joue pendant la pose.

SCÈNE III

La soirée de poker.

Tard dans la nuit. Dans le living-room, la table a été placée tout au premier plan. Stanley, Mitch, Stève et Pablo sont assis autour de la table, courbés sur leurs cartes, fumant et concentrés. Stanley est assis au bout de la table, à droite. Il se balance sur sa chaise, Stève est devant la table, dos au public, il a son chapeau sur la tête et est assis sur une caisse de bière renversée. Des bouteilles de bière vides sont éparpillées un peu partout et deux bouteilles de cognac, à moitié vides, sont sur la table, bien en évidence. Mitch est à gauche de la table et Pablo un peu plus bas, dos à la scène. Il a aussi son chapeau sur la tête. Mitch a enlevé son veston, posé sur le banc à côté de lui, il a également enlevé ses souliers. La table est recouverte d'un grand tapis vert foncé.

Au lever du rideau, la musique cesse rapidement. Les hommes parlent à voix presque basse. Chaque joueur a ses cartes dans la main.

MITCH, bâillant.

Quelle heure est-il?

STANLEY

Qu'est-ce que ça peut bien te faire, bon Dieu!

STÈVE

Il n'arrêtera pas la partie avant d'avoir gagné un pot, tu sais... Qu'est-ce qui ne va pas dans cette donne?

PABLO

Rien! Il n'y a pas de joker, c'est tout.

STÈVE

Donne-moi deux cartes! (*A Pablo.*) Combien de cartes as-tu pris?

PABLO

Deux.

MITCH

On boit un coup?

STANLEY, *prenant la bouteille des mains de Mitch.*

Y a... moi!

Mitch s'assoit sur le coin gauche de la table et enfonce quelques-uns de ses gains dans la poche.

PABLO

Quelqu'un devrait aller chez le Chinois acheter des nids d'hirondelles.

Les jeux sont faits. Stève gagne.

STANLEY

T'as faim chaque fois qu' je perds. Allez, Mitch!

Qu'est-ce que tu fous sur la table? Du cognac, les cartes et les jetons sur cette table, rien d'autre je te prie!

> Mitch se lève et s'assoit sur la chaise. Stanley mêle les cartes et donne.

MITCH, ramassant ses cartes.

Bigre, tu es monté sur tes grands ch' vaux!

STANLEY

Combien?

STÈVE

Donne-m'en trois.

PABLO

Une.

MITCH

Je n' suis pas dans l' coup! D'ailleurs je vais bientôt rentrer.

STANLEY

Ta gueule!

MITCH

Ma mère est malade... mon vieux. Elle ne s'endort pas avant que je sois là.

STANLEY

Alors pourquoi ne restes-tu pas chez toi, avec elle?

MITCH

Elle me dit de sortir! Alors, qu'est-ce que tu veux, je sors! Mais ça ne m'amuse pas, je me tracasse tout le temps.

STANLEY

Non?... Bon!... Alors, pour l'amour du Ciel, rentre!

MITCH, mettant tout son argent dans sa poche.

Vous êtes tous mariés... Moi, quand elle ne sera plus là, je serai tout seul! (*Il se lève.*) Je vais dans la salle de bain.

STANLEY

Dépêche-toi! On t' donnera un sucre d'orge!

MITCH

Merde! Ça suffit!

Il revient vers la table, ramasse encore quelques sous qu'il avait oubliés, puis traverse la chambre à coucher et ferme la porte.

PABLO

Qu'est-ce que tu as?

STÈVE

La couleur à pique! (*Il raconte des histoires en mêlant les cartes.*)

« Le vieux Nègre est assis devant sa maison, jetant du grain à ses poules. Il entend tout d'un coup un caquettement joyeux; une jeune poulette, très sûre d'elle, apparaît au coin de la maison, suivie d'un jeune coq prêt à l'attraper. »

STANLEY, impatiemment.

Donne!

STÈVE, abrégeant l'histoire et donnant.

« Mais quand le jeune coq aperçoit le Nègre jetant du grain, il met les freins, s'arrête, abandonne la poulette et va picorer les grains. — Mon Dieu! dit le vieux Nègre, faites que je n'aie jamais faim à ce point! »

Il a fini de donner. Pablo et Stève s'amusent de l'histoire. Les trois hommes se mettent à jouer avec attention. Stella et Blanche entrent en scène à droite, au fond, et s'arrêtent sous le porche.

STELLA, devant la porte fermée de son appartement.

Ils sont encore en train de jouer!

Blanche porte une lanterne japonaise enveloppée d'un papier.

BLANCHE

Est-ce que ça va?... Je suis bien?...

STELLA

Ravissante, Blanche.

BLANCHE

J'ai tellement chaud, je suis tellement fatiguée. (*Elle tend son paquet à Stella, et sort son poudrier de son sac.*) Attends que je mette un peu de poudre avant d'ouvrir la porte!

> Blanche se met de la poudre et reprend son paquet. Stella ouvre la porte. Blanche entre la première, traverse la scène devant la table, dans la direction de la chambre à coucher. Stella s'arrête devant la table.

STELLA

Eh bien!... eh bien!... Vous n'avez pas encore fini?

STANLEY

D'où venez-vous?

STELLA

Nous avons été au spectacle, Blanche et moi... Blanche, voici M. Gonzalès et M. Hubbel.

> Elle montre les hommes.

BLANCHE

Ne vous dérangez pas, je vous prie!

> Absents, regardant leurs cartes, les deux hommes commencent à se lever.

STANLEY, retenant ses amis.

Personne ne se lève! Restez tranquilles!

STELLA

Ça va encore durer longtemps, ce jeu?

STANLEY, buvant.

Jusqu'à ce que nous décidions de terminer!

BLANCHE

Le poker est un jeu fascinant!... Je ne peux pas rentrer?

STANLEY

Manquait plus que ça!

> Stella a enlevé le veston de Pablo du lit-divan et le lui tend à travers la table, Stanley le lui arrache des mains et le veston tombe à terre.

PABLO, hurle

Mon veston!

> et se précipite pour le ramasser. Il le range sur le dossier de sa chaise et se remet au jeu.

STANLEY

Vous autres, les femmes, pourquoi ne montez-vous pas chez Eunice?

STELLA

Parce qu'il est presque deux heures et demie.

> Blanche est dans la chambre à coucher. Elle pose son chapeau, son sac et son paquet sur le bureau. Puis, elle s'assoit sur le lit et met ses pantoufles.

STELLA

Ecoutez... vous ne pourriez pas lever la séance après la prochaine donne? (*Elle se penche en avant, tournant le dos à Stanley, pour défaire le lit de Blanche. Stanley lui donne une grande claque sur le derrière.*) C'est pas drôle, Stanley! (*Furieuse, elle va dans la chambre à coucher et tire le rideau qui sépare les deux pièces.*) Je déteste qu'il fasse ça devant des gens!

BLANCHE

Je crois que je vais prendre un bain!

STELLA

Encore?

BLANCHE

J'ai les nerfs en boule!... Est-ce qu'il y a quelqu'un dans la salle de bain?

STELLA

Je ne sais pas.

Elle va dans le petit réduit, allume. Blanche va à la porte de la salle de bain et frappe. Mitch ouvre la porte et sort, une serviette de toilette à la main.

BLANCHE

Oh! Bonsoir!

MITCH, surpris.

Oh!

Il la regarde fixement.

STELLA, sortant du réduit, allant à la droite de Blanche.

Blanche, voilà Harold Mitchell... Ma sœur : Blanche Du Bois.

BLANCHE

Enchantée.

MITCH, avec une courtoisie lourde.

Enchanté... Mademoiselle Du Bois.

STELLA

Comment va votre mère, Mitch?

MITCH

Toujours à peu près pareil. Votre gâteau lui a fait bien plaisir.

(*Il se dirige maladroitement vers l'avant de la scène.*) Pardon...

Il passe devant les deux femmes, bouscule Stella. Il a l'air gauche. Les deux femmes le regardent passer en souriant malicieusement. Devant le rideau de séparation il aperçoit tout d'un coup qu'il tient encore à la main la serviette de toilette. Atrocement gêné, il revient vers la chambre, et tend la serviette à Stella. Puis, rapidement, il soulève le rideau et retourne à la salle de jeu. Dès qu'il s'assied, il remet ses souliers. Pablo donne; les femmes ricanent.

BLANCHE, allant vers le rideau.

Il est un peu mieux que les autres, celui-là!

STELLA, passant devant Blanche va vers la coiffeuse, pose la serviette de toilette, puis va dans le réduit, prend un peignoir de bain et sa chemise de nuit.

Oui, sûrement.

BLANCHE

J'ai trouvé qu'il avait un bon regard, un peu triste...

STELLA

Sa mère est malade.

Elles se mettent à rire.

BLANCHE, se déshabillant.

Il est marié?... Est-il marié?

STELLA

Non.

BLANCHE

C'est un séducteur? Il court beaucoup les filles?

STELLA, du réduit.

Voyons, Blanche! (*Blanche rit.*) Ce n'est pas bien son genre...

BLANCHE, se dirigeant vers le réduit.

Qu'est-ce qu'il fait dans la vie?

STELLA, s'asseyant devant la coiffeuse.

Il est à la section des pièces de rechange de l'entreprise pour laquelle Stanley voyage.

La lumière s'éteint dans le réduit. Blanche en sort, en combinaison, portant une robe à la main.

BLANCHE

C'est important?

STELLA

Non. Stanley est le seul là-dedans qui ait une possibilité d'avenir.

BLANCHE

Qu'est-ce qui te fait dire ça?

STELLA

Regarde-le!

BLANCHE, allant à la droite de Stella et
se tenant debout dans le rayon de lumière.

Je l'ai regardé.

STELLA

Alors tu devrais comprendre...

BLANCHE

Je suis navrée, mais je n'ai pas remarqué la bosse
du génie sur le front de Stanley.

STELLA

Ce n'est pas sur le front, et ce n'est pas du génie.

BLANCHE

Ah bon! Alors, qu'est-ce que c'est et où est-ce?
J'aimerais bien savoir.

STELLA

C'est toute sa façon d'être... Tu es en plein devant la lumière, Blanche.

BLANCHE, avec un petit cri, comme si elle
ne le savait pas.

Oh! Vraiment? pardon.

Elle s'avance vers le fond de la scène et s'assoit sur le
lit.

STELLA, presque tout bas, à Blanche.

Et si tu voyais leurs femmes!

BLANCHE, riant presque.

Je m'imagine! D'énormes tas de graisse rougeaude.

Elle se met face à la scène et s'assoit sur le bras du fauteuil.

STELLA, se tordant.

Celle-là, là-haut!!!

BLANCHE, se tordant également.

Oh! cette vieille horreur!...

STELLA, hurlant presque de rire.

Eh bien, une nuit... le plâtre a craqué!...

Elle n'en peut plus de rire. Blanche est dans les bras de Stella, au même point d'hilarité.

STANLEY, qui est en train de perdre au jeu.

Eh! les poules! Taisez-vous donc, là-bas!

STELLA, faisant un pas vers le second plan.

Tu ne peux pas nous entendre!

STANLEY

Ecoute! Tu m'as bien entendu? Et je t'ai dit de te taire.

STELLA, écartant le rideau, passant juste la tête.

Je suis ici chez moi et je parlerai tant qu'il me plaira!

BLANCHE, allant à la radio dont elle
tourne le bouton.

Oh! Stella, ne commence pas à te disputer.

STELLA

Bah! Il est à moitié soûl.

Elle ramasse la serviette de toilette laissée par Mitch,
sur la coiffeuse, et va dans la salle de bain.

STANLEY, à Mitch, en train de regarder par-
dessus son épaule, vers la chambre à coucher.

Eh ben, Mitch, t' es dans l' coup?

STELLA

J'en ai pour une minute!

Elle entre dans la salle de bain et ferme la porte.

MITCH, ramenant son attention au jeu.

Quoi?... Oh! non, je ne joue pas!

Il commence à s'arranger un peu, lace ses souliers et
prend son veston. Blanche, dans la chambre à
coucher, arrange le paravent au pied du lit. La
radio joue une rumba. Blanche prend la chaise en
face de la coiffeuse, la tourne face à la scène et
prend un porte-cigarettes qu'elle sort de son sac

STANLEY, hurlant en direction de la chambre
à coucher.

Qui a mis la radio?

BLANCHE, passant le nez à travers le rideau.

Moi! Ça vous dérange?

STANLEY

Fermez-la.

BLANCHE, fait comme si elle n'avait rien entendu,
traverse la scène et s'assoit sur la chaise devant
la coiffeuse, les jambes croisées et un pied
battant la mesure.

STÈVE

Oh! Laisse-les donc s'amuser avec leur musique!

PABLO

Bien sûr, c'est très bien! Que ça continue!

STÈVE

On dirait... (*Un nom de rumba américaine.*)

Stanley bondit, écarte les rideaux, se précipite à la
radio, l'éteint, regarde Blanche fixement pendant un
long moment et revient à la table de jeu. Pablo
jette son jeu sur la table et discute avec Stève au
sujet de son jeu.

STÈVE

J' te jure que tu ne l'as pas annoncé!

PABLO

J'ai pas annoncé?... Mitch?

MITCH

J'écoutais pas...

PABLO

Ben! Qu'est-ce que tu faisais alors?

STANLEY

Y r'gardait à travers ces sacrés rideaux! (*Il se rassoit à sa place.*) Redonnons! Jouons ou bien arrêtons le jeu!... Il y a des gens qui attrapent des fourmis quand ils gagnent! (*Il le dit en regardant Mitch qui est debout en train de mettre son veston.*) Assis!

MITCH, se penchant un peu sur la table, confidentiellement.

Je vais aux water, ne me servez pas!

STÈVE, donnant.

Sûr qu'il a des fourmis... Les sept billets de cinq dollars qu'il nous a raclés sont au fond de la poche de son pantalon, serrés comme des billes.

Mitch sort du chewing-gum d'une enveloppe d'une poche de son pantalon.

PABLO

Et demain, on le verra à la caisse les échanger contre de la petite monnaie.

Mitch met le chewing-gum dans sa bouche et remet l'enveloppe dans sa poche.

STANLEY

Et quand il rentrera chez lui, il les mettra pièce par pièce dans sa tirelire!

STÈVE, donnant.

Ça va, les gars! Jouons, mais c'est un coup d'épée dans l'eau.

Ils se remettent à jouer. Mitch s'approche de la tête du mur à côté du rideau et frappe timidement. Il entre dans la chambre à coucher, voit Blanche, fait quelques pas dans la direction de la salle de bain et traverse la scène devant elle.

BLANCHE

Hep là!

MITCH

Oh! pardon!

BLANCHE

Le petit coin est occupé pour l'instant.

MITCH, s'arrêtant au pied des marches
allant à la salle de bain, avec embarras.

Nous avons bu beaucoup de bière!

Il fait quelques pas en arrière au milieu de la scène.

BLANCHE

Je déteste la bière!

MITCH

Oh! Quand il fait chaud, c'est bien agréable.

BLANCHE

C'est pas du tout mon avis. Moi ça me donne encore plus chaud. (*Montrant son fume-cigarette vide.*) Vous avez une sèche?

MITCH

Bien sûr.

BLANCHE

Qu'est-ce que c'est?

MITCH, allant vers elle avec son étui ouvert.

Des *Lucky*.

BLANCHE, en prenant une qu'elle met
dans son fume-cigarette.

Oh! Quelle chance! (*Remarquant l'étui.*) Il est
bien joli, votre étui... En argent?

MITCH

Oui... Regardez ce qui est écrit dessus.

BLANCHE, regardant l'étui.

Oh! Il y a quelque chose d'écrit? Je ne peux pas
lire.

Mitch craque une allumette et s'approche d'elle. Elle
lit, en feignant la difficulté :

Et si Dieu le veut, plus encore
Je t'aimerai, après la mort.

Mais... c'est d'Elizabeth Browning!... Un sonnet
que j'adore!

Elle allume sa cigarette, Mitch éteint l'allumette et la
pose dans le cendrier sur la coilleuse.

MITCH

Vous le connaissez?

BLANCHE

Mais, évidemment.

MITCH, reprenant son étui.

Y a une histoire qui se rattache à cette inscription.

BLANCHE

C'est comme dans un roman!

MITCH

Un roman bien triste!

BLANCHE

Ah?...

Le jeu de cartes est fini, Pablo donne une autre fois.

MITCH

Cette femme est morte maintenant.

BLANCHE, avec une profonde sympathie.

Oh!

MITCH

Elle savait qu'elle allait mourir quand elle me l'a donné! Une fille étrange... exquise... exquise...

Il s'approche du fauteuil.

BLANCHE

Elle devait vous aimer beaucoup. Les malades s'attachent toujours si profondément, si... sincèrement.

MITCH

C'est très vrai.

BLANCHE

La souffrance rend sincère, je crois.

MITCH

Ça rend sûrement les gens meilleurs.

BLANCHE

D'ailleurs : est-ce que seuls les gens qui ont...
quelque chose, ne sont pas ceux qui ont souffert?

MITCH

Je crois que vous avez raison.

BLANCHE

Je suis absolument certaine d'avoir raison. Tenez!
Montrez-moi une personne qui n'a pas souffert, je
vous dirai que c'est quelqu'un de superficiel...
Ecoutez-moi : j'ai la langue un peu pâteuse ce soir.
Vous en êtes responsables, tous! Le spectacle était
fini à onze heures. Nous ne pouvions pas rentrer
à cause de cette partie de poker. Alors, il a bien
fallu aller quelque part et boire! Je n'ai pas l'habitude de boire plus d'un verre de cognac. Deux
au maximum, mais alors, trois!... (*Elle rit.*) Ce soir,
j'en ai bu trois!

STANLEY, hurlant.

Mitch!

MITCH, regardant par les rideaux.

Ne me donnez pas de cartes, je fais la conversation avec mademoiselle...

Il regarde Blanche dont il ne se rappelle pas le nom.

BLANCHE

Du Bois...

MITCH, répétant le nom dans le living-room.

Du Bois.

Il remet les rideaux et se retourne vers Blanche.

BLANCHE

C'est un nom français. (*Puis, comme dans un rêve.*) Blanche... Du... Bois... comme la Dame de la forêt, une forêt blanche... comme un verger au printemps... vous pourrez vous en souvenir comme cela... si vous y tenez.

MITCH

Vous êtes Française?

BLANCHE

Nous sommes Français d'origine. Mes premiers ancêtres américains furent des Français huguenots.

MITCH

Vous êtes la sœur de Stella, n'est-ce pas?

BLANCHE

Oui, Stella est ma petite sœur chérie. Je dis petite... mais, au fond, elle est plus âgée que moi.

MITCH

Ah!...

BLANCHE

Oh! A peine un an... Voulez-vous m'aider?

Elle se lève, va chercher le paquet qui contient la lanterne japonaise sur la coiffeuse.

MITCH

Bien sûr! A quoi?

BLANCHE, allant vers lui et tirant la
lanterne du paquet.

J'ai acheté cette adorable lanterne de papier dans un magasin chinois tout près d'ici... Voulez-vous l'accrocher autour de l'ampoule?... Ça ne vous ennuie pas?

Elle lui tend la lanterne.

MITCH, la dépliant.

Avec plaisir.

Le jeu de cartes est fini. Stanley redonne.

BLANCHE, à gauche de Mitch.

Je ne peux pas supporter une ampoule nue, pas plus qu'une grossièreté ou un geste vulgaire.

MITCH, tripotant maladroitement la lanterne
comme si c'était un accordéon.

Vous avez dû être rudement frappée, alors. Nous sommes tous un peu rustres!

BLANCHE, mettant le paquet vide sur
le bureau.

Oh! je m'adapte très bien aux circonstances...

MITCH

C'est souvent bien utile... Vous habitez ici? Chez Stella et Stanley?

BLANCHE, *allant à la gauche de Mitch.*

Stella n'a pas été très bien ces temps-ci. Alors, je suis venue l'aider un peu... Elle est très fatiguée.

MITCH

Est-ce que vous êtes...?

BLANCHE

Mariée? Non... Non... Je suis vieille fille, et institutrice.

MITCH

Vous êtes peut-être institutrice, mais certainement pas une vieille fille.

BLANCHE

Merci, monsieur. (*Mitch traverse la scène devant Blanche, puis devant la coiffeuse pour installer la lanterne.*) J'apprécie votre galanterie.

MITCH, *regardant Blanche.*

Alors, vous êtes institutrice?

BLANCHE

Oui.

MITCH, *posant la lanterne sur l'ampoule
au-dessus de la coiffeuse.*

A l'université?... A l'école secondaire?... Où?...

STANLEY, hurlant.

Mitch!

Il bondit de sa chaise. Les autres le retiennent.

MITCH, hurlant aussi.

Je viens.

Blanche s'effondre sur une chaise devant la coiffeuse.
Stanley se rassoit, fulminant, et continue à jouer.

BLANCHE

Mon Dieu! Quels poumons!... Je suis à l'école
secondaire.

MITCH

Dans quelle branche?

BLANCHE

Devinez!

MITCH

Ça doit être de l'art, ou bien de la musique.
(*Blanche rit doucement.*) Oh! bien sûr, je peux me
tromper. Ça pourrait aussi bien être de l'arithmétique.

Il est debout devant elle et sa main, petit à petit, se
pose sur le dossier de sa chaise.

BLANCHE

De l'arithmétique... jamais, monsieur, jamais de
l'arithmétique! (*Elle rit.*) Je ne sais même pas ma
table de multiplication, non, j'ai la malchance
d'être professeur d'anglais. J'essaie de distiller

Hawthorne, Whitman et Poe dans l'esprit de quelques jeunes sportifs et Roméos de carrefour.

MITCH

Je pense que des tas d'autres choses les intéressent davantage.

BLANCHE

Evidemment. Leur culture littéraire n'est pas ce qu'ils prisent au-dessus de tout, mais ils sont gentils. C'est touchant de les voir au printemps faire leur première découverte de l'amour, comme s'ils étaient les premiers.

> Ils se mettent à rire tous les deux. Mitch s'aperçoit tout d'un coup que sa main est sur le dos de la chaise, il marmonne « Pardon » et fait deux pas en arrière au moment où Stella ouvre la porte de la salle de bain. Il est en plein sur son chemin, bouscule Stella d'abord, puis Blanche qui se levait pour regarder la lanterne.

BLANCHE

Ah! vous avez fini!

MITCH

(*Mitch n'y comprenant rien.*) Hein? (*remarquant la lanterne*)... ah oui!

> Il se dirige vers le commutateur pour allumer.

BLANCHE

Oh! non, non, attendez, je vais mettre la radio. (*Elle met la radio qui joue une valse viennoise :*

Wien die Stadt.) Maintenant, allumez! (*Mitch allume.*) Ah! regardez, c'est féerique!

Blanche se met à danser autour de la pièce. Stella devant la porte de la salle de bain applaudit. Mitch tourne aussi un peu au son de la musique, appréciant l'imprévu de la situation.

STANLEY, déclarant les cartes qu'il a en main.

Trois cœurs!

PABLO

J'ai gagné!

Stanley bondit de sa chaise, se précipite à travers les rideaux et se met à arracher les fils de la radio.

STELLA, criant à Stanley, en se précipitant vers lui.

Stanley, ne touche pas la radio!

Il arrache la radio, va à la fenêtre à côté de la salle de bain et jette la radio par la fenêtre. Stella s'accroche à lui par-derrière.

STELLA

Soûl... soûl... quelle brute! Animal!

Stella se précipite dans le living-room, repousse Stève de côté, passe devant la table, pousse Pablo. Les hommes se lèvent. Stella va à l'arrière de la scène, bouscule encore Stève.

STÈVE

T'en fais pas, Stella! Calme-toi!

Dans la chambre à coucher, Stanley s'arrête devant Mitch et lui dit :

STANLEY

C'est la dernière fois que tu fais marcher la radio pendant que je joue au poker.

STELLA

Ecoutez... Si vous avez la moindre dignité, tous, rentrez chez vous!

Stanley, qui a entendu le vacarme dans le living-room, rentre comme un fou. Stève essaie de l'arrêter, il le repousse.

BLANCHE

Stella! fais attention, il est...

Stanley cherche à atteindre Stella qui s'est réfugiée derrière la porte. Les trois autres hommes cherchent à le retenir.

STÈVE

Calme-toi, Stanley! du calme, mon vieux!

STELLA

Si tu me touches, je vais...

On se rend compte, au son, qu'il a frappé Stella derrière la porte. Stella crie. Blanche aussi. Mitch se précipite dans le living-room pour aider les autres à tirer Stanley agrippé à Stella.

BLANCHE, hurlant sur un ton suraigu.

Ma sœur attend un bébé!

MITCH

C'est épouvantable!

BLANCHE

Il est fou! Complètement fou!

MITCH

Amenez-le ici, vous autres!

Stanley est traîné sur le divan par Stève et Pablo.

STELLA, frappant à grands coups de poing
sur la porte d'entrée.

Je veux m'en aller! Je veux m'en aller!

Mitch traversant la scène et se dirigeant vers Blanche.

MITCH

On ne devrait pas jouer au poker quand il y a
des femmes dans une maison.

BLANCHE

Je vais prendre les affaires de ma sœur. Nous
allons monter chez cette bonne femme.

Elle va au réduit.

MITCH, dans la chambre à coucher.

Où sont ses affaires?

BLANCHE, prenant un manteau dans le réduit.

Voilà, je les ai... Stella, Stella, mon amour, ma
petite sœur chérie, n'aie pas peur!
(*Blanche se dirige vers Stella, lui met son manteau sur les épaules et pousse Stella le long de
l'escalier en spirale en murmurant :*) Est-ce qu'il
t'a fait mal? (*Elle la console.*)

Mitch la suit jusqu'à la porte.

STANLEY, se débattant sur le divan, dans un demi-rêve.

Qu'est-ce qu'il y a? Qu'est-ce qui est arrivé?

Stanley, finalement, arrive à se mettre debout. Stève est à sa droite, Pablo à sa gauche et Mitch s'avance à droite du groupe.

MITCH

Tu as fait ton plein, mon vieux! Voilà ce qui est arrivé.

PABLO

Oh! ça va mieux maintenant.

STÈVE

Bien sûr que le gars va mieux!

MITCH

Mettez-le sur le lit et allez chercher une serviette mouillée.

PABLO

Je crois qu'une bonne tasse de café lui ferait plus d'effet.

STÈVE

On va d'abord essayer l'eau froide.

MITCH

Mettez-le sous la douche et ouvrez le robinet en grand. (*Les hommes tirent Stanley qui se débat toujours, vers la salle de bain. Mitch les suit en le*

poussant. On l'entend dire au milieu des protes-
tations et des jurons :) On ne devrait pas le laisser
vivre avec des femmes comme il faut, il ne le mérite
pas. Il ne sait pas comment on les traite. Allez!
Mettez-le sous la douche. (*Les hommes disparaissent*
dans la salle de bain, poussant Stanley devant eux.
On entend un terrible vacarme, des cris, des jurons,
de la casse. Mitch sort en se secouant pour enlever
l'eau de sur ses manches. Il traverse toute la scène
jusqu'à la porte d'entrée, puis tristement, mais avec
fermeté :) On ne devrait pas jouer au poker quand
il y a des femmes dans une maison! (*Il sort, regarde*
l'escalier en spirale, et quitte la scène à droite, au
fond.)

Pablo et Stève sortent précipitamment de la salle de
bain, expulsés par la violence de Stanley. Ils prennent de l'argent sur la table de jeu.

PABLO, prenant de l'argent et son veston
sur le dossier de sa chaise.

Y en a marre! Foutons le camp d'ici!

Il sort par la porte et quitte la scène au fond et à
droite en jurant. Stève le suit et monte l'escalier
en spirale.

EUNICE, crie, au dessous.

Stève! Stève!

STÈVE, murmure.

Oh! Oh!

Il redescend l'escalier et disparaît au fond. Dans l'appartement, la lumière diminue. Stanley, au bout d'un

moment, sort de la salle de bain. Il cherche Stella.
A pas hésitants, il arpente les deux pièces. Il s'arrête près du téléphone, prend le récepteur, essaie de
se rappeler un numéro, que finalement il forme.

STANLEY, dans le téléphone.

Eunice, je veux ma gosse. Eunice, je sonnerai
tant que je n'aurai pas ma gosse! (*Il raccroche finalement. Stanley sort en titubant sous le porche. Il
regarde en haut de l'escalier en spirale, jette sa tête
en arrière comme un chien qui aboie et hurle :*)
Stelll... la... h... h... Stellllll... llla... ah...

EUNICE, au-dessus.

T'as fini de hurler? Au lit!

STANLEY

J'veux que ma gosse descende... ici... Stelllll...
lla... a... a...

EUNICE

Ell' descendra pas! T'as qu'à t' taire! T'auras la
police à tes trousses! On bat pas une femme pour
la rappeler après! E' va pas v'nir! Elle va avoir un
bébé! J'espère qu'y t' garderont et qu'y t'asperge-
ront avec la pompe à incendie, comme la dernière
fois! Salaud! Sale Polack!

STANLEY, humblement.

Eunice, je veux qu'elle descende... avec moi.

EUNICE

Ah!

Et elle frappe la porte derrière elle.

STANLEY, avec une violence encore accrue.

Stellllll... lllla!... a... a...

Stella descend lentement, comme poussée par quelque
chose de plus fort que sa volonté. Elle s'arrête sur
la dernière marche. Stanley tombe à ses genoux et
enfouit sa tête dans son ventre. Il sanglote. Il se
lève, la soulève de terre dans ses bras, il traverse
le porche et rentre dans son appartement. Tandis
que Stella l'embrasse passionnément.

STANLEY

Faut pas m' quitter! jamais! jamais! faut pas
m' quitter! Mon amour! ma gosse!

Les lumières sont éteintes dans l'appartement, à part
une petite lueur à travers le vasistas et une vague
lumière dans la lanterne en papier et un rayon
lumineux à travers la porte ouverte de la salle de
bain. Stanley emporte Stella jusqu'à leur lit et tire
d'un bras le paravent. Blanche descend l'escalier
en spirale, regarde dans l'appartement, entre avec
hésitation. Affolée par ce qu'elle voit, se précipite
dans le porche, ferme la porte derrière elle. Elle
regarde autour d'elle désemparée et réfléchit sur ce
qu'elle doit faire, se dirige vers l'escalier, revient
vers la porte de Stella et finalement s'appuie contre
celle-ci, l'air angoissée. Mitch apparaît à l'arrière-
plan, voit Blanche et avance jusqu'à la rampe de
l'escalier. Il se penche vers Blanche et murmure en
sourdine :

MITCH

Mademoiselle Du Bois!

BLANCHE

Oh!

MITCH

Tout est tranquille sur le Potomac maintenant : l'orage est passé!

BLANCHE

Elle est descendue en courant et elle est rentrée là-dedans avec lui.

MITCH

Ben, évidemment!

BLANCHE

Je meurs de peur!

MITCH, s'approchant à la droite de Blanche.

Y a pas de raison d'avoir peur, ils sont fous l'un de l'autre.

BLANCHE

Je ne suis pas habituée à une telle...

MITCH

C'est pas de veine que ça se soit passé quand vous veniez d'arriver. Mais faut pas prendre ça au sérieux.

BLANCHE

Oh! la violence, c'est une chose tellement...

MITCH

Asseyez-vous sur les marches, là, et fumons une cigarette...

Il sort son étui.

BLANCHE

Mais je suis à peine habillée.

MITCH

Oh! dans ce quartier, ça n'a pas beaucoup d'importance!

BLANCHE, prenant une cigarette.

Un si bel étui en argent!

MITCH

Je vous ai montré la dédicace, n'est-ce pas?

Il allume la cigarette de Blanche.

BLANCHE

Oui. (*Un petit silence. Elle le regarde.*) Ah! il y a tant de détresse dans le monde. Merci. Vous êtes si bon. J'ai un tel besoin de bonté!

La lumière s'éteint; les bruits de rue se font entendre jusqu'à la scène suivante.

SCÈNE IV

De bonne heure, le lendemain matin. On entend encore
les cris de la rue tandis que la scène s'éclaire. Bruits
de la rue.

PREMIER HOMME
Crevettes fraîches!

DEUXIÈME HOMME
Framboises, groseilles!

TROISIÈME FEMME
Poisson frais.

QUATRIÈME HOMME
Melon d'eau.

CINQUIÈME FEMME
Petits pois frais.

SIXIÈME FEMME
Haricots verts.

SEPTIÈME FEMME

Œufs du jour.

Stella est affalée dans le fauteuil de la chambre à coucher. Les rideaux sont tirés entre les deux pièces qui sont dans le même état de désordre que la veille au soir, après la partie de poker. Les yeux et les lèvres de Stella ont quelque chose de lourd et d'immobile, comme sous l'effet d'un narcotique et donnent l'atmosphère des visages de quelques idoles asiatiques.

Blanche descend de l'escalier en spirale, ouvre la porte et se précipite dans l'appartement.

BLANCHE, entrant.

Stella!

STELLA, avec effort et paresseusement.

Hummmh!

BLANCHE, fait entendre une espèce de cri,
court vers la chambre à coucher et se précipite aux pieds de Stella avec un déploiement de tendresse hystérique. Les cris de la rue s'éteignent.

Ma chérie! Ma petite sœur!

STELLA, se dégageant.

Blanche... mais qu'est-ce qui te prend?

BLANCHE, regardant autour d'elle.

Il est parti?

STELLA

Stanley? Oui.

BLANCHE

Il va revenir?...

STELLA

Pourquoi pas? Il a été graisser la voiture.

BLANCHE

Ecoute, j'étais à moitié folle, Stella, quand j'ai vu que tu étais revenue ici après ce qui s'était passé. D'abord j'ai voulu te suivre... puis...

STELLA

Heureusement que tu ne l'as pas fait!

BLANCHE

Mais à quoi pensais-tu? (*Stella fait un geste indéfinissable.*) Mais réponds-moi, à quoi? à qui?

STELLA

Je t'en prie, Blanche, assieds-toi et parle doucement!

BLANCHE, s'assied sur le petit tabouret
en face de Stella et lui prend les mains.

Bien, Stella; je vais te poser doucement la question : Comment as-tu pu revenir ici cette nuit?... Tu as dû passer la nuit avec lui!

STELLA, se lève calmement, doucement et s'étire.

Blanche, comme tu es nerveuse, j'avais oublié. Tu fais bien trop d'histoires... pour rien!

Elle s'approche doucement de la coiffeuse.

BLANCHE

Hein? je...?

> STELLA, s'agenouillant sur la chaise face
> à la scène, se regardant dans la glace.

Mais oui, je t'assure, Blanche! Oh! je comprends bien l'effet que ça a dû te faire. Je suis navrée que ce soit arrivé, mais c'est pas aussi grave que tu dis... (*Blanche se lève et se dirige au second plan, derrière Stella, qui, penchée en arrière, sur sa chaise, se regarde dans la glace.*) D'abord, quand les hommes boivent et jouent au poker, tout peut arriver, on joue sur un volcan. (*Elle se gratte la tête doucement, presque en roucoulant.*) Bah! il ne savait pas ce qu'il faisait. Il était doux comme un agneau quand je suis revenue et il a vraiment... vraiment tellement honte... de lui.

BLANCHE

Alors! Ça suffit... et tout est pour le mieux?

STELLA

Mais non. Ce n'est jamais bien de faire un tel vacarme et de se mettre dans un tel état... mais ça arrive quelquefois! (*Elle se penche sur la chaise près de la coiffeuse.*) Stanley a toujours tout cassé! Tiens, le soir de notre nuit de noces, en arrivant ici, il m'a arraché un de mes souliers, et il s'est mis à courir partout en cassant toutes les ampoules.

BLANCHE

Il a... quoi?

STELLA, installant la chaise devant la coiffeuse
pour s'y asseoir confortablement et se regarder tout
à son aise dans la glace.

Il a cassé toutes les ampoules avec le talon de
mon soulier.

Elle rit.

BLANCHE, devant le lit.

Et tu l'as... laissé faire! Tu n'as pas couru après
lui! Tu n'as pas crié!

Elle s'est avancée en parlant devant la coiffeuse.

STELLA

Mais j'étais comme fascinée. (*Elle se lève, range
le petit tabouret puis se dirige à la gauche de la
porte d'entrée.*) Tu as pris ton petit déjeuner avec
Eunice?

BLANCHE

Tu crois que j'aurais pu avaler quelque chose?

STELLA

Il reste du café sur le fourneau.

BLANCHE, devant le lit.

Ce que tu peux être prosaïque, Stella!

STELLA, devant la table de radio, tenant
à bout de bras le fil de la radio.

Pourquoi serais-je autrement... Il a emporté la

radio pour la faire arranger. Elle n'est pas tombée sur le pavé, grâce à Dieu. Il n'y a qu'une lampe de cassée.

BLANCHE

Et tu restes là tranquille à sourire.

STELLA, *réparant le fil de la radio.*

Qu'est-ce que tu veux que je fasse?

BLANCHE

Te reprendre en main. Faire face aux événements.

STELLA

Quels sont-ils, à ton avis?

BLANCHE, *va devant Stella, devant le lit.*

A mon avis? Tu as épousé un fou!

STELLA, *traversant la scène, arrange le paravent au bout du lit.*

Pas possible!

BLANCHE, *s'assoit sur le lit.*

Parfaitement! et ton sort est pire que le mien. Seulement toi, tu n'es pas raisonnable. Moi, je vais faire quelque chose, je vais refaire ma vie.

STELLA

Oui?

BLANCHE

Toi, tu as déjà abdiqué. Ce n'est pas juste! Tu es jeune, tu peux en sortir.

STELLA, s'assoit à côté de Blanche à sa gauche et doucement, mais d'un ton persuasif :

Mais il n'y a rien d'où je veuille sortir!

BLANCHE, incrédule.

Crois-tu?

STELLA, se levant, traversant la pièce et se dirigeant vers le living-room.

J'ai dit : il n'y a rien d'où je veuille le moins du monde sortir! (*Elle regarde le désordre dans le living-room.*) Regarde le désordre dans cette pièce (*en riant*) et toutes ces bouteilles vides! (*Elle passe devant la table, tourne autour d'elle, ramasse les cartes, les remet. Blanche la suit jusqu'à la porte.*) Qu'est-ce qu'ils ont bu cette nuit... deux caisses entières! (*à droite de la table*) Il m'a promis ce matin (*en riant*) de ne plus jouer au poker... mais tu sais combien de temps ça dure ces promesses-là. (*Traversant la scène en passant devant la table, jusqu'à la gauche de Blanche.*) Et après? Après tout, si ça l'amuse! moi j'aime bien le cinéma et le bridge! Il faut bien admettre les manies des autres.

BLANCHE, qui s'arrête devant un meuble.

Je ne te comprends pas du tout. (*Stella, sifflo-*

tant, va chercher le balai.) Je ne peux pas arriver à comprendre ton indifférence. Tu cultives une sorte de philosophie chinoise? (*Elle suit Stella et s'arrête devant le divan.*)

STELLA, se retournant vers Blanche, balançant
le balai à bout de bras.

Une sorte de quoi?

BLANCHE, parlant avec difficulté, tandis
que Stella balaie la poussière sous son nez.

Eh bien, cette façon de tourner partout, de regarder partout, une lampe cassée, des bouteilles de bière, la cuisine sens dessus dessous; d'accepter tout cela comme si de rien n'était!... Dis donc, tu le fais exprès de me secouer ton balai dans la figure!

STELLA

Non!

BLANCHE, la poussant de côté avec son balai.

Assez! pose ce balai! Je n'admets pas de te voir faire le ménage pour cet homme!

STELLA

Alors, qui va le faire? Toi?

BLANCHE, prenant le balai et le jetant derrière
le meuble.

Moi?... Moi?

STELLA, tirant une chaise vers la gauche.

Non. Je pensais bien que tu ne le ferais pas.

Elle va vers la table et commence à ranger les cartes.

BLANCHE, dans un coin près de sa malle.

Voyons! Réfléchissons! Si seulement je pouvais avoir une idée! Il nous faudrait de l'argent, c'est la seule façon de nous en sortir.

STELLA, rangeant les cartes.

Bien sûr, l'argent c'est toujours agréable à avoir.

BLANCHE

Ecoute-moi bien! Je crois que j'ai une idée. Est-ce que tu te rappelles de Shep Huntleigh?

Elle vient devant la table.

STELLA, met les cartes dans le tiroir de la table et range la chaise vers la droite.

Non!

BLANCHE

Mais si, bien sûr que tu te rappelles de Shep Huntleigh! Je sortais avec lui quand j'étais à l'université. J'ai même porté son badge pendant un certain temps. Eh bien, crois-tu...

STELLA

Oui...?

BLANCHE

Je l'ai rencontré l'hiver dernier. Tu sais que j'ai été à Miami pendant les vacances de Noël...?

STELLA

Non.

BLANCHE

Mais si, j'ai fait ce voyage comme un placement. Je pensais que j'allais y rencontrer quelqu'un avec un millier de dollars.

STELLA, portant les bouteilles dans le débarras.

Vraiment?...

BLANCHE

Oui! et j'ai rencontré Shep Huntleigh au crépuscule, le soir de Noël. Je suis presque rentrée dedans, boulevard Biscayne, au moment où il montait dans sa voiture (*elle pousse avec agitation une chaise de côté*), une somptueuse Cadillac, elle avait près de cinquante mètres de long.

STELLA, rangeant la table au centre du living-room.

Ça doit pas être commode quand il y a de l'encombrement.

BLANCHE, comme dans un rêve, au second plan.

Tu sais ce que c'est que des puits de pétrole?

STELLA, enlevant le tapis vert de la table, qu'elle plie et met sous son bras gauche, elle remet les cendriers sur la table.

Oui, vaguement!

BLANCHE

Il en a plein dans le Texas! L'or jaillit directement du Texas dans ses poches.

STELLA, prenant la caisse de bière qui a servi de siège pendant la partie de poker, la range sous l'escalier avec le tapis vert.

Eh bien!... Eh bien!

BLANCHE

Tu sais combien l'argent me laisse froide! Si j'en parle, c'est uniquement pour toi. Je suis sûre qu'il pourrait le faire. Je suis convaincue qu'il pourrait le faire.

STELLA

Faire quoi, Blanche?

BLANCHE, retournant vers Stella.

Mais... nous monter un petit magasin.

STELLA, passant devant la table.

Ben! Quel genre de magasin?

BLANCHE

Oh! n'importe quoi. Il suffirait de la moitié de ce que sa femme perd aux courses.

Elle fait un pas vers la gauche.

STELLA

Il est marié?

BLANCHE

Voyons, chérie! s'il n'était pas marié, est-ce que je serais ici? (*Stella rit un peu. Blanche se précipite au téléphone.*) Comment puis-je envoyer un télégramme? (*nerveusement, téléphonant*) Mademoiselle, mademoiselle, les télégrammes!

STELLA

C'est un téléphone automatique, chérie.

BLANCHE

Oh, j' peux pas faire le numéro, je suis bien trop...

STELLA

Fais 14 — 1 et 4.

BLANCHE

1? et 4?

STELLA

Oui, 14 pour les télégrammes.

BLANCHE, réfléchit un moment, va à la coiffeuse.

Donne-moi un crayon. Où y a-t-il un bout de papier? (*Elle prend un papier à démaquiller et un crayon noir pour les cils.*) Faut d'abord que j'écrive ce télégramme... tu comprends! (*Elle s'assoit dans le fauteuil et se sert du tabouret comme table. Stella va dans la chambre à coucher et commence à faire le lit. Blanche écrivant :)* « Cher Shep, ma sœur et moi sommes situation désespérée... »

STELLA

Qu'est-ce que tu racontes?

BLANCHE

« Sœur et moi, situation désespérée — plus amples détails suivront — seriez-vous intéressé par... seriez-vous intéressé par... » (*Elle chiffonne le papier, se tapote la gorge avec son mouchoir.*) On n'obtient jamais rien quand on veut aller trop vite.

STELLA, rit.

Ecoute, chérie, ne sois pas si ridicule!

> Elle s'assoit sur le bras du fauteuil, Blanche se lève, va à gauche, jette le papier dans la corbeille à papier devant la coiffeuse, le crayon sur la table, et prend son sac sur la coiffeuse.

BLANCHE

J'aurai une autre idée... Il... faut... que... j'aie... une autre... idée! Ne ris pas, Stella, ne te moque pas de moi! Je t'en prie! Ah! il faut que je regarde ce qui me reste dans mon porte-monnaie. (*Elle ouvre sa bourse et en tire quelques pièces.*) Voilà ce qui reste : soixante-cinq malheureux *cents!*

Elle jette ses pièces sur la coiffeuse et va à la gauche
du fauteuil.

STELLA, traversant la scène, devant Blanche,
va vers la coiffeuse et prend quelques billets pliés.

Stanley ne me donne pas régulièrement d'argent,
il aime payer ses factures lui-même, mais ce matin
il m'a donné dix dollars pour arranger les choses.
(*Elle s'avance vers Blanche.*) Prends-en cinq, moi
je garderai le reste.

Elle donne un billet de cinq dollars à Blanche.

BLANCHE, avec dignité.

Non, Stella, non!

STELLA, insistant.

Je sais ce que c'est, je sais que ça soutient le
moral d'avoir un peu d'argent de poche.

BLANCHE, mélodramatique.

Non, merci, je préfère aller mendier dans la
rue!

STELLA, mettant l'argent dans le sac de Blanche.

Oh! écoute, ne dis pas d'idioties! Mais... Comment es-tu arrivée à être absolument fauchée —
sans le sou?

Elle ferme le sac de Blanche.

BLANCHE

L'argent file! Il file partout! (*Elle se frotte le*

front.) Oh! Il va falloir que je prenne un calmant aujourd'hui.

STELLA

Je vais t'en donner un tout de suite!

BLANCHE, la retenant.

Non, pas tout de suite, il faut encore que je réfléchisse.

STELLA, revenant vers Blanche, mettant ses deux mains sur ses épaules.

J'aimerais autant que tu ne réfléchisses pas trop. Laisse donc les choses aller un peu, au moins pour l'instant.

BLANCHE

Stella! Je ne peux pas vivre avec lui! Toi, tu peux, c'est ton mari!... Mais comment puis-je rester ici après cette nuit? séparés seulement par ces deux rideaux.

Elle secoue les rideaux.

STELLA

Blanche, tu l'as vu hier sous son plus mauvais jour!

BLANCHE

Bien au contraire, je l'ai vu sous son meilleur jour! Ce qu'un homme comme lui peut donner, c'est sa force animale... et hier, quelle admirable démonstration! Mais la seule façon de vivre avec un homme comme lui, c'est de coucher avec lui, ça c'est ton affaire, pas la mienne.

STELLA, elle met de l'ordre sur la coiffeuse,
range un peu la lampe avec la lanterne japonaise
près du mur.

Quand tu te seras un peu reposée, tu verras que tout s'arrangera très bien. Tant que tu es ici, il ne faut te tracasser de rien... Je veux dire au point de vue de tes dépenses.

BLANCHE

Stella! Il faut que je trouve une idée pour nous sortir toutes les deux d'ici!

STELLA, jetant une boîte à poudre
avec un peu de colère sur la coiffeuse.

Quand auras-tu fini d'être persuadée que je veux changer quelque chose à ma vie actuelle?

BLANCHE

Je suis persuadée que tu te souviens suffisamment de *Belle Rêve* pour ne pas pouvoir vivre ici... avec ces joueurs de poker.

STELLA, tournant le dos à Blanche
et s'occupant de la coiffeuse.

Eh bien, tu es persuadée de beaucoup trop de choses!

BLANCHE

Je ne peux pas croire que tu es sincère!

STELLA

Vraiment?

BLANCHE

Oh! je comprends bien un peu ce qui est arrivé. Tu l'as vu en uniforme, en officier, pas ici...

STELLA

Je crois que j'aurais pu le voir n'importe où, cela n'aurait rien changé.

BLANCHE

Ne me dis pas que c'est un de ces chocs mystérieux, irrésistibles, entre deux êtres... sans ça, je vais t'éclater de rire au nez.

STELLA, se retournant doucement vers Blanche.

Je ne dirai plus un mot là-dessus.

BLANCHE, se tournant face à la scène.

Très bien, alors n'en parlons plus!

STELLA, allant à la gauche de Blanche.

Mais il y a des choses qui se passent la nuit entre un homme et une femme et qui font que tout le reste n'a plus aucune importance!

BLANCHE, appuyée au dos du fauteuil,
puis se retournant vers Stella devant le lit.

Ce dont tu parles, c'est du désir bestial, simplement du désir, comme le nom de ce vieux tramway qui bringuebale à travers tout ce quartier, grimpant une petite rue étroite, dégringolant une autre.

STELLA, légèrement un peu devant Blanche.

Tu n'es jamais... montée sur ce tramway?

BLANCHE

Il m'a amenée ici... où personne ne veut de moi et où j'ai honte d'être.

STELLA, un pas vers la gauche.

Alors! Tu ne crois pas que tes airs supérieurs sont un peu déplacés?

BLANCHE, la suivant et la retenant.

Je ne prends pas des airs supérieurs, Stella, crois-moi. C'est simplement que : voilà comment je vois les choses : On peut sortir une fois, deux fois... trois fois avec un homme comme lui, quand on a le diable au corps... mais vivre avec lui avoir un enfant de lui...

STELLA

Je t'ai dit que je l'aimais.

BLANCHE, faisant un pas à droite vers le fauteuil.

Alors je tremble pour toi. Oui, je tremble pour toi.

STELLA, va vers le fauteuil, s'y assoit et
bouche la bouteille de vernis à ongles.

Je ne peux pas t'empêcher de trembler, si tu
tiens absolument à trembler.

Un temps de silence — sifflements et bruits d'un train
qui approche.

BLANCHE, devant le fauteuil.

Puis-je parler franchement?

STELLA

Bien sûr, vas-y! aussi franchement que tu veux!

Elles restent silencieuses pendant que le bruit du train
emplit la scène en passant.

Stanley est entré dans le living-room venant de la droite,
pendant que le train passait. Il porte un bidon
d'huile et est couvert de graisse. Il se tient un peu
en retrait, à côté de la glacière, invisible aux deux
femmes, mais vu du public, et il entend la conversation.

BLANCHE, s'avançant un peu vers la scène
devant Stella.

Eh bien, ne m'en veux pas, mais il est commun.

STELLA

Oui... Je suppose que oui.

BLANCHE

Tu le supposes! Tu ne peux tout de même pas
avoir oublié toute l'éducation que nous avons reçue! Tu le supposes... Vois-tu en lui quelque
chose qui ressemble à un gentleman? Non! rien,

pas une parcelle! Rien... Oh! s'il n'était qu'ordinaire, ou simplement vulgaire... mais bon, et sain! Mais non! Il est profondément, essentiellement bestial... Tu es en train de me détester... Stella...

Elle fait quelques pas.

STELLA, froidement.

Vas-y. Dis tout ce que tu as sur le cœur, Blanche!

Blanche va vers la gauche.

BLANCHE

Il agit comme une bête! Il a les manières d'une bête! Il mange comme une bête! Il rôde comme une bête! Il parle comme une bête... C'est un être préhistorique, il n'a pas encore tout à fait atteint l'ère humaine. Il y a quelque chose en lui qui rappelle le singe. Comme ces gravures que j'ai vues dans les livres d'anthropologie... Des milliers et des milliers d'années ont passé sur lui, sans le marquer... et le voici, Stanley Kowalsky : le survivant de l'âge de pierre, revenant de la jungle, rapportant la viande crue... et toi... toi ici, qui l'attends, Stella. Il va te battre, peut-être, ou bien s'approcher de toi grognant et haletant pour t'embrasser... Et cela... si les baisers sont déjà découverts... (*Elle se dirige vers le second plan.*) La nuit tombe... Les autres singes s'approchent... là, tous, devant la caverne, soufflants et grognants, haletants comme lui... sa nuit de poker... comme tu l'appelles; cette réunion de singes... Soudain, quelqu'un gronde sourdement, quelqu'un arrache quelque chose, et la bataille commence!... Dieux! (*Elle s'assoit à côté de Stella, met son bras autour d'elle.*) Nous sommes peut-être loin d'être créées à l'image de Dieu, Stella, ma sœur, mais il y a tout de même eu du progrès, depuis lors, tel que l'art, la poésie, la musique! Une aube nouvelle est venue sur le monde. Des sentiments subtils et raffinés ont tenté de naître, nous devons les faire grandir en nous, nous devons nous accrocher à eux, ils sont notre fanion dans cette marche aveugle vers cet inconnu où nous allons. Ne traîne pas, ne traîne pas avec les brutes!

Stanley hésite, il lèche ses lèvres, puis il ferme brutalement la porte d'entrée et ouvre la glacière.

STANLEY

Eh! Eh! Stella!

Il prend une bouteille de bière dans la glacière, l'ouvre et boit. Un moment de silence, pendant lequel les deux sœurs se regardent longuement.

STELLA, qui a écouté Blanche avec beaucoup de gravité.

Oui, Stanley.

BLANCHE, tout bas, très agitée.

Stanley!... Stella... je...

Elle essaie de retenir Stella qui s'est levée et s'est dirigée vers les rideaux qu'elle ouvre.

STANLEY

Hé! là, Stella, Blanche est revenue?

STELLA, revenant dans la chambre à coucher
et regardant Blanche.

Oui, elle est là!

BLANCHE, se relève et se dirige vers le cintre
entre les deux pièces et s'appuie sur le mur. Elle
est debout entre Stella et Stanley et regarde ce
dernier avec appréhension.

STANLEY, assez gaiement.

Alors, Blanche?

Il a fait un ou deux pas en avant et sourit largement
à Blanche.

STELLA, regardant Stanley.

Mais... tu es passé sous la voiture.

STANLEY

Ces sacrées bagnoles chez Frits vomissent l'huile
de partout!

Il boit encore à même la bouteille de bière. Doucement
Stella passe devant Blanche en avançant vers
Stanley, puis elle court rapidement quelques pas et
se précipite dans ses bras. Stanley, tandis que
Stella s'est jetée contre lui de toutes ses forces en
plein devant Blanche, crie : I — ou — ou... tandis qu'il prend sa femme dans ses bras et la soulève
de terre.

ACTE II

SCÈNE PREMIÈRE

Quelques semaines plus tard.

Cette scène est la transition entre les deux points culminants de la pièce. L'arrivée de Blanche et les circonstances qui l'amènent à son départ précipité. L'important est de caractériser Blanche : c'est-à-dire, de suggérer sa vie intérieure intense qui en fait une personne douée de grandeur et de poésie, tandis qu'elle n'apparaît extérieurement que superficielle.

La musique joue tandis que la scène s'éclaire lentement et s'arrête au lever du rideau.

Au lever du rideau, Blanche est assise devant une table dans le living-room et achève d'écrire une lettre. Elle éclate de rire. Stella est assise sur le lit dans la chambre à coucher. Elle coud et raccommode des bas. Elle a une boîte à coudre et trois combinaisons sur les genoux. Le lit n'a pas été fait.

STELLA

Pourquoi ris-tu?

BLANCHE

Je ris de mes mensonges. Je suis en train d'écrire une de ces lettres à Shep! (*Elle ramasse la lettre.*) « Cher Shep, je passe l'été sur la Côte. De temps à autre, je m'envole et vais voir mes amis. Et qui sait, je vais peut-être tout d'un coup avoir envie d'aller vous voir à Dallas. Qu'en pensez-vous? (*Elle se met à rire nerveusement et se touche la gorge avec ses mains comme si elle était vraiment en train de parler à Shep.*) Un homme averti en vaut deux... » C'est pas mal, hein!

STELLA

Hum... hum...

BLANCHE

« La plupart des amis de ma sœur montent vers le Nord pendant les mois d'été, mais d'autres ont de ravissantes maisons sur la mer, et c'est une suite ininterrompue de réceptions, de thés, de cocktails, de dîners... »

On entend du vacarme dans l'appartement au-dessus.

EUNICE

Dis donc, qu'est-ce que tu fabriques avec cette blonde? On m'a raconté...

STÈVE

On s'est bien foutu de toi!

EUNICE

Cherche pas à me faire prendre des vessies pour des lanternes, je me fiche que tu restes dans la salle des *Quatre Ecus*, mais pas qu' tu montes au premier.

STÈVE

Qui diable m'a vu au premier?

EUNICE

Je t'ai vu. Tu lui courais après tout le long du balcon. Je vais prévenir la police.

STÈVE

Ne me menace pas, fais attention.

STELLA, pendant qu'on entend : « Je me fiche que... » dit :

Dis donc, j'ai l'impression qu'Eunice a des ennuis avec Stève.

BLANCHE, toujours très exaltée.

Est-ce qu'il l'a tuée?...

STELLA

Non... elle descend.

EUNICE, descend dans l'escalier, frottant son dos.

La police... je vais prévenir la police!

Elle sort du porche au fond de la scène. Stanley entre au fond de la scène, croise Eunice, la regarde, un peu interloqué. Il porte du linge qui vient de toute évidence de chez la blanchisseuse. Il a mis son costume des dimanches. Il entre dans l'appartement et jette le paquet de linge sur le divan du living-room.

STANLEY, enlevant son veston.

Ben! Qu'est-ce qu'est arrivé à Eu...nusse?

Il pose délicatement le veston sur le divan et ouvre le paquet de linge.

STELLA

Oh! Elle s'est disputée avec Stève! Est-ce qu'elle a été chercher la police?

STANLEY

Non... Elle est en train de boire un coup!

Stève descend l'escalier.

STELLA

C'est plus raisonnable!

STÈVE, se précipitant dans le living-room, bannière au vent.

Elle est là?

Il peut à peine prononcer, dans sa colère.

STANLEY, changeant de chemise, debout sur le divan.

Non, non, elle est aux *Quatre Ecus.*

STÈVE

Chienne de pute!

BLANCHE, mettant la lettre de Shep dans
son sac et sortant un petit carnet.

Il faut que je note ça... Ah! Ah! Je suis en train
de faire un de ces dictionnaires avec quelques
phrases et quelques petits mots que j'ai ramassés
ici!

STANLEY, debout devant elle, sort
trois chemises propres du paquet.

Vous ne ramasserez rien de nouveau ici, pas plus
qu'ailleurs.

BLANCHE

Est-ce que c'est bien sûr, ça? je peux vraiment
compter dessus?

STANLEY

Vous pouvez y aller jusqu'à 500.

BLANCHE

C'est déjà pas mal!

Stanley emporte les chemises propres dans le réduit,
ouvre le tiroir du bar, les fourre dedans d'un
coup de pied, il referme le tiroir, chiffonne
bruyamment le papier et le jette violemment dans
un coin de la pièce.

BLANCHE, qui a un peu tressailli
à tout ce bruit.

Sous quel signe êtes-vous né?

STANLEY, remettant sa chemise.

Signe?...

BLANCHE

Signe astrologique. Je parie que vous êtes né sous le signe du bélier. Ces gens-là sont dynamiques, ils n'aiment que le bruit, ils bousculent tout. Ils aiment jeter les choses les unes contre les autres. Vous avez dû faire tout ça dans l'armée, et maintenant ça vous manque, alors... vous traitez les objets avec une de ces violences...

Stanley a choisi une cravate parmi celles accrochées à un clou dans le petit réduit.

STELLA

Stanley est né cinq minutes après Noël.

BLANCHE, montrant Stanley avec un air approfondi.

Capricorne... la chèvre...

STANLEY, contournant sa chaise.

Sous quel signe êtes-vous née?

BLANCHE

Mon anniversaire est le mois prochain, le 15 septembre... C'est le signe de Virgo.

STANLEY

Qu'est-ce que c'est que ça, Virgo?

BLANCHE

Virgo, c'est la Vierge!

STANLEY, d'un air méprisant jette un coup d'œil à Stella, en rentrant sa chemise dans son pantalon.

Ah!

Stella, qui est devant le bureau avec le linge à rac-
commoder et la boîte de couture, met la boîte sur
le bureau.

STANLEY, se rapproche de Blanche et se
penche vers elle en mettant sa cravate.

Dites donc, est-ce que vous connaissez un certain
Shaw?

Le visage de Blanche change, elle prend sa bouteille
d'eau de Cologne dans son sac, en met sur son
mouchoir et répond précautionneusement :

BLANCHE

Tout le monde connaît quelqu'un qui s'appelle
Shaw.

Stella est toujours devant le bureau.

STANLEY, se penchant en travers de la table,
en appuyant :

Eh bien, ce certain Shaw a l'impression de vous
avoir rencontrée à Laurel, mais je crois que... il
a dû se tromper, parce que cette personne, c'est
dans un certain hôtel appelé *Flamingo* qu'il l'a
rencontrée.

BLANCHE, se forçant à rire et se tamponnant
les tempes avec son mouchoir parfumé.

Je crains en effet qu'il se soit trompé, et qu'il y
ait erreur sur... la personne. Le *Flamingo* n'est pas
le genre d'hôtel dans lequel j'aimerais à être vue.

STANLEY, se rapprochant d'elle, avec une
certaine violence.

Vous connaissez donc cet hôtel?

BLANCHE

Oui... je l'ai vu... j'en ai senti l'odeur... ça m'a
suffi.

Stella réapparaît devant les rideaux.

STANLEY, renouant sa cravate.

Vous n'avez tout de même pas dû en être bien
loin pour en sentir l'odeur?

BLANCHE

Le parfum bon marché a une odeur pénétrante.

STANLEY, arrachant le mouchoir des mains
de Blanche.

Votre parfum à vous... il est cher?

Il renifle le mouchoir et le lui rend.

BLANCHE, prenant le mouchoir, le mettant
derrière elle et le fourrant subrepticement sous la table.

Un quart : vingt-cinq dollars! Je n'ai plus un
sou! C'est un détail dont vous pourriez vous souvenir le jour de mon anniversaire par exemple.

Elle parle avec légèreté, mais tout de même avec une
légère fêlure. Stella arrange le dessus de lit.

STANLEY

Shaw a dû se tromper, mais il va et vient constamment à Laurel, ce ne sera pas difficile, il va tirer ça au clair.

> Stella est à la coiffeuse, Stanley va au second plan, Blanche ferme les yeux comme si elle était près de s'évanouir. Stanley ramasse son veston sur le divan et interpelle Stella dans la chambre à coucher.

STANLEY

Je vais t'attendre aux *Quatre Ecus*.

STELLA, tandis que Stanley sort.

Hé! Je ne mérite pas qu'on m'embrasse?

STANLEY

Pas devant ta sœur.

> Il sort. Stella prend les chaussettes sur le lit. Sous le porche, Stanley rencontre Stève et Eunice qui reviennent. Stève a son bras autour d'Eunice. Elle pleure à chaudes larmes tandis qu'il lui roucoule des mots d'amour.

STÈVE, tendrement.

Tu sais bien que ces autres filles, je les aime pas.

EUNICE

Moi je m'en fous de ces filles.

> Ils remontent l'escalier. Stanley, amusé, fait des gestes d'impuissance. Il sort au fond de la scène à droite. Stella emporte les chaussettes dans le réduit.

EUNICE

Oublie que tu m'en as parlé.

STÈVE

Je t'aime, tu sais bien. Si je fais ça avec les autres, c'est parce que je t'aime!

Tandis qu'ils montent l'escalier, un coup de tonnerre éclate. Blanche sursaute, elle court à Stella.

BLANCHE

Stella!

STELLA

Tu as toujours peur du tonnerre...

BLANCHE, faiblement, avec une expression de panique, s'assoit sur le lit.

Qu'est-ce qu'on t'a raconté sur moi?

STELLA, à gauche de Blanche.

Raconté?

BLANCHE

Tu n'as pas entendu de cancans sur moi?

STELLA, traversant la scène jusque devant le petit débarras dans le living-room.

Mais non, Blanche, bien sûr que non.

BLANCHE

Chérie, il y a eu des racontars, à Laurel, beaucoup de racontars.

STELLA, dans le petit débarras.

Laisse-les donc parler, qu'est-ce que ça peut faire?

BLANCHE

Je n'ai peut-être pas été très sage pendant ces deux dernières années. Quand *Belle Rêve* a commencé à me filer entre les doigts, tu sais, quand on est seule, quand on n'a rien, il faut être séduisante, miroiter, briller, savoir mettre une lanterne japonaise sur la lumière, simplement pour payer une nuit à l'abri. (*Elle va vers le petit banc en forme d'L et s'assoit.*) Mais il ne suffit pas d'être facile, il faut être douce et séduisante à la fois, et maintenant, je commence à me faner. Pendant combien de temps pourrai-je encore jouer ce jeu-là?... Est-ce que tu as écouté ce que je t'ai dit au moins?

Elle regarde Stella.

STELLA, baissant les yeux pour éviter le regard de Blanche, elle va à la glacière, prend un verre, une bouteille de cola et ce qu'il faut pour l'ouvrir.

Je ne t'écoute pas quand tu es morbide.

Elle apporte la bouteille de cola et le verre sur la table.

BLANCHE, changeant tout d'un coup, et très gaiement.

Est-ce que ce serait pour moi ça, par hasard?

STELLA

Pour personne d'autre.

BLANCHE

Mon amour chéri... C'est simplement du cola.

STELLA

Tu veux un peu de cognac dedans?

BLANCHE

Eh bien, chérie, le cognac n'a jamais fait de mal à un cola!

Stella met la bouteille de cola sur la table et va vers le débarras prendre l'alcool. Blanche, la retenant, va vers Stella, laisse son sac sur le petit banc en forme d'L.

BLANCHE

Ne t'occupe pas de moi comme ça!

STELLA

Mais j'aime m'occuper de toi, Blanche. Ça me rappelle chez nous.

BLANCHE, touchant son visage avec son mouchoir,
va dans la chambre à coucher.

J'avoue que j'adore qu'on s'occupe de moi!

Stella verse de l'alcool ainsi que le cola, puis cherche Blanche et se dirige vers la chambre à coucher avec la bouteille et le verre.

STELLA

Blanche!

BLANCHE, assise dans le fauteuil.

Comme tu es bonne pour moi, Stella... et je...

STELLA

Blanche!

BLANCHE

Je sais, tu n'aimes pas que je sois sentimentale, mais, chérie, crois-moi, je sens les choses plus que je ne te le dis. Je ne vais pas rester longtemps. Je te promets que...

> STELLA, agenouillée à côté de Blanche
> un peu devant elle.

Blanche!

BLANCHE, hystériquement.

Je te promets... je te promets que je vais partir... partir vite! vraiment... Je vais le faire. Je ne vais pas traîner ici jusqu'à ce qu'il... me jette dehors!

> Elle rit d'une façon suraiguë, prend le verre, mais ses mains tremblent tellement qu'il s'en échappe presque.

STELLA, commençant à verser le cola dans le verre.

Ecoute... ne dis pas des stupidités pareilles.

BLANCHE

Bien, chérie... Regarde comment tu verses... (*Elle prend la bouteille des mains de Stella et verse elle-même.*) Ça pétille tellement... la mousse va déborder.

> Elle verse dans le verre et, en effet, la mousse passe par-dessus le bord. Elle pousse un cri perçant et tombe à genoux devant sa chaise.

STELLA, profondément choquée
par le cri de Blanche.

Mon Dieu!

BLANCHE, posant le verre sur le tabouret
en face du fauteuil.

En plein sur ma jolie jupe blanche!

Elle regarde les dégâts

STELLA, lui tendant son mouchoir.

Tiens, prends mon mouchoir, éponge légèrement.

BLANCHE, se remettant doucement.

Je sais, oui, légèrement, très légèrement.

STELLA

Est-ce que ça fait une tache?

BLANCHE

Rien du tout... ah! ah!... quelle chance!

STELLA

Pourquoi as-tu crié comme ça?

BLANCHE

Je ne sais pourquoi j'ai crié. (*Continuant à parler nerveusement en tenant la main de Stella.
Stella l'embrasse.*) Mitch... Mitch vient à sept
heures. Je suppose que mes rapports avec lui me
rendent un peu nerveuse. (*Les deux sœurs sont à
genoux devant le fauteuil. Blanche parle rapidement à perdre haleine.*) Tu sais qu'il n'a rien

obtenu de moi, Stella, un baiser sur la joue pour dire bonsoir, c'est tout. Puis les hommes ne veulent pas une chose qu'ils ont trop facilement et, d'un autre côté, ils ne sont pas non plus très persévérants, surtout quand une femme a passé la trentaine. Ils pensent qu'une femme au-dessus de trente ans, pour dire vulgairement les choses, doit lâcher prise, mais moi je ne lâche pas! Bien sûr, il ne sait... enfin je ne lui ai pas dit mon âge exact.

STELLA

Pourquoi es-tu susceptible comme ça, au sujet de ton âge?

BLANCHE

J'ai été si souvent blessée dans ma vanité... (*Stella l'embrasse.*) Ce que je veux dire, c'est qu'il croit que je suis très pure, très comme il faut, tu comprends... (*Elle rit avec un peu d'ironie.*) Je veux l'abuser, au point qu'il me...

STELLA, embrassant Blanche qui la serre dans ses bras.

Blanche... Est-ce que tu le veux lui, vraiment?

BLANCHE

Je veux... me reposer... je veux retrouver le calme... Oui... je veux Mitch... j'ai besoin de lui... Réfléchis, si ça arrive il n'y a pas de problème, je peux partir d'ici...

Stanley entre en scène au fond, à droite, avec une
bouteille sous le bras, il monte l'escalier en spirale
et hurle :

STANLEY

Eh! Stève! Eh! Eunice!

EUNICE, d'en haut.

Eh! là, mon vieux!

STÈVE

Eh!

STANLEY, appelant dans son appartement.

Eh! Stella!

STELLA

Ça se fera.

BLANCHE

Crois-tu?

STELLA

Ça se fera!... Ça se fera... Ça se fera... Mais ça
suffit, tu as assez bu.

Elle se dirige du côté de la porte. Blanche reste à
genoux par terre devant la chaise, regardant fixement devant elle. Eunice descend les escaliers précipitamment, hurlant, criant, se tordant de rire,
tandis que Stève la poursuit.

Stanley s'écarte pour les laisser passer. Il cherche à
attraper Eunice qui l'évite en criant et quitte la
scène au fond à droite en courant. Il attrape Stève
et l'empêche d'aller plus loin.

STÈVE, crie.

Lâche-moi... Lâche-moi...

Et ils se battent en riant. Stanley tombe sur les marches, et Stève court et quitte la scène au même endroit qu'Eunice en criant.

STÈVE

Eh! reviens vite, reviens ici, ma p'tite fille en sucre!

Stella vient sous le porche. Stanley la prend dans ses bras.

STANLEY

Hep... ma grosse mère.

Stella se dégage et sort froidement à droite de la scène. Stanley, ahuri, la regarde partir, alors il se retourne et regarde dans l'appartement. Il pense à Blanche et à l'effet de sa présence sur sa vie. Très calmement, il quitte la scène à droite, au fond. Blanche s'étire, frotte sa poitrine, s'évente paresseusement avec une feuille de palmier qu'elle a trouvée à droite du fauteuil sur le plancher.

BLANCHE

Ah!... mon Dieu!

(Un jeune quêteur entre en scène à droite au fond. Il marche un peu dans la rue à la recherche d'une maison de bonne apparence, revient sur ses pas, regarde l'escalier, repère le numéro de l'appartement de Stan et sonne.) Entrez! (La scène s'est assombrie, l'encaisseur entre, fait un pas. Blanche se lève, avance, entre dans la pièce. Elle porte son verre à la main.) Eh bien! eh bien! Qu'est-ce que je peux faire pour vous?

LE QUÊTEUR

Je fais une collecte pour *L'Etoile du Soir*.

BLANCHE

Je ne savais pas que les étoiles faisaient des collectes.

LE QUÊTEUR

Mais c'est le journal, m'dame!

BLANCHE

Je sais... C'était un jeu de mots, pas très bon d'ailleurs! (*Laissant tomber la branche de palmier sur le meuble.*) Voulez-vous un verre de vin?

LE QUÊTEUR

Non, m'dame, non merci. J' bois pas quand je suis de service!

Elle pose son verre derrière le petit banc en forme de L, prend son sac, regarde dedans.

BLANCHE

Bien! Voyons voir. J'ai pas un sou! Je ne suis pas la maîtresse de maison. Je suis sa sœur. Je viens du Mississippi. Je suis une de ces parentes pauvres dont vous avez entendu parler.

Elle prend une cigarette et met son sac sous son bras.

LE QUÊTEUR

Ça ne fait rien, m'dame. Je repasserai plus tard!

Il commence à partir. Blanche fait un pas en avant, le retenant.

BLANCHE

Hep! (*Il se retourne. Elle met sa cigarette dans son fume-cigarette.*) Est-ce que vous avez du feu?

Elle met sa bourse sur le banc en forme de L.

LE QUÊTEUR

Bien sûr! (*Il tire son briquet et va vers Blanche.*) Il ne marche pas très bien.

Ce qui semble évident, car il essaie d'allumer son briquet sans succès.

BLANCHE

Il est capricieux. (*La flamme jaillit. Elle allume sa cigarette en appuyant sa main sur la main du quêteur.*) Ah! merci.

Le quêteur s'en va, met son briquet dans sa poche.

LE QUÊTEUR

C'est *moi* qui vous remercie.

BLANCHE

Hep! (*Il s'arrête à la porte.*) Quelle heure est-il?

LE QUÊTEUR, regardant son bracelet-montre.

Sept heures un quart.

BLANCHE

Vous n'aimez pas ces longs après-midi pluvieux de La Nouvelle-Orléans, quand une heure n'est pas seulement une heure, mais un peu d'éternité déposée entre nos mains... comment savoir ce qu'il faut en faire?

LE QUÊTEUR, avec un peu d'incertitude.

Oui, m'dame.

BLANCHE, allant vers lui et touchant un peu
son épaule.

Vous n'avez pas été trempé par la pluie?

LE QUÊTEUR

Non, m'dame, je me suis mis à l'abri.

BLANCHE

Dans un café! Vous avez bu un cola.

LE QUÊTEUR

Hum! hum!

BLANCHE

Un chocolat?

LE QUÊTEUR

Non, m'adame! un sherry.

BLANCHE

Hum! un sherry, avec du soda! Vous me faites
monter l'eau à la bouche!

Elle touche sa joue légèrement et sourit, puis elle va
vers la malle.

LE QUÊTEUR, commençant à sortir.

J'crois qu'il faut que je...

BLANCHE, l'arrêtant.

Jeune homme! (*Il se retourne.*) Jeune... jeune..

jeune homme! Personne ne vous a dit que vous ressembliez à un jeune prince des Mille et une Nuits?

LE QUÊTEUR

Non, m'dame!

Il regarde dans le vague.

BLANCHE

Eh bien, c'est vrai, mon doux agneau! Venez ici! Approchez, faites comme je vous dis. (*Il obéit comme un enfant. Blanche, enroulée dans une écharpe multicolore, s'agrippe à son bras, le regarde dans les yeux avec une expression d'ineffable douceur.*) J'ai envie de vous embrasser... une fois... doucement, gentiment... sur vos lèvres... (*elle le fait*). Partez vite maintenant, j'aimerais vous garder près de moi, mais il faut que je sois sage et que je laisse les enfants tranquilles. (*Il part un peu... étourdi. A la porte, Blanche lui fait signe de la main, puis dit doucement :*) Adiós...

LE QUÊTEUR, sous le porche, regardant en arrière.
Hou.

Blanche, debout dans l'embrasure de la porte tandis que Mitch apparaît au fond de la scène à droite, un absurde petit bouquet à la main.

BLANCHE, gaiement.

Oh! regardez qui arrive!... Mon Rosen Kavalier (Chevalier à la Rose). (*Raide comme un piquet, il va à sa rencontre sous le porche et lui offre ses fleurs.*) Il faut d'abord faire une révérence!

> Mitch est embarrassé et salue de la tête. Blanche est radieuse. Il regarde rapidement autour de lui pour voir s'il n'y a personne et fait un rapide petit plongeon en tendant les fleurs à Blanche.

BLANCHE

Maintenant, donnez-les-moi. (*Elle les prend en faisant une profonde révérence.*) Ah! merci...i...i...

> La lumière s'éteint. La musique joue jusqu'à la scène suivante.

SCÈNE II

Plus tard, deux heures du matin. La musique s'arrête tandis que le rideau se lève. Blanche et Mitch entrent en scène venant de la gauche et marchent doucement dans la rue. Ils croisent une Négresse qui va de droite à gauche en chantant un « spiritual » mélancolique. Blanche porte à la main une poupée de foire ridicule. La lassitude totale que seule peut connaître une neurasthénique est évidente dans la voix et la façon d'être de Blanche. Mitch tient encore le coup mais est déprimé. Ils entrent sous le porche, Mitch suivant Blanche jusqu'à la porte fermée de l'appartement.

BLANCHE

Et voilà!

MITCH, devant le palier à droite.

Et voilà! (*La Négresse disparaît.*) Il doit être tard!

BLANCHE

Comment allez-vous rentrer?

MITCH

Oh! Je vais aller à pied jusqu'à Bombouet, là, je prendrai un autobus.

BLANCHE, avec un rire un peu forcé.

Est-ce que ce tramway, *Désir*, bringucbale toujours dans les rues à cette heure-ci?

MITCH, lourdement.

Je crains, Blanche, que vous ne vous soyez pas beaucoup amusée ce soir.

BLANCHE

Je vous ai tout gâché.

MITCH

Non, pas du tout, mais j'ai tout le temps eu l'impression que je ne vous distrayais pas beaucoup.

BLANCHE

Je ne pouvais pas arriver à m'amuser. C'est tout. Je crois que je n'ai même jamais autant essayé d'être gaie que ce soir pour finalement tout rater.

MITCH

Pourquoi avez-vous essayé si vous n'en aviez pas envie, Blanche?

BLANCHE

J'essayais d'être fidèle à la loi de la nature.

MITCH

Mais quelle loi?

BLANCHE

Celle qui dit que la femme doit être la distraction de l'homme, ou ce n'est pas de jeu! Regardez si vous pouvez arriver à trouver ma clef dans ce sac (*elle lui tend son sac*); quand je suis si fatiguée, j'ai les doigts en coton.

MITCH, regardant dans son sac, en sort une clef.

C'est ça?

BLANCHE

Non, mon cher! Ça, c'est la clef de la malle qu'il va bientôt falloir que je refasse.

MITCH

Quoi... vous allez bientôt partir?

BLANCHE, regardant les étoiles.

J'ai outrepassé les droits de l'hospitalité!

MITCH, qui a trouvé une autre clef.

Et celle-là?

BLANCHE

Eurêka! Voulez-vous ouvrir la porte, mon cher, pendant que je regarde une dernière fois le ciel. (*Elle regarde les étoiles, va un peu à droite. Mitch ouvre la porte, remet la clef dans le sac de Blanche et se tient gêné, un peu derrière elle.*) Je cherche les Pléiades, les sept sœurs, mais ces jeunes filles n'ont pas l'air sorties ce soir. (*Tout à coup elle les aperçoit.*) Ah! oui, les voilà! les voilà! Que Dieu les bénisse, bras dessus, bras dessous, revenant de leur partie de bridge! (*Elle se retourne vers Mitch.*) Ah! la porte est ouverte! Quel charmant garçon! (*Elle va à sa gauche devant la porte et prend son sac.*) Je pense que vous voulez rentrer chez vous, maintenant?

MITCH

Est-ce que je pourrais... vous embrasser, tout simplement, pour vous dire bonsoir?

BLANCHE, mécontente.

Pourquoi me demandez-vous toujours la permission?

MITCH

Je ne sais jamais si vous en avez envie ou pas.

BLANCHE

Pourquoi êtes-vous si peu sûr de vous?

MITCH

Parce que le fameux soir où nous avons arrêté la voiture à côté du lac et où je vous ai embrassée, vous...

BLANCHE

Mais, mon cher, ce n'est pas le baiser qui m'a... choquée. J'ai beaucoup apprécié ce baiser. (J'ai

même beaucoup aimé ce baiser.) C'étaient toutes
les autres petites... familiarités que je me suis crue
forcée de ne pas admettre, non pas qu'elles me
déplaisent, pas le moins du monde. Au fond,
j'étais même assez flattée que vous me désiriez,
mais, mon cher, vous savez aussi bien que moi
qu'une fille seule dans la vie ne peut pas se laisser
aller à toutes ses impulsions, ou bien elle est perdue.

MITCH, solennellement.

Perdue.

BLANCHE, allant un peu vers la droite.

Je suppose que vous êtes habitué à des filles qui
aiment à être perdues, le genre de filles perdues
au premier rendez-vous.

MITCH, allant vers elle.

J'aime que vous soyez comme vous êtes, parce
que de toutes mes expériences, vous êtes la seule
que j'ai rencontrée comme cela.
(*Blanche le regarde avec gravité, éclate de rire et
met la main à sa bouche pour s'en empêcher.*)
Est-ce que vous êtes en train de vous moquer de
moi?

BLANCHE, tapotant sa joue.

Mais non, mais non, mon cher. (*Elle entre dans
l'appartement, il la suit.*) Le maître et la maîtresse
de maison ne sont pas encore là, alors entrez. (*Elle*

laisse tomber sur la table son chapeau, son sac, ses gants et ses fleurs.) On va boire un verre, non? Je n'allume pas?

MITCH, allant vers la chambre à coucher.

Comme vous voulez.

BLANCHE, devant le petit débarras.

L'autre pièce est plus confortable, allons-y. (*Il entre dans la chambre à coucher.*) C'est moi... tout ce vacarme... Je suis dans le noir et je cherche du cognac.

MITCH

Vous voulez vraiment boire un verre?

BLANCHE, apportant deux verres et poussant
Mitch devant elle dans la chambre à coucher.

Je veux que vous buviez, vous avez été si angoissé et si solennel toute la soirée, moi aussi d'ailleurs... Voici maintenant les derniers moments que nous avons à passer ensemble, ne les gâchons pas. Je veux créer de la joie. (*Elle allume une bougie qu'elle a plantée dans une bouteille prise dans le débarras.*) J'allume la bougie.

MITCH

Quelle bonne idée!

BLANCHE

Allons, soyons bohèmes. Nous sommes à Séville par une nuit chaude à la terrasse d'un petit café...

Je suis Carmen... vous êtes toréador... Esto Carmencita... Vous comprenez l'espagnol?

> Elle peut à la rigueur esquisser un petit pas de danse. En sourdine, l'air de Carmen.

> MITCH, dans la chambre à coucher, hochant la tête en riant.

Non... non... je...

> BLANCHE, venant doucement vers lui.

Voulez-vous coutchare co mio esta notche? Comprendo? No... c'est une sacrée veine! J'ai trouvé du cognac, il y en a juste assez... pas d'eau ce soir, par exemple.

> Elle lui verse dans son verre.

> MITCH, buvant.

C'est rudement bon!

> Blanche boit, elle prend les deux verres, les pose sur la coiffeuse et saisit la poupée entre ses mains.

> BLANCHE

Asseyez-vous... Enlevez donc votre veston... votre cravate aussi.

> MITCH

J'aime mieux le garder, je crois.

> BLANCHE

Mais non, mettez-vous à l'aise, je veux que vous soyez confortable.

MITCH

Je transpire trop, c'est une honte... ma chemise est collée à ma peau.

BLANCHE

La transpiration, c'est la santé. Si on ne transpirait pas, on mourrait en cinq minutes. (*Elle l'aide à enlever son veston.*) Il est bien ce veston. (*Elle le secoue doucement, tandis qu'elle se tient à la gauche de Mitch.*) Qu'est-ce que c'est que cette étoffe?

MITCH

Ils appellent ça de l'alpaga. De l'alpaga, il paraît.

BLANCHE

Oh! de l'alpaga.

MITCH

Oui, c'est très léger, l'alpaga.

BLANCHE

Oh! c'est très léger, l'alpaga.

MITCH

J'aime pas porter une veste de coton, parce que je sue à travers.

BLANCHE

Oh!

Elle suspend le veston sur le dossier de la chaise qui est devant la coiffeuse.

MITCH

Alors, ça fait pas très net, quoi! Un homme d'une forte stature doit faire attention à ce qu'il porte, sans ça il fait lourdaud.

BLANCHE

Oh! Vous avez pas l'air trop gros.

Elle tire le petit tabouret à gauche de Mitch, le met devant lui, s'assoit dessus, en lui faisant vis-à-vis.

MITCH

C'est vrai ça?

BLANCHE

Vous n'êtes pas du type élancé, mais vous avez une forte structure et un physique qui en imposent.

MITCH

Merci! On m'a accepté comme membre l'année dernière au Club athlétique de La Nouvelle-Orléans.

BLANCHE

Oh! c'est merveilleux.

MITCH

Ça a été le plus beau cadeau que j'aie jamais eu. Je m'exerce là-bas à soulever des poids, je nage,

je me tiens en forme. Au début, quand j'ai commencé, mon ventre était tout mou, maintenant, il
est dur. Il est si dur qu'un homme peut me rentrer dedans, j' sens rien! Tiens, essayez avec vos
poings, allez-y!

> BLANCHE, boxant son ventre avec ses poings,
> puis mettant sa main sur son bras, admirative.

Mon Dieu!

> MITCH, allant au second plan devant le fauteuil.

Blanche, Blanche, devinez combien je pèse,
Blanche?

> BLANCHE

Oh! voyons, je dirai 85, 90 kilos?

> MITCH, avançant vers elle pour qu'elle l'examine.

C'est pas ça, recommencez.

> BLANCHE, le regardant tandis qu'il est à sa gauche.

Moins?

> MITCH

Non, plus!

> BLANCHE

Bien, vous êtes grand et vous pouvez peser très
lourd sans en avoir l'air.

> MITCH

Je pèse cent deux kilos et mon poids c'est un...

BLANCHE

Oh!... mon Dieu Seigneur! mais c'est tout un programme.

MITCH, légèrement gêné.

Mon poids n'est peut-être pas un sujet de conversation très passionnant. (*Silence.*) Et le vôtre?

BLANCHE

Quoi? mon poids?

MITCH

Oui!

BLANCHE

Devinez!

MITCH

Laissez-moi vous soulever.

BLANCHE, se levant et lui tendant les bras.

Samson! allez-y... essayez.

MITCH la soulève dans ses bras, fait un tour complet sur lui-même avec elle, elle est maintenant face à lui.

Vous êtes légère comme une plume.

BLANCHE, riant.

Ah! Ah!

Il la remet à terre, mais garde ses mains autour de sa taille. Elle prend un air de modestie affectée.

BLANCHE

Vous pouvez me lâcher maintenant.

MITCH

Hein!

BLANCHE, gaiement.

J'ai dit que vous pouviez enlever vos mains de ma taille!

Mitch essaie de l'embrasser, et finalement réussit un peu n'importe comment.

BLANCHE

Vraiment, Mitch, ce n'est pas parce que Stella et Stanley ne sont pas là qu'il ne faut pas vous conduire comme un gentleman.

MITCH, la tenant serrée contre lui.

Donnez-moi une gifle chaque fois que je dépasse les limites.

BLANCHE, essayant de se dégager.

Ça ne sera pas utile. Vous êtes un gentleman, un des rares qui restent sur la terre. Je ne veux pas que vous pensiez que je suis collet monté, que je suis une vieille institutrice, vieille fille ou quelque chose de ce genre-là, c'est simplement parce que...

MITCH

Hein?

BLANCHE

Je pense que c'est simplement parce que je suis un peu vieux jeu.

Mitch la lâche et va rapidement vers la porte où il se tient debout, un pied dans le porche, il regarde à l'extérieur.

MITCH, la voix un peu cassée.

Où sont Stanley et Stella ce soir?

BLANCHE, qui l'a suivi.

Ils sont sortis avec M. et Mme Hubben, vous savez, les gens du dessus.

MITCH

Où sont-ils allés?

BLANCHE, entrant dans le living-room jusqu'au divan.

Je crois qu'ils avaient l'intention d'aller dans un cabaret dans l'Etat de Loew.

MITCH

Nous devrions sortir aussi une nuit ensemble?

BLANCHE

Non... non... non... Je ne pense pas que ce soit une bonne idée.

MITCH

Mais... pourquoi?

BLANCHE

Vous êtes un vieil ami de Stanley?

MITCH, avec un soupçon d'amertume.

On était ensemble au 241e...

BLANCHE

Il a confiance en vous! Il parle franchement avec vous?

MITCH

Bien sûr.

BLANCHE

Est-ce qu'il vous a parlé de moi?

MITCH, fermant la porte, se tournant vers Blanche.

Non, pour ainsi dire pas.

BLANCHE

Oh! Vous me dites ça d'une drôle de façon. Est-ce que c'est bien vrai?

MITCH

Mais oui, il n'a presque rien dit.

BLANCHE

Il a tout de même dit quelque chose. Quelle est son attitude à mon égard?

MITCH

Pourquoi me demandez-vous ça?

BLANCHE

Parce que...

MITCH

Vous ne vous entendez pas bien avec lui?

BLANCHE

Qu'est-ce que vous croyez?

MITCH, traversant la scène, face au public.

Je crois qu'il ne vous comprend pas très bien.

BLANCHE, venant à la gauche de la table.

C'est ce que j'appelle s'exprimer avec modéra-tion... Si Stella n'attendait pas un enfant, je ne resterais pas ici une seconde de plus.

MITCH

Il n'est pas gentil avec vous?

BLANCHE

Il est l'impolitesse même. Il fait tout ce qu'il peut pour m'offenser.

MITCH

Comment, Blanche? De quelle façon?

BLANCHE

De toutes les façons possibles.

MITCH

Ça m'épate d'entendre une chose pareille.

BLANCHE

Vraiment?

MITCH, la regardant.

Oui, je n' peux pas comprendre comment quelqu'un peut être impoli avec vous.

BLANCHE

A vrai dire, c'est une situation très difficile. On n'est jamais tranquille ici. Ce simple rideau qui sépare les deux pièces! Il se balade pendant la nuit en petit caleçon. Je suis même obligée de lui demander de fermer la porte de la salle de bain. Cette promiscuité n'est tout de même pas indispensable. Vous vous demandez probablement pourquoi je reste ici? Je vais vous le dire franchement : le salaire d'une institutrice est suffisant pour vivre; bien, mais je n'ai pas mis un sou de côté l'année dernière, alors j'ai bien été forcée de venir passer l'été ici. Voilà pourquoi il faut que je supporte le mari de ma sœur. Il doit me supporter aussi par exemple, et ça n'a pas l'air de lui plaire beaucoup. Il vous a sûrement dit qu'il me détestait.

MITCH

Je ne crois pas qu'il vous déteste.

BLANCHE

S'il ne me déteste pas, pourquoi m'insulte-t-il? La première fois que je l'ai vu, je me suis dit : cet homme sera mon bourreau. Cet homme va me détruire à moins que je ne me débrouille pour...

MITCH

Blanche!...

BLANCHE

Oui, mon ami.

MITCH

Puis-je vous poser une question?

BLANCHE

Oui, quoi?

MITCH

Quel âge avez-vous?

BLANCHE, elle a un geste nerveux, et traverse la scène
pour s'arrêter devant le petit banc en forme de L.

Ça vous intéresse... pourquoi?

MITCH

J'ai parlé de vous à ma mère, et elle m'a dit :
« Quel âge a Blanche? » J'ai été incapable de lui
répondre.

BLANCHE, assise, le regardant.

Vous avez parlé de moi à votre mère?

MITCH

Oui.

BLANCHE

Pourquoi?

MITCH

Je lui ai dit que vous étiez charmante et que je vous aimais bien.

BLANCHE

Et vous étiez sincère?

MITCH, *s'asseyant à sa droite à côté d'elle.*

Vous savez bien que je l'étais.

BLANCHE

Pourquoi votre mère voulait-elle savoir mon âge?

MITCH

Ma mère est malade.

BLANCHE

Oh! je suis désolée, gravement?

MITCH

Oh! elle ne vivra plus longtemps, à peine quelques mois.

BLANCHE

Oh!

MITCH

Elle se tracasse beaucoup parce que je ne suis pas marié. Elle voudrait bien que je me marie avant que...

Sa voix s'est serrée d'émotion. Il regarde Blanche.

BLANCHE

Vous l'aimez profondément, n'est-ce pas? (*Mitch hoche la tête d'un air malheureux.*) Vous devez pouvoir être très dévoué... vous allez être très seul quand elle ne sera plus là? (*Mitch la regarde en hochant la tête.*) Je sais ce que c'est...

MITCH

D'être seul?

BLANCHE

Cher ami, j'aimais quelqu'un, et la personne que j'aimais est morte.

MITCH

Morte?... Un homme?

BLANCHE

Un jeune homme. Un très jeune homme. Alors que je n'étais qu'une toute jeune fille. A seize ans, j'ai découvert l'amour, d'un seul coup... totalement. Bien trop d'ailleurs! Ce fut comme si, soudain, on avait illuminé quelque chose resté jusque-là dans l'ombre. Le monde se transforma pour moi... mais je n'ai pas eu de chance... je fus bernée. Il y avait, dans ce garçon, quelque chose d'étrange... une nervosité, une douceur, une tendresse même, qui n'étaient pas celles d'un homme, quoiqu'il ne fût pas efféminé, pas du tout... et c'était cela! Il cherchait un refuge en moi... je n'ai pas compris... Il m'a enlevée, vous savez... et ce n'est qu'une fois

mariée, après notre retour, que j'ai commencé à
comprendre. Mais, je savais déjà que je l'avais
déçu d'une façon mystérieuse. Et j'étais capable
de lui donner ce qu'il me demandait et je ne pouvais pas le faire! Il était dans la détresse et s'agrip-
pait à moi, et je ne pouvais le retenir. Je glissais
avec lui sur la pente, mais je ne savais pas non
plus. *Je ne savais rien,* sauf que je l'aimais, que
je l'aimais de toutes mes forces... mais je ne pouvais le sauver ni me sauver moi-même... et puis,
j'ai découvert la vérité; de la façon la plus
affreuse... en entrant à l'improviste dans une pièce
que je croyais vide... deux personnes étaient là :
l'homme que j'avais épousé... et un autre plus âgé...
son ami depuis des années — (*sa voix tombe, elle
se lève et passe un second plan*) comme si rien ne
s'était passé, nous avons fait semblant de ne rien
savoir... oui, nous sommes partis tous les trois, au
Casino, près du lac — nous avons bu, nous avons
ri tout le temps, nous avons dansé la *Varsouviana.*
Tout d'un coup, au milieu d'une danse, mon
mari s'est arraché de moi et est parti en courant.
Quelques instants plus tard : un coup de revolver — je me précipitai dehors. Tout le monde se
précipita, tout le monde courut, tout le monde se
groupa autour de cette chose horrible au bord du
lac. La foule m'empêchait d'approcher. Quelqu'un
me saisit le bras : « N'approchez pas, revenez.
N'allez pas voir ça! — Voir? Voir quoi? » Puis j'ai
entendu des voix qui disaient : « Alain! Alain! Le

jeune Alain Grey! Il s'est tiré un coup de revolver dans la bouche! La tête a éclaté. » (*Elle a un petit sanglot et met ses mains devant sa figure.*) Pourquoi? Parce qu'en dansant avec lui, je n'ai pas eu le courage de me taire. Tout d'un coup, j'ai dit : « Je sais! Je sais! Tu m' dégoûtes! » Et le phare qui avait éclairé le monde s'éteignit. Depuis, il n'y a plus jamais eu de lumière, qu'une petite bougie, comme ça!

Elle montre la bougie sur la table.

MITCH, se lève, va vers elle et reste derrière elle, debout.

Vous avez besoin de quelqu'un. J'ai besoin de quelqu'un. N'est-ce pas possible, Blanche, vous et moi? (*Elle se retourne vers Mitch. Ils s'embrassent.*) *La* Varsouviana *s'arrête brusquement.*)

BLANCHE

Quelquefois... Dieu est là... si vite.

ACTE III

SCÈNE PREMIÈRE

Quelques semaines plus tard. Les premières lueurs qui éclairent la scène sont celles de la rue. Stanley apparaît, traverse le porche de gauche à droite. Peu à peu les lumières de l'appartement s'allument. Stella s'affaire autour de la table du living-room, quatre couverts sont mis. La table est préparée comme pour une fête. La grossesse de Stella est plus apparente qu'au deuxième acte. Blanche est dans la salle de bain et chante des bribes de *Paper moon*. Stanley entre dans l'appartement, pose sa musette sur la glacière et regarde la table.

STANLEY

Qu'est-ce que c'est que tous ces chichis?

STELLA

Mon chéri, c'est l'anniversaire de Blanche.

STANLEY

Elle est là?

STELLA

Dans la salle de bain.

STANLEY

Lavant des petites choses.

STELLA

Je pense, oui.

STANLEY

Il y a combien de temps qu'elle est enfermée là-dedans?

STELLA

Tout l'après-midi.

STANLEY, mimant.

Mijotant dans un bain chaud...

STELLA, imperturbable.

Oui.

STANLEY

Quarante degrés à l'ombre! Et elle mijote dans un bain chaud!

STELLA

Elle dit que ça la met d'aplomb pour toute la soirée.

STANLEY

Et tu te précipites au café pour lui chercher des

boissons fraîches, je pense, et tu sers Sa Majesté dans son bain.

> Stella hausse les épaules et continue à s'occuper de la table.

STANLEY

Assieds-toi là une minute!

> Il montre la chaise de gauche de la table.

STELLA

J'ai des tas de choses à faire, Stanley!

STANLEY

Assieds-toi. (*Stella traverse la scène derrière la chaise.*) J'ai des tuyaux sur ta grande sœur, Stella.

STELLA

Oh! écoute, Stanley, ça va, n'attaque pas Blanche tout le temps!

STANLEY

Cette femme a dit que j'étais *commun!*

> STELLA, allant à la gauche de Stanley devant la table.

Tu as fait tout ce que tu as pu ces derniers temps pour la mettre à rebrousse-poil, Stanley. Elle est susceptible, et puis... Il faut que tu te rendes compte que nous avons été élevées d'une façon tout à fait différente de toi... Blanche et moi! D'une tout autre façon que toi... Blanche et moi!

STANLEY

On me l'a dit et dit... et redit. Et puis, tu sais, qu'est-ce qu'elle a pu nous raconter comme mensonges!

STELLA

Non, je ne sais pas, et je ne veux pas savoir...

STANLEY, interrompant Stella.

Ça n'y change rien, maintenant la vérité est sortie du puits, j'ai découvert des choses.

STELLA

Quelles choses?

STANLEY

Oh! des choses que je soupçonnais... déjà!

Blanche, chante dans la salle de bain.

Mais maintenant j'ai des preuves, sorties de bonne source. Je les ai vérifiées.

La porte de la salle de bain s'ouvre et Blanche sort en peignoir. Elle va à la coiffeuse, prend un verre d'une boisson glacée quelconque qui se trouve là, et fait un petit signe à Stanley.

BLANCHE

Eh! Stanley!

Gaiement, elle chantonne, secoue la glace dans son verre, retourne à la salle de bain, et ferme la porte. Stella va au second plan.

STANLEY

Un vrai canari!

STELLA

Veux-tu m'expliquer maintenant, calmement, ce que tu crois que tu as découvert sur ma sœur?

STANLEY

Mensonge n° 1. Cette sainte nitouche d'abord, je voudrais que tu voies la comédie qu'elle joue à Mitch. Pauvre type! Il croyait qu'elle n'avait jamais été embrassée que par un seul homme. Mais la sœur Blanche, j' te jure, c'est pas un lis.

STELLA

Qu'est-ce qu'on t'a dit et qui te l'a dit?

STANLEY

Un des représentants de commerce de la maison va à Laurel depuis des années. Il connaît ta sœur, va! Et puis, tout le monde la connaît à Laurel. Elle est aussi célèbre à Laurel que si elle était le président des Etats-Unis.

BLANCHE, chantant dans la salle de bain.
Traduction littérale.

C'est seulement une lune de papier
Brillant au-dessus d'une mer de carton.
Mais ce ne serait pas une illusion
Si vous croyiez en moi...

STANLEY, continuant.

Seulement, y a pas un seul parti qui la respecte. Notre représentant a habité l'hôtel *Flamingo*...

STELLA

Qu'est-ce qu'il a cet hôtel *Flamingo?*

STANLEY

Elle y a habité aussi.

STELLA

Ma sœur habitait *Belle Rêve.*

STANLEY

Non, c'était plus tard, quand la maison a filé entre ses doigts de lis. Elle a déménagé au *Flamingo.* Un hôtel de seconde classe, je t'assure, mais qui avait l'énorme avantage de ne pas s'occuper de la vie privée de ses clients. Ils sont habitués, au *Flamingo.* Ils en ont vu de toutes les couleurs. Eh bien, tout de même la direction a été impressionnée par dame Blanche, tellement impressionnée qu'ils lui ont demandé de leur rendre sa clef d'une façon définitive. Ceci quinze jours avant son arrivée ici.

BLANCHE, chantant toujours dans la salle de bain.

C'est un monde de cirque et d'illusions.
Aussi faux qu'il puisse être,
Il ne serait pas illusion
Si vous croyiez en moi.

STELLA, se levant et marchant dans le living-room.

Ça me dégoûte! Comment peux-tu croire des choses pareilles?

STANLEY, se lève, traverse la scène et va à droite de Stella.

J'étais sûr que ça te bouleverserait! Elle t'a fourrée d'dans, hein! Comme Mitch!

Il essaie de prendre dans ses bras Stella, mais elle se dégage.

STELLA

C'est de la pure invention. Il n'y a pas un mot de vrai dans tout cela. (*Blanche chante toujours dans la salle de bain.*) Et si j'étais un homme et qu'on ait dit une chose pareille devant moi...

Stanley lui prend le bras et la regarde bien en face.

BLANCHE, chante.

Sans votre amour ce n'est qu'une parade,
Sans votre amour ce n'est qu'une mélodie de boîte
[à musique.

STANLEY

Je t'ai dit que j'avais vérifié toutes ces histoires. Attends que j'aie fini de te raconter! L'ennui avec dame Blanche, c'est qu'elle pouvait pas continuer à jouer son rôle à Laurel. Ils comprenaient après un ou deux rendez-vous avec elle, puis ils filaient. Elle passait à un autre. Même comédie, même système, la ville était trop petite pour que ça continue indéfiniment. Elle est devenue la risée de tout le monde.

Stella s'avance vers la chaise à droite de la table, s'y agenouille regardant la porte. Blanche chante toujours dans la salle de bain.

BLANCHE

C'est seulement une lune de papier.
Aussi fausse qu'elle puisse être,
Ce ne serait pas une illusion.
Si vous croyiez en moi.

STANLEY, continuant.
Il s'est rapproché de Stella derrière elle.

Et pendant les deux dernières années, elle a été fauchée comme les blés. C'est pour ça qu'elle est ici! reçue par des Altesses Royales, jouant toute cette comédie, parce qu'en fait elle a été presque mise à la porte de Laurel par le maire. Oui! tu ne savais pas qu'il y avait un cantonnement près de Laurel. Ta sœur était connue là-bas sous le nom de « terrain libre ». (*Blanche chante toujours le même refrain. Stella s'assoit sur la chaise.*) C'est déjà pas mal pour un genre de fille si *raffinée*, si *distinguée* que ta sœur! Venons-en au mensonge n° 2.

STELLA

Je ne veux pas entendre un mot de plus.

STANLEY

Elle ne sera plus institutrice. Je suis prêt à parier qu'elle n'a jamais eu l'intention de retourner à Laurel. Elle a pas démissionné de l'école secondaire à cause de ses nerfs, et provisoirement! Bobards que tout ça! Ils l'ont foutue à la porte de l'école! avant que le trimestre soit terminé! et ça me fait mal de te dire pourquoi (*Stella se lève, essaie de passer à gauche de la scène. Stanley la retient.*) Attends une minute! Elle a eu une histoire avec un garçon de dix-sept ans!

BLANCHE, chante dans la salle de bain.

C'est un monde de cirque et d'illusion, etc.

STELLA

J'en suis malade.

STANLEY

Le père du garçon a appris la chose. Il s'est plaint au directeur de l'école. Ce que j'aurais donné pour être dans le bureau quand dame Blanche a été mise sur la sellette! Ah! J'aurais voulu la voir essayer de se tirer de là! Mais ils la tenaient bien et pour de bon, cette fois! Puis elle savait que la danse était finie. Ils lui ont conseillé gentiment de changer de canton, mais pratiquement on avait pris contre elle une ordonnance.

La porte de la salle de bain s'ouvre. Blanche passe sa tête. Ses cheveux sont entourés d'une serviette de toilette.

BLANCHE

Stella!

STELLA

Oui, Blanche.

Elle va dans la chambre à coucher.

BLANCHE

Donne-moi une autre serviette de toilette pour me sécher les cheveux, je viens de les laver.

STELLA

Oui, Blanche.

Elle va chercher une serviette de toilette dans le tiroir du milieu du bureau à gauche au fond et la tend avec un regard un peu vague à Blanche.

BLANCHE, sur les marches de la salle de bain prend la serviette et regarde Stella.

Mais qu'est-ce qu'il y a, chérie?

STELLA, se retournant et s'en allant.

Ce qu'il y a? Pourquoi?

BLANCHE

Tu as l'air tellement bizarre.

Stanley est devant la malle.

STELLA

Je suis probablement un peu fatiguée.

BLANCHE

Pourquoi ne prendrais-tu pas un bain chaud quand j'aurai fini?

Stella va devant la tête du lit et met sa main sur ses reins.

STANLEY, interpellant Blanche de devant la malle d'où il regardait ce qui se passait dans la chambre à coucher.

Ça sera dans combien de temps, ça?

BLANCHE, lui faisant signe avec la serviette de toilette, gaiement et un peu légèrement.

Dans très peu de temps. Prenez votre mal en patience.

STANLEY

J'ai pas mal... C'est ma vessie... (*Blanche ferme en la claquant la porte de la salle de bain. Stella revient dans le living-room, passe devant Stanley, va à la gauche de la table. Stanley enlève son veston qu'il met sur la malle.*) Eh bien, qu'est-ce que tu en penses?

STELLA, se retournant vers Stanley.

Je ne crois à aucune de ces histoires! Et votre représentant a été immonde de te les raconter! Il y a peut-être du vrai dans tout cela, c'est possible. Je n'approuve pas tout chez ma sœur. Elle a toujours été un peu évaporée.

STANLEY

Ouais! Evaporée, ça me semble le mot juste!

STELLA

Quand elle était jeune, très jeune, elle a fait une expérience qui a tué toutes ses illusions.

STANLEY

Quelle expérience? Qu'est-ce que c'est que ça encore?

STELLA, derrière la table, à genoux sur la chaise.

Son mariage, quand elle était encore presque une enfant. Elle a épousé un garçon qui écrivait des poèmes... Il était très beau. Elle en était folle! Elle adorait jusqu'au sol qu'il foulait! Pour elle ce n'était pas un homme, une sorte de demi-dieu. (*Elle va vers le débarras et y prend une petite boîte de bougies d'anniversaire en cire rose*.) Puis elle découvrit...

STANLEY

Quoi?

STELLA, apportant les bougies sur la table.

Que ce merveilleux garçon plein de talent était un dégénéré, un pédéraste. (*Elle ouvre la boîte de bougies*.) Il ne t'a pas donné ce renseignement-là, hein, ton représentant!

STANLEY

Nous n'avons discuté que des histoires récentes. Doit y avoir longtemps de ça, non?

STELLA

Oui... c'était... enfin il y a assez longtemps.

Elle commence à mettre les bougies sur le gâteau d'anniversaire.

STANLEY

Tu lui colles combien de bougies?

STELLA

Oh! Je vais m'arrêter à vingt-cinq.

STANLEY

Tu attends des invités?

STELLA

Nous avons demandé à Mitch de venir pour le gâteau et la glace.

STANLEY, mal à l'aise.

Ecoute, n' compte pas sur Mitch ce soir!

Stella s'arrête de poser les bougies, elle se retourne doucement et regarde Stanley.

STELLA

Pourquoi?

STANLEY, se retournant rapidement vers Stella.

Stella! Mitch est un copain, nous avons été ensemble à la guerre, au 241e, dans le génie, nous travaillons dans la même maison, nous sommes dans la même équipe aux boules... tu crois que je pourrais le regarder en face si...

STELLA, le coupant, traversant la scène devant Stanley.

Stanley Kowalsky... aurais-tu par hasard... aurais-tu répété...?

STANLEY, la coupant.

Tu parles que je lui ai dit! J'aurais eu ça sur l'estomac pour le restant de mes jours, si j'avais laissé mon meilleur copain se prendre au piège.

Il sort sous le porche.

STELLA, le suivant.

Est-ce que Mitch va rompre avec elle?

STANLEY

Qu'est-ce que tu ferais si...

STELLA

J'ai dit : « Est-ce que Mitch va rompre avec elle? »

Blanche chante toujours le même refrain.

STANLEY, regardant Stella en face.

Non, je n' crois pas qu'il va... forcément rompre avec elle... mais il a compris.

STELLA, agrippée à Stanley.

Stanley! Mais elle croyait que Mitch allait... allait l'épouser! Je l'espérais aussi d'ailleurs.

STANLEY, l'attirant brutalement à lui.

Eh bien, il ne l'épousera pas! Il *allait*... peut-être le faire, mais, maintenant, il va pas monter sur le même camion qu'un régiment non? (*Appelant du côté de la salle de bain.*) Eh là, Blanche! Je voudrais *ma* salle de bain!

BLANCHE, répondant à Stanley à travers la porte.

Oui, certainement, monsieur! Attendez encore une seconde... je suis en train de me sécher.

STELLA, suivant Stanley jusqu'au petit banc en forme de L, un peu en désarroi.

Stanley!

STANLEY

Après avoir attendu une heure, je pense qu'une seconde va passer comme un éclair!

Stella est dans la chambre à coucher, un peu devant et à droite de Stanley.

STELLA

Alors, si elle n'a plus de travail, qu'est-ce qu'elle va faire?

STANLEY

En tout cas, elle part d'ici mardi, tu as compris? Je lui ai acheté son billet moi-même. Un ticket de car.

Il cherche dans la poche de revers de son veston, sort le ticket qu'il montre à Stella.

STELLA

D'abord Blanche ne va pas partir en car.

STANLEY

Elle partira en car et elle aimera ça par-dessus le marché.

STELLA

Non, non et non, Stanley!

STANLEY

Elle partira en direction P. S., elle partira mardi.

STELLA, lentement.

Qu'est-ce qu'elle va faire mon dieu, mais qu'est-ce qu'elle va faire?

STANLEY

Son avenir est tout tracé.

STELLA

Que veux-tu dire?

Blanche chante toujours dans la salle de bain. Stanley allant à la porte et cognant dessus.

STANLEY

Hep! mon oiseau, mon canari! Sortez de la salle de bain! vous avez compris!

Stella s'approche tout près à droite de Stanley, la porte s'ouvre. Blanche émerge en éclatant de rire. La vapeur sort par la porte de la salle de bain. Blanche entre dans la chambre à coucher. Elle porte sa brosse à cheveux à la main.

BLANCHE

Oh! ce que je peux me sentir bien après ce long bain chaud, comme je me sens bien... rafraîchie... reposée.

Stanley entre dans la salle de bain et claque la porte derrière lui.

STELLA, tristement, avec un air de doute, allant dans le living-room.

Sûrement, Blanche?

BLANCHE, se brossant les cheveux vigoureusement.

Oh! oui alors! Ravigotée. (*Elle prend un verre plein de boisson glacée sur la coiffeuse.*) Un bain chaud et long, une boisson fraîche changent toujours mon point de vue sur la vie. (*Elle regarde Stella.*) Il y a quelque chose. Qu'est-il arrivé? Qu'est-ce que c'est?

STELLA, s'en allant rapidement.

Mais rien n'est arrivé, Blanche, je t'assure.

BLANCHE, s'arrêtant dans la chambre à coucher, regardant Stella.

Tu mens, *il y a* quelque chose.

SCÈNE II

Trois quarts d'heure plus tard. Stanley, Stella et
Blanche terminent un morne dîner d'anniversaire.
Ils sont assis autour de la table, Stan à gauche,
Stella au deuxième plan, Blanche à droite. Stanley
a l'air grognon et finit de grignoter une côtelette
et se lèche les doigts. Stella est triste et mal à
l'aise. Blanche a un visage tiré et se force à sourire. La quatrième chaise est vide. La musique
joue en sourdine pendant tout le dialogue. Blanche,
qui est en train de boire doucement, se met tout
d'un coup à parler.

BLANCHE

Stanley, racontez-nous une blague! Faites-nous
rire un peu. Je ne sais pas ce qu'il y a, mais nous
sommes d'un solennel! C'est peut-être parce que
mon bon ami m'a laissée tomber! (*Stella rit faiblement.*) Racontez-nous une histoire drôle, Stanley!
pour nous changer les idées un peu. C'est la première fois que ça m'arrive, et j'en ai eu des expé-

riences, et de tous les genres... Je ne sais pas très bien comment prendre ça.

STANLEY

J' croyais que vous n'aimiez pas mes histoires, Blanche?

BLANCHE

Je les aime quand elles sont amusantes, pas inconvenantes.

STANLEY

J'en connais pas d'assez raffinées pour vous.

BLANCHE

Alors c'est moi qui vais en raconter une.

STELLA

Ah! oui, Blanche, raconte-nous une histoire. Tu en savais des quantités, de très bonnes!

BLANCHE

Voyons, que je cherche dans mon répertoire... Ah! oui, j'adore les histoires de perroquets. Est-ce que vous aimez, vous, les histoires de perroquets? En voilà une sur une vieille fille et un perroquet... Il y avait une fois une vieille fille qui avait un perroquet qui jurait sans arrêt comme un sapeur et connaissait plus d'histoires grossières que M. Kowalsky. (*Elle s'arrête en souriant à Stanley qui ne réagit pas.*) La seule façon de faire taire le perroquet était de couvrir la cage, il croyait qu'il faisait nuit et s'endormait. Un matin, la vieille fille venait de découvrir la cage pour la journée, quand : qui voit-elle arriver chez elle? le pasteur. Affolée, elle recouvre précipitamment la cage et ouvre la porte. (*On entend vaguement la sonnerie du téléphone, Blanche bondit, écoute.*) Oh! non, c'est là-haut. (*Elle se rassoit.*) Le perroquet était parfait, aussi tranquille qu'une souris. Mais au moment précis où elle demande au pasteur combien de sucre il prend dans son café, le perroquet rompt le silence en disant : « Ben, merde, alors! la journée n'a pas été longue! » (*Blanche jette la tête en arrière et rit. Stella fait un énorme effort pour avoir l'air de trouver ça drôle. Stanley mange une autre côtelette, il n'a pas écouté l'histoire et continue à se lécher les doigts.*) De toute évidence, M. Kowalsky n'a pas trouvé ça drôle.

STELLA

M. Kowalsky est trop occupé à manger comme un cochon pour s'intéresser à autre chose. (*A Stanley.*) Tu es couvert de graisse... ta figure, tes doigts... c'est répugnant! Va te laver et reviens pour m'aider à débarrasser la table.

Un petit moment de silence, Stanley regarde Stella. Tout d'un coup, avec son bras il balaie tout ce qu'il y a sur la table, les assiettes, les verres, etc., ce qui reste dans les plats et le tout tombe sur le plancher au second plan. Blanche pousse un petit cri de frayeur. Stella regarde fixement Stanley qui se lève et l'interpelle à travers la table. Il pousse sa chaise contre la table.

STANLEY

Voilà comment j' débarrasse la table. Et toi, ne me parle plus comme ça, jamais! Cochon! Polack! répugnant! vulgaire! graisseux! vous vous êtes un peu trop servies de ces mots-là tous ces temps-ci, ta sœur et toi! Pour qui vous prenez-vous? deux reines! Rappelle-toi ce que Huey-Long disait : Chaque homme est un roi, et c'est moi le roi ici, ne l'oublie pas! (*Il essaie d'attraper les autres plats. Stella les met hors de sa portée, alors Stanley prend sa tasse et la jette dans l'angle opposé derrière la porte.*) Voilà, mon couvert est débarrassé! Tu veux que j'en fasse autant pour le tien?

Il regarde les deux femmes puis quitte la pièce et va dans le porche en examinant une coupure qu'il vient de se faire à la main, puis tire de sa poche un mouchoir chiffonné et étanche le sang.

BLANCHE

Qu'est-ce qui est arrivé pendant que je prenais mon bain? Qu'est-ce qu'il t'a raconté, Stella?

STELLA

Rien, rien, rien!

BLANCHE

Il a dû te parler de Mitch et de moi. *Tu sais* pourquoi Mitch n'est pas venu, mais tu ne veux pas me le dire. (*Stella remue la tête avec impuissance. Blanche se lève tout à coup.*) Je vais l'appeler!

STELLA, se levant et essayant de retenir Blanche.

Je ne le ferais pas si j'étais toi, Blanche!

BLANCHE

Je vais l'appeler, je vais lui téléphoner!

STELLA

Je préférerais que tu ne le fasses pas.

BLANCHE, traversant la scène devant Stella prend le téléphone et commence à faire le numéro. Stella sort sous le porche. Stanley qui lui tourne le dos reste immobile.

Il faut que j'aie des explications.

L'orchestre joue.

STELLA, avec reproche à Stanley.

J'espère que tu es satisfait de ce que tu as fait? Je n'ai jamais eu tant de mal à avaler une bouchée de ma vie. Je ne pouvais pas regarder son visage et cette chaise vide!

BLANCHE, au téléphone.

Allô! M. Mitchell, s'il vous plaît? Ah!... bon, eh bien, prenez mon numéro, je voudrais qu'il me rappelle. (*Stella jette un coup d'œil dans l'appartement et regarde Blanche.*) Magnolia 9047. (*A ce moment on entend rire d'abord calmement et doucement, puis bientôt d'un rire gros et sensuel; c'est Eunice et Stève dans l'appartement du dessus.*) Oui, dites que c'est important. Oui... très important. Merci.

Blanche raccroche et reste debout, désemparée. Elle regarde autour d'elle, s'avance dans la chambre à coucher et s'arrête devant la coiffeuse. Stanley tirant Stella à lui et la prenant maladroitement dans ses bras.

STANLEY

Stella, tout ira bien quand elle sera partie. Quand tu auras eu ton bébé. Tout sera pareil entre toi et moi. Comme avant. Tu t' rappelles comment c'était? Ces nuits qu'on avait, bon Dieu, chérie! Ça va être bon de pouvoir recommencer de refaire du bruit la nuit, d'allumer nos lumières et la sœur de... personne derrière les rideaux pour nous écouter! (*Blanche est à la tête du lit. Stève et Eunice crient au-dessus. Stanley lève le menton en regardant au-dessus.*) Eh! Stève, Eunice!

Stella prend le bras de Stanley et le ramène dans le living-room. Blanche est dans la chambre à coucher. Stanley s'appuie au chambranle de la porte. Stella va vers le débarras d'où elle sort une boîte d'allumettes pour allumer les bougies.

STELLA, entrant dans la pièce.

Allez, rentre avec moi. (*Se préparant à allumer les bougies.*) Blanche!

BLANCHE, venant dans le living-room.

Oh! les jolies... jolies petites bougies. (*Stella craque l'allumette. Blanche se précipite et la souffle. Elle est à gauche de Stella.*) Oh! Ne les allume pas, Stella. (*Stanley entre dans la pièce et*

se tient debout devant la glacière.) Garde-les pour
les anniversaires du bébé. J'espère que beaucoup
de petites bougies illumineront sa vie. J'espère que
ses yeux seront comme deux petites bougies bleues
dans un gâteau blanc.

STANLEY

Quel poète!

Stanley entre dans la salle de bain, Blanche assise sur
une chaise à gauche de la table faisant allusion à
son coup de téléphone.

BLANCHE

Je n'aurais pas dû lui téléphoner.

STELLA, s'approchant de Blanche.

Des tas de choses ont pu arriver, tu sais.

BLANCHE

Ce n'est pas une raison, Stella, je n'admets pas
qu'on soit mal élevé avec moi.

La musique s'éteint doucement.

STANLEY, sort de la salle de bain et traverse la scène.

Bon Dieu, toute cette vapeur... Ce qu'il peut
faire chaud là-dedans!

BLANCHE, tapant sur la table et criant de toutes ses forces.

Trois fois je vous ai dit que j'étais navrée! (*Elle
se tourne vers Stanley.*) Je prends des bains chauds
pour mes nerfs. On appelle ça de l'hydrothérapie.
Polack plein de santé, sans un nerf, bien sûr que

vous ne savez même pas ce que c'est que de l'angoisse?

STANLEY, traversant la scène derrière
Blanche et allant à sa gauche.

Je ne suis pas un Polack, les habitants de la Pologne s'appellent des Polonais, pas des Polacks. Et moi, je suis cent pour cent Américain, né en Amérique, élevé en Amérique, dans le plus grand pays du monde et j'en suis rudement fier. M'appelez *plus jamais* Polack, hein!

Au mot *plus jamais* le téléphone sonne. Blanche bondit.

BLANCHE

C'est pour moi, j'en suis sûre.

STANLEY

Moi pas, restez assise. (*Il répond au téléphone.*) Allô! Ah! Oui, c'est toi, Mac.

Blanche a suivi Stanley jusqu'au téléphone. Elle se retourne brusquement comme poignardée et fait un pas à droite. Stella s'approche d'elle et met sa main sur son épaule.

BLANCHE

Ne me touche pas tout le temps comme ça, Stella. Qu'est-ce qui te prend? Pourquoi me regardes-tu avec cet air de pitié?

Elle va rapidement vers le débarras, prend du cognac, en verse dans un verre et le boit avidement. Stella s'appuie à la glacière.

STANLEY, hurlant à Blanche.

Taisez-vous, là-dedans. (*Dans le téléphone.*) On a une femme tapageuse dans la maison. Alors j' t'écoute, Mac! A Riley? Non, j' veux pas aller jouer aux boules à Riley! J'ai eu des embêtements à Riley la semaine dernière... Dis donc, c'est moi le capitaine de l'équipe, non? Bon, alors on n'ira pas à Riley! On ira jouer aux boules à Gala ou vers l'est. Très bien, Mac... à bientôt. (*Il raccroche et s'approche de Blanche à côté de la table. Stella est debout devant la glacière. Stanley tirant quelque chose de la poche du revers de son veston.*) Chère sœur Blanche, j'ai un petit cadeau d'anniversaire pour vous.

Il tire de sa poche une enveloppe contenant des tickets de car.

BLANCHE

Vraiment, Stanley, quelle surprise... Qu'est-ce que c'est?

STANLEY, lui tendant l'enveloppe.

J'espère que vous l'aimerez.

BLANCHE, ouvrant l'enveloppe et en sortant le ticket.

Mais... mais... mais... c'est un...

STANLEY

.... ticket... de retour à Laurel... par le car... mardi!

On entend jouer *Varsouviana* pendant le reste de la scène. Blanche essaie de sourire, puis de rire, puis elle renonce. Elle se tourne vers Stella avec un regard accusateur. Tout d'un coup elle court dans la chambre à coucher en passant devant Stanley et éclate en sanglots. Elle s'arrête au milieu de la chambre à coucher, ne sachant pas de quel côté se retourner. Finalement, secouée de larmes, elle se précipite dans la salle de bain en claquant la porte derrière elle. Stanley est retourné dans le living-room. Stella s'approche de lui, à droite.

STELLA

Etait-ce vraiment utile de faire ça?

STANLEY

N'oublie pas tout ce que j'ai fait pour elle.

Stella le suivant à sa droite.

STELLA

Etait-ce la peine d'être aussi cruel vis-à-vis de quelqu'un d'aussi seul que Blanche?

STANLEY

Dis donc! C'est un objet fragile, ta sœur!

STELLA

Oui! Elle l'était, en tout cas. Tu n'as pas connu Blanche jeune fille, personne... personne n'était aussi tendre, aussi confiante qu'elle. Puis elle a été trompée par des gens comme toi, alors elle a changé...

Stanley se dirige vers la malle qui pendant la scène de cet acte a été fermée et recouverte d'une étoffe imprimée. Il prend le veston avec lequel il joue aux boules et qui était posé sur la malle. Stella le suit.

STELLA

Est-ce que, par hasard, tu crois que tu vas aller jouer aux boules?

STANLEY

Bien sûr.

Il commence à mettre son veston.

STELLA

Tu n'iras pas jouer aux boules! (*Elle s'accroche à la manche gauche de son veston.*) Pourquoi as-tu fait ça?

STANLEY

Je n'ai rien fait à personne.

Stella le tient si solidement qu'elle déchire sa chemise.

STANLEY

Lâche ma chemise! Tiens, tu l'as déchirée!

STELLA, avec une violence inouïe.

Je veux savoir pourquoi! Dis-moi pourquoi?

STANLEY obligeant Stella à reculer jusqu'à la chaise à gauche de la table. Il la bouscule brutalement.

Quand nous nous sommes rencontrés, toi et moi, tu as pensé que j'étais commun, tu avais bigrement raison, ma fille. J'étais commun comme une merde. Tu m'as montré les photos de ta maison avec les colonnes, j' t'ai fait dégringoler de tes colonnes, et comme tu as aimé ça!... Nos lumières la nuit!... Et comme on était heureux ensemble. Tout allait si bien avant son arrivée. (*Stella se dégage de lui, va vers la glacière en ayant l'air de' souffrir. Elle s'appuie contre elle. Il la suit, reste debout devant le divan et hurle :* C' qu'on était heureux ensemble! C' que c'était bien avant qu'elle arrive!... et ta... et ta... ta... elle me prend pour un *singe*... (*Moment de silence. Stanley examine Stella. Elle a l'air de souffrir. Il s'approche d'elle rapidement et très gentiment.*) Eh mais, qu'est-ce qu'il y a, Stella? J' t'ai fait mal? Qu'est-ce qui se passe, mon gros?

STELLA, s'appuyant à la porte, très faiblement :

Emmène-moi à l'hôpital.

Il passe son bras autour de sa taille pour la soutenir et ils sortent pendant qu'on entend *Varsouviana*.

SCÈNE III

Ce même soir. Un peu plus tard.

Les pièces sont éclairées faiblement. Blanche, assise dans le fauteuil de la chambre à coucher, est tendue, elle tient un verre plein à la main. Elle entend toujours la *Varsouviana*. Elle est en robe de chambre. Elle a beaucoup bu, pour échapper au désastre qu'elle sent s'appesantir peu à peu sur elle. Le ventilateur de la chambre à coucher marche doucement.

Dans la rue au-dessus, la marchande de fleurs, une vieille Mexicaine, passe de droite à gauche, elle porte des couronnes mortuaires. « Flores para los muertos, Coronas. Flores. »

Tandis qu'elle disparaît à gauche, Mitch entre en scène venant de la même direction. Il est en bleu de travail. Il se dépêche vers la porte de l'appartement et l'ouvre violemment. *Varsouviana* s'éteint.

BLANCHE, surprise, sursaute.

Qui est là?

MITCH, durement.

Moi, Mitch...

BLANCHE

Mitch... Une seconde...

> Blanche s'agite avec frénésie, elle emporte son verre et
> sa bouteille de cognac qu'elle cache dans le living-
> room sous le banc en forme de L. Puis elle se pré-
> cipite à la coiffeuse ayant totalement perdu son
> contrôle, elle tremble et marmonne. Elle se tapote
> la figure.

> Mitch bondit dans le living-room et reste immobile
> devant la porte, dans la pièce à peine éclairée.
> Blanche se lève et passe dans le living-room. Mitch
> passe devant la table du living-room encore recou-
> verte des vestiges du dîner d'anniversaire.

Mitch... Je ne devrais pas vous laisser entrer,
vous savez... après ce que vous avez fait ce soir... Si
peu chevaleresque... Bonsoir tout de même, mon
bel ami! (*Mitch, sans lui porter aucune attention,
passe devant elle et va dans la chambre à coucher;
il se dirige vers la salle de bain, puis au second
plan de la scène. De toute évidence le ventilateur
le dérange.*) Eh bien! Eh bien! Quel accueil gla-
cial... et quel accoutrement! Ma parole, vous n'êtes
même pas rasé... Je vous pardonne, je vous pardonne, parce que cela me change tellement les
idées de vous voir, ça me fait du bien. Vous avez
arrêté cette polka qui me tournait dans la tête.
Vous avez quelquefois des choses qui vous tournent
dans la tête, vous? (*Elle s'est approchée de lui, à
sa droite devant le lit.*) Bien sûr, ça ne vous arrive
jamais, cher ange idiot, vous êtes incapable d'avoir

quelque chose d'affreux qui vous tourne dans la tête.

MITCH, frotte sa nuque,
où l'air frais du ventilateur semble le gêner.

Est-ce que ce ventilateur est *indispensable?*

BLANCHE, traversant la scène devant lui, se dirigeant
vers le ventilateur qui est au-dessus de la coiffeuse.

Oh! non.

MITCH

J'aime pas les ventilateurs.

BLANCHE

Mais alors, mon ami, arrêtons-le. Je n'ai aucun parti pris! (*Elle arrête le ventilateur.*) Je ne sais pas ce qu'il y a à boire. Je vais aller voir.

Elle se dirige vers le living-room.

MITCH

Je n' veux pas boire le cognac de Stan!

BLANCHE, à sa droite.

Mais ce n'est pas celui de Stan! Mettez-vous dans la tête qu'il y a certaines choses qui sont à moi ici. Comment va votre mère? Est-ce qu'elle est plus mal?

MITCH

Pourquoi?

On entend la *Varsouviana.*

BLANCHE

Il y a quelque chose qui ne va pas ce soir. Enfin tant pis. (*En entendant la musique, elle s'éloigne de lui.*) Je ne vais pas aller chercher des témoins; simplement (*elle touche son front d'une façon vague*) je ferai semblant de ne m'apercevoir de rien... de croire que vous êtes le même ce soir. Oh! cette musique encore...

MITCH s'avance vers elle à sa gauche.

Quelle musique?

BLANCHE

Cette polka qu'on jouait quand Alain... (*se détendant*) Tiens! le coup de revolver! Ça s'arrête toujours tout de suite après. (*On entend un coup de revolver dans le lointain, la musique s'arrête brusquement.*) Oui, c'est fini!

MITCH, debout derrière elle.

Est-ce que vous avez complètement perdu la tête?

BLANCHE, allant dans le living-room.

Je vais aller voir ce que je peux trouver à boire. (*Elle revient vers lui.*) Oh! Vraiment, je ne suis pas très habillée... Mais je ne comptais absolument pas sur vous. Vous avez oublié que je vous avais invité à dîner.

Elle va vers le petit débarras et tripote les bouteilles.

MITCH

J'avais décidé de ne plus vous voir.

BLANCHE, allant vers lui.

Attendez une minute. Je n'entends pas ce que vous racontez. Vous parlez si peu! Pour une fois, je ne veux pas perdre un mot de ce que vous me dites. (*Il va vers la chambre à coucher, passe devant le lit. Elle va vers le petit débarras. Il met son pied droit sur le lit, regardant le fond de la scène.*) Qu'est-ce que je suis en train de chercher? (*Elle tourne d'une façon machinale autour de la table et tout d'un coup tend sa main qui tient le verre pris dans le débarras.*) Ah! oui, du cognac! Nous nous sommes tellement amusés ici ce soir que j'ai vraiment perdu la tête. (*Elle se souvient tout d'un coup de la bouteille qu'elle a cachée sous le banc en forme de L et va la chercher.*) Voilà! J'ai trouvé quelque chose, « Le confort du Sud ». Qu'est-ce que ça peut bien être? Je me demande.

Elle va à la droite de Mitch portant la bouteille et le verre.

MITCH

Si vous ne savez pas, c'est que ça doit être à Stan!

BLANCHE, lui enlevant le pied qu'il avait sur le lit.

Retirez votre pied de là, c'est un dessus de lit tout propre. (*Allant à gauche du fauteuil et se versant à boire.*) Les hommes ne remarquent jamais ce genre de choses! J'ai bien transformé cet appartement depuis que j'y suis!

> MITCH, devant elle, un peu à gauche.

Il n'y a vraiment aucun doute.

> BLANCHE

Vous avez vu comment c'était avant! Eh bien, regardez maintenant. Cette pièce est presque jolie! Je veux qu'elle reste comme ça.

> MITCH

Vous ne vous en allez pas bientôt?

> BLANCHE, goûtant la boisson de son verre.

Je me demande s'il ne faudrait pas y ajouter quelque chose. C'est tellement sucré, sucré. C'est de la liqueur, je parie. Oui, voilà ce que c'est, de la liqueur!

> Blanche lui offre un verre.

> BLANCHE

J'ai peur que vous n'aimiez pas ça, mais essayez, on ne sait jamais.

> MITCH

J' vous ai déjà dit qu' j'en voulais pas de sa liqueur. (*Blanche traverse la scène. Mitch s'approche d'elle à sa droite, un peu devant elle.*) Et je parle sérieusement! Vous ne devriez plus toucher à son alcool. Il dit que vous l'avez lapé tout l'été comme un chat sauvage!

BLANCHE

C'est incroyable qu'il dise une chose pareille! et incroyable que vous le répétiez. (*Elle va vers le débarras et range verres et bouteille. Mitch la suit.*) Je ne vais même pas répondre, je ne vais pas m'abaisser à des conventions aussi bon marché!

MITCH, devant le divan.

Hum!...

BLANCHE

Qu'est-ce qui vous passe par la tête? (*Elle avance un peu devant la scène et se tient debout devant la table.*) Il y a quelque chose de bizarre dans vos yeux!

MITCH

Il fait presque noir ici!

BLANCHE

J'aime la pénombre. (*Elle s'éloigne de lui avec un peu d'appréhension, va au bout de la table à droite.*) La pénombre m'apaise!

MITCH

Je ne crois pas que je vous aie jamais vue en pleine lumière, c'est un fait d'ailleurs!

Il va vers le commutateur entre les deux pièces et allume la lumière du centre.

BLANCHE

Vraiment!

Elle s'éloigne et va dans la chambre à coucher.

MITCH, la suivant de très près.

Je ne vous ai jamais vue dans la journée!

BLANCHE, devant la coiffeuse.

A qui la faute!

MITCH

Vous voulez jamais sortir l'après-midi.

BLANCHE

Mais, Mitch... vous travaillez l'après-midi.

MITCH, derrière elle.

Pas le dimanche! Vous voulez jamais sortir avant six heures, et encore faut jamais aller dans des endroits trop éclairés.

BLANCHE

Ce que vous dites est certainement à double sens, mais ça m'échappe!

MITCH, l'agrippant tandis qu'elle parle et la tournant vers lui.

Ce que ça veut dire, c'est que je ne vous ai jamais vraiment regardée de près, Blanche! (*Il la lâche et s'approche du commutateur qui allume la lanterne japonaise au-dessus de la coiffeuse.*) Allumons un peu de cette lampe-ci.

BLANCHE, avec crainte.

Quoi? Quelle lampe? Pour quoi faire?

MITCH

Celle-là, avec le truc en papier autour!

Il arrache la lanterne de papier de l'ampoule, la jette par terre devant Blanche, qui tombe à genoux en poussant un petit cri, essayant de la récupérer.

BLANCHE

Mais qu'est-ce qui vous prend? Pourquoi faire ça?

MITCH, venant à sa droite.

Pour vous voir! Telle que vous êtes!

BLANCHE

Je suis sûre que vous ne cherchez pas à m'insulter... mais tout de même!

MITCH

Non! Je veux être réaliste!

BLANCHE

Je ne veux pas de réalisme. Je veux de la féerie.

MITCH, riant.

De la féerie!

BLANCHE, toujours à genoux.

Oui! oui! de la féerie! C'est ce que je cherche à donner aux autres! Je veux enjoliver les choses. Je ne dis pas la vérité, je dis ce que devrait être la vérité! Que je sois damnée si c'est un péché! Non, n'allumez pas!

MITCH, va vers le commutateur, allume, revient, force
Blanche à se lever, la pousse contre la coiffeuse et met
son visage en pleine lumière — doucement et avec
amertume.

Ça m'est égal que vous soyez plus vieille que je
n' pensais. Mais tout le reste... (*un moment de
silence, puis il hurle*)... Dieux! tous ces mensonges!
Toute cette littérature sur votre idéal si vieux jeu!
Toutes ces histoires dont vous m'avez seriné les
oreilles tout l'été! Oh! je savais bien que vous
n'aviez plus seize ans! mais j'étais assez bête pour
croire que vous étiez franche et propre!

BLANCHE, appuyée à la coiffeuse, le regardant.

Qui vous a dit que je n'étais pas... propre? Mon
cher beau-frère? Et vous l'avez cru!

MITCH, faisant un pas vers elle.

J' l'ai d'abord traité de menteur! Puis j'ai fait
une enquête. J'ai demandé à notre représentant qui
va tout le temps à Laurel. J'ai téléphoné à ce...
commerçant.

BLANCHE

Quel commerçant?

MITCH

Kiefaber.

BLANCHE

Kiefaber! de Laurel! Je le connais ce type-là! Il
sifflait quand je passais devant chez lui! Je l'ai

remis à sa place. Maintenant, pour se venger, il raconte des histoires.

Les répliques qui suivent sont extrêmement rapides.

MITCH

Trois personnes : Kiefaber, Stanley et Shaw m'ont...

BLANCHE, l'interrompant au mot de Kiefaber.

Bah! bah! bah! trois hommes dans le bain! et quel bain!

MITCH, l'interrompant au premier bain.

Est-ce que vous habitiez l'hôtel *Flamingo*?

BLANCHE

Flamingo? non! *Tarantula Arms*, j'habitais l'hôtel *Tarantula Arms*, Pattes de Tarentule.

MITCH, stupidement.

Pattes de Tarantule?

BLANCHE

Oui, une grosse araignée, voilà où j'attirais mes victimes. (*Un moment de silence.*) Oui, j'ai eu des inconnus chez moi! Après la mort d'Alain, il me semblait que, seule, les inconnus pouvaient remplir mon cœur. C'est probablement de la panique. (*Elle va un peu à gauche.*) C'était la panique qui me faisait passer de l'un à l'autre à la recherche d'un refuge quel qu'il soit! En dernier même, un garçon de dix-sept ans. (*A Mitch.*) Quelqu'un écrivit au directeur : « Cette femme est moralement indigne de sa situation » (*elle fait un tout petit pas vers lui*). Vrai sans doute, oui, indigne, d'une façon... ou d'une autre. Alors, je suis venue ici, c'était le seul endroit qui me restait. J'étais comme traquée. Vous savez ce que c'est d'être traquée? Ma jeunesse était partie et puis... je vous ai rencontré, vous aviez besoin de quelqu'un, disiez-vous. Moi aussi j'avais besoin de quelqu'un, j'ai remercié Dieu parce que vous aviez l'air bon : une faille dans le rocher du monde où je pouvais m'abriter. (*Blanche lui touche l'épaule. Il recule jusque devant le lit. Elle va doucement au living-room, parlant en marchant, et s'arrête à gauche de la table.*) Mais je demandais trop, j'espérais trop, je pense. Kiefaber, Stanley et Shaw ont accroché une vieille casserole à la queue du chat.

Silence. Mitch la suit et reste debout à sa gauche.

MITCH

Blanche, vous m'avez menti.

Dehors dans la rue, on entend la vieille Mexicaine qui s'approche et criant d'abord doucement, puis de plus en plus distinctement : « Flores para los muertos. »

BLANCHE

Non, je ne vous permets pas de dire que j'ai menti.

MITCH

Mensonges... mensonges, partout... dans votre cœur... dans votre corps... partout.

BLANCHE

Jamais dans mon cœur,... j'étais franche comme l'or dans mon cœur à votre égard... toujours... toujours. (*La vieille Mexicaine est entrée en scène portant ses fleurs en fer-blanc. Elle est entrée sous le porche. Aux mots de « toujours » dits par Blanche, la Mexicaine, comme en écho, répond « flores » sous le porche. Blanche, l'ayant entendue :*) Quoi...

LA VIEILLE MEXICAINE

Flores...

BLANCHE

Il y a quelqu'un dehors.

On entend *Varsouviana.* Blanche s'approche de la porte, l'ouvre, regarde fixement la Mexicaine.

LA VIEILLE MEXICAINE, continuant tandis qu'elle est debout derrière la porte.

Flores para los muertos? Flores? Flores?

BLANCHE, effrayée.

Non... non... pas encore... pas maintenant... pas maintenant...

Elle se précipite dans le living-room en claquant la porte derrière elle.

LA VIEILLE MEXICAINE, s'en allant, en longeant la rue.

Flores... Flores para los muertos...

BLANCHE, comme se parlant à elle-même.

J'ai vécu dans une maison, où de vieilles femmes

mourantes se souvenaient de leurs maris disparus...
— marmonnaient contre leurs hommes disparus.

LA VIEILLE MEXICAINE

Flores... Flores para los muertos...

BLANCHE, allant doucement au-devant de la table.

Flétri... décrépit... et des regrets... des récrimina-
tions... Si tu avais fait ça, je n'aurais pas eu ça...

LA VIEILLE MEXICAINE

Coronas para los muertos... Coronas...

BLANCHE, allant rapidement devant le divan.

Les héritages... tout... et tout le reste... des
oreillers tachés de sang... des culottes... « Il faut
lui changer son linge... — Oui, maman!... » Est-ce
qu'on ne pourrait pas payer une Négresse pour le
faire?... Non, on ne pouvait pas, bien sûr... Il ne
restait rien, sauf...

LA VIEILLE MEXICAINE

Flores...

BLANCHE

La mort... J'étais assise là... et elle était près de
moi... aussi près que vous. On n'osait même pas
nier sa présence.

LA VIEILLE MEXICAINE

Flores para los muertos... Flores...

BLANCHE

La mort... l'antidote c'est le désir... et vous vous
demandez pourquoi? Comment pouvez-vous vous
demander pourquoi? (*Elle s'assoit dans la chaise à
gauche de la table.*) Il y avait un campement de
jeunes recrues, près de *Belle Rêve*, avant que nous
ayons perdu *Belle Rêve*. Le samedi soir, ils allaient
en ville, ils se soûlaient... En revenant ils titubaient
dans la prairie... Ils m'appelaient... Blanche...
Blanche... La vieille femme sourde, la seule qui
restait, ne se doutait de rien... quelquefois je me
glissais dehors, pour répondre à leur appel... Puis
plus tard, dans la nuit, une charrette les ramassait
comme des pâquerettes. Le long chemin du retour...
(*Quand elle dit « Pour répondre à leur appel »...
elle s'est levée, et est allée devant la table. Varsouviana, qui jouait en sourdine, s'évanouit. Mitch
traverse la scène rapidement derrière Blanche, met
ses bras autour d'elle, autour de sa taille et la
tourne vers lui. Tout d'abord, elle l'étreint passionnément, puis elle le repousse.*) Que voulez-vous?

MITCH, cherchant à l'embrasser.

Ce que j'ai attendu tout l'été...

BLANCHE

Alors épousez-moi, Mitch!

MITCH

Je ne peux pas vous emmener chez moi, chez ma
mère... Vous n'êtes pas assez pure.

BLANCHE, brutalement.

Partez... alors partez. (*Il la regarde fixement, puis commence à se diriger vers la porte.*) Sortez d'ici... vite... avant que je crie au feu... (*Il se dépêche d'atteindre la porte, elle le suit en criant.*) Sortez d'ici... vite... avant que je crie au feu... (*Il sort précipitamment, et quitte la scène à gauche. Blanche reste dans l'embrasure de la porte, criant :*) Au feu... au feu... au feu...

La lumière s'éteint. L'orchestre joue pendant le changement. -— Plus tard, cette même nuit : Blanche depuis la scène précédente a beaucoup bu. Elle a ouvert sa malle et éparpillé dans l'appartement une assez grande partie de ses robes — sur les lits, le fauteuil, la malle — la boîte à bijoux est sur le dessus de la malle. Une bouteille presque vide est sur la coiffeuse. C'est la même bouteille que dans la scène précédente. Blanche est debout devant la coiffeuse, un verre à la main. Elle porte une robe du soir, en satin blanc, salie, presque sordide, chiffonnée, et une paire de pantoufles éculées. Sur ses cheveux en désordre, elle a posé sa tiare en pierres du Rhin. Elle est d'une extrême nervosité à la limite de l'hilarité hystérique. Elle croit être à une réception à *Belle Rêve*... applaudie par ses vieux amis. A la cantonade on entend des applaudissements et des bruits de voix. On entend *Good night ladies* tandis que Blanche, avec des signes de tête à droite, à gauche, murmure des remerciements à son groupe de spectateurs fantômes.

BLANCHE

Mon Dieu... Ils jouent *Good night ladies!* J'ai envie de mettre ma tête sur votre épaule. C'est si reposant... Si on allait nager? un bain au clair de lune, dans la petite crique... On a tellement bu... Est-ce que quelqu'un est encore capable de conduire une auto?... C'est la meilleure façon de retrouver ses esprits. Mais faites attention et plongez à l'endroit profond, autrement, si vous touchez au rocher, vous resterez au fond jusqu'à demain.

> Elle fait des mines devant la glace. Stanley entre en scène à droite. Il a toujours sa chemise et revient de l'hôpital. Il porte un grand sac de papier dans lequel se trouvent une bouteille de bière, une bouteille de cognac, ainsi que des bretzels. Il laisse la porte de l'appartement ouverte. Il dépose son paquet sur la table, va à la glacière et va chercher un verre dans le débarras. Puis il aperçoit Blanche, elle le voit au même instant. Ils se regardent fixement. Stanley comprend tout de suite son état.

BLANCHE, venant à lui.

Comment va ma sœur?

STANLEY, devant la table, reposant son verre.

Tout se passe bien.

BLANCHE

Et le bébé?

STANLEY, avec un sourire aimable.

Il ne sera pas là avant demain matin, alors ils m'ont conseillé de rentrer pour en écraser un peu.

> Il sort les bouteilles du sac en papier et les pose sur la table. Il va chercher un tire-bouchon dans la glacière.

BLANCHE, faisant un pas dans le living-room.

Ce qui signifie que nous allons *rester seuls ici?*

STANLEY, regardant Blanche.

Ouais! Vous et moi, Blanche! Oh! Mais vous êtes sur votre trente et un! En quel honneur?

BLANCHE

Ah! C'est vrai... Vous étiez déjà parti quand j'ai reçu le télégramme.

STANLEY

Vous avez reçu un télégramme?

BLANCHE

Oui, d'un de mes anciens admirateurs.

STANLEY

Qu'est-ce qu'il disait? C'était agréable?

BLANCHE

Je pense bien : il m'invite.

STANLEY

A quoi?

BLANCHE

A faire une croisière aux Caraïbes sur son yacht.

STANLEY

Eh bien! Eh bien! En voilà une nouvelle!

BLANCHE

Je n'ai jamais été si étonnée de ma vie.

STANLEY

Je vous crois... Y a de quoi.

BLANCHE

C'est arrivé comme un coup de tonnerre.

STANLEY

Qui avez-vous dit que c'était?

BLANCHE

Un de mes vieux flirts.

STANLEY prend la bouteille de cognac et fait un pas vers elle.

Celui qui vous a donné les renards blancs?

BLANCHE

M. Shep Huntleigh. J'ai porté son badge pendant ma dernière année à l'université. Je ne l'avais pas revu, jusqu'à Noël dernier. Je lui suis littéralement rentré dedans boulevard Biscayne... Puis, tout d'un coup cette invitation pour cette croisière aux Caraïbes... Je n'ai rien à me mettre. C'est la difficulté... C'est ça le problème... J'ai fouillé dans ma malle pour voir ce qui pouvait aller pour les Tropiques.

Elle va à la malle.

STANLEY, met la bouteille de liqueur sur la table —
ironique.

Vous arriverez avec cette somptueuse tiare de
diamants.

BLANCHE

Cette vieille relique! Ce ne sont que des pierres
du Rhin.

STANLEY

Bigre! Je les prenais pour des diamants de chez
Cartier.

BLANCHE

En tout cas, je serai royalement reçue.

STANLEY

Ça prouve... qu'on ne sait jamais ce qui peut
arriver.

BLANCHE

Au moment précis où je croyais que ma bonne
étoile faiblissait...

STANLEY

Et soudain ce millionnaire de Miami surgit...

BLANCHE

Il n'est pas de Miami. Il est de Dallas.

STANLEY, passant devant Blanche, va vers la chambre à
coucher, il enlève sa chemise.

Ah! il est de Dallas?

BLANCHE, se réfugiant dans le coin près de la salle
tandis qu'il passe près d'elle.

Oui, de Dallas! Où l'or jaillit de terre.

STANLEY, enlevant sa chemise, la jetant sur le lit.

Il fallait bien qu'il soit de quelque part.

BLANCHE, allant doucement devant le divan.

Fermez les rideaux, avant de continuer à vous
déshabiller.

STANLEY, aimablement.

Je ne vais rien enlever de plus pour l'instant.
(*Il va vers la glacière. Elle se fait le plus petit possible et se retire dans la chambre à coucher, s'en-
tourant de son écharpe déchirée, jetant des coups
d'œil dans le miroir.*) Vous n'avez pas vu le tire-
bouchon? (*Il regarde dans la glacière et le débarras.*) J'avais un cousin qui pouvait ouvrir une
bouteille de bière avec ses dents. (*Il trouve le tire-
bouchon, vient près de la table, s'y assoit, sort une
bouteille de bière du papier et se prépare à l'ouvrir.*)
C'était la seule chose dont il était capable... Il était
simplement un tire-bouchon humain... Un jour, à
un mariage, il a cassé ses deux dents de devant...
Après, ça a été fini, il avait honte et s'éclipsait
furtivement chaque fois qu'il y avait du monde.
(*Stanley ouvre la bouteille, la mousse jaillit. Stanley
rit gaiement. Il tient la bouteille à bout de bras,
s'aspergeant les bras et les épaules.*) La pluie du ciel
(*il boit*). Vous dites, Blanche? (*Il se lève, va dans*

la chambre à coucher.) Dites donc, si on faisait la paix, et si on se préparait une coupe d'amour?

BLANCHE, terrifiée, court dans le living-room en passant devant lui.

Non, merci...

STANLEY, mettant la bouteille de bière dans le fauteuil.

Oh! ça va... Blanche...

BLANCHE, à la droite de la porte.

Qu'est-ce que vous faites ici?

STANLEY, assis sur le lit.

Il tire du coffre sous le lit la veste d'un pyjama en soie rouge.

Voilà une chose que je sors toujours dans les grandes occasions, comme ce soir. Le pyjama de soie de ma nuit de noces!

Il referme la petite caisse et d'un coup de pied la repousse sous le lit.

BLANCHE

Oh!

STANLEY

Et quand le téléphone sonnera, pour m'annoncer que j'ai un fils, je l'agiterai comme un drapeau.

(*Blanche se calme et s'avance un peu vers le devant de la scène. Il agite la veste du pyjama et se lève.*) Je crois que nous avons le droit d'être hors de nos gonds ce soir. (*Il s'essuie le visage avec la veste du pyjama qu'il jette ensuite sur la coiffeuse.*) C'est un soir à marquer d'une pierre blanche... pour nous deux. (*Il vient dans le living-room. Elle s'éloigne de lui.*) Vous avez un millionnaire et moi un bébé.

Il s'avance jusqu'au-devant de la table.

BLANCHE, qui s'est retirée au fond de la scène
pour le laisser passer devant elle.

Ça va être divin de retrouver enfin un peu d'intimité. Je pourrais en pleurer de joie.

STANLEY, mangeant les bretzels qu'il tire du sac
en papier.

Et ce millionnaire de Dallas, il ne va pas gêner votre intimité, il ne va pas s'occuper de vous... intimement... non?

BLANCHE

En tout cas, pas comme vous le pensez, cet homme est un gentleman, il me respecte. (*Improvisant fiévreusement.*) C'est une camarade qu'il cherche... Quand on a une immense fortune, on se sent souvent très seul. (*Elle va dans la chambre à coucher près de la coiffeuse. Stanley est assis sur le coin gauche de la table.*) La vie d'un homme peut être considérablement enrichie par la présence d'une femme intelligente, cultivée, bien élevée. Je peux lui offrir tout ça, le temps n'use pas ces choses : la beauté est passagère, c'est un bien provisoire... mais la beauté de l'esprit, la richesse de

l'intelligence... et la tendresse du cœur... j'ai tout
ça... ça ne flétrit pas, au contraire; ça s'améliore...
avec les années... C'est drôle de passer pour une
femme sans le sou... avec tous ces trésors scellés dans
mon cœur. (*Elle retient un sanglot.*) Je suis une
femme riche... très riche... J'ai été folle de dilapider
mes perles au hasard.

STANLEY

Avec des salauds, hein?

BLANCHE

Oui, salauds... salauds... et ce n'est pas seulement
à vous que je pense, mais à votre ami Mitchell. Il
est venu me voir ce soir. (*Elle s'avance à gauche
de Stanley.*) Il a osé venir ici en bleu de travail...
il m'a répété vos calomnies, des choses affreuses
qu'il tenait de vous... je lui ai donné son visa de
sortie.

STANLEY

Vraiment?

BLANCHE

Mais il est revenu... oui, avec une gerbe de roses
pour se faire pardonner, *implorant* son pardon...
Mais il y a des choses qu'on ne peut pas pardonner... Une certaine cruauté gratuite n'est pas
pardonnable. (*Stanley se lève et s'approche d'elle,
il s'appuie sur le dossier de sa chaise.*) A mon avis,
c'est une des seules choses impardonnables, je n'ai

jamais été ainsi cruelle à l'égard de personne... Je lui ai dit : « Merci, Dieu que j'ai été bête de penser que nous pourrions nous entendre, nos points de vue sont trop dissemblables... (*Stanley se penche sur le dos de sa chaise.*) Nos façons d'être, nos atavismes sont incompatibles... il faut être réaliste dans ce cas-là... Alors adieu, mon ami... sans rancune...

Elle avance vers le banc en forme de L.

STANLEY

C'était avant ou après le télégramme du Texas?

BLANCHE, allant dans le living-room, s'arrête brusquement.

Quel télégramme? (*Elle se retourne vers Stanley, puis va vers le devant de la scène.*) Non, non, après bien sûr!... Au fond le télégramme est arrivé juste au...

STANLEY, l'interrompant et la suivant.

Au fond... Y a pas eu de télégramme, rien...

BLANCHE, s'asseyant sur le banc en forme de L.

Oh! Oh!

STANLEY, allant vers elle à gauche.

Y a pas de millionnaire. Mitch n'est pas revenu avec des roses, parce que *moi* je sais où il est.

BLANCHE

Oh!

STANLEY, crescendo.

Y a que votre sacrée imagination! et vos mensonges, et votre vanité et tous vos trucs... (*Il attrape la traîne de la robe.*) Mais regardez-vous donc! (*Il lui jette sa traîne à la figure.*) Mais regardez-vous donc dans vos loques de Mardi gras, louées pour 55 *cents* à un marchand de chiffons. (*Il fait claquer ses doigts.*) Et cette couronne ridicule sur la tête! (*D'un coup de la main, il la fait tomber de la tête de Blanche.*) Quelle reine vous croyez-vous donc?

BLANCHE, se levant et courant à droite de la table.

Oh! Dieu... Dieu...

STANLEY, la suivant.

Je vous ai jamais encaissée, *moi*, dès le premier jour... (*Blanche court autour de la table en criant.*) J'ai jamais pris vos vessies pour des lanternes. (*Blanche se réfugie dans la chambre à coucher, Stanley la suit.*) Vous arrivez ici... vous jetez votre poudre aux yeux partout... vous fourrez votre parfum dans tous les coins... vous recouvrez l'ampoule d'une lanterne de papier... Et voilà que c'est à vous. C'est l'Egypte, vous êtes la reine du Nil, assise sur votre trône, à vous gorger de mon cognac... ah! ah! ah! (*Il rit. Il l'agrippe, elle est près de s'évanouir.*) Vous entendez... ah! ah! ah!

> Il ramasse sa veste de pyjama et la pose sur la coiffeuse et va dans la salle de bain en claquant la porte derrière lui.

On entend un cri à gauche. Des bruits de voix agitées dans la rue, et du café à droite au fond de la scène. Blanche se précipite au téléphone, s'agenouille près de l'appareil... absolument terrifiée par les bruits du dehors. Tandis qu'elle fait son numéro, le public aperçoit ce qui se passe dans la rue. Une femme riant, presque comme une folle, court dans la rue, elle a un portefeuille à la main... Un homme la suit en protestant. La femme le frappe. Il tombe à terre. Le vacarme augmente. Un autre homme entre en scène rapidement venant de la droite, se précipite sur le premier, par-derrière. On entend au loin le sifflet de la police et une sirène... L'homme à terre se plaint doucement, tandis que les autres s'échappent à gauche et à droite.

BLANCHE, au téléphone, pendant que tout ceci se passe dans la rue.

Mademoiselle... Mademoiselle... donnez-moi l'interurbain, s'il vous plaît... je veux parler à M. Shep Huntleigh à Dallas... Tout le monde le connaît. Son adresse... ce n'est pas là peine, demandez à n'importe qui... non attendez... *non*... je ne peux pas vous la donner maintenant... Ecoutez, mademoiselle, essayez de comprendre... Je... non... non... attendez... Je ne peux pas! Je ne peux pas!

Elle pose le récepteur en tremblant. — Un homme entre en scène en courant dans la rue, poursuivi par trois voyous, qui se précipitent sur lui. Un autre homme se joint à eux. De nouveaux sifflets de police... les hommes disparaissent, on entend le son de leurs voix agitées. L'homme blessé quitte la scène en titubant et en boitant. —

Blanche, effrayée, s'approche de sa malle, prend sa
boîte à bijoux et une ou deux robes, et fuit sous
le porche. Elle se trouve face à face avec les voyous,
au moment où ils allaient disparaître. Elle se précipite à nouveau dans l'appartement, laissant la porte
ouverte, elle retourne au téléphone, s'agenouille,
pressant contre elle les robes et sa boîte à bijoux.

Mademoiselle, mademoiselle, tant pis pour l'in-
ter. Donnez-moi les télégrammes... je n'ai pas le
temps... les télégrammes... télégrammes... (*Un moment de silence.*) Le télégramme... bon... je veux...
voilà le texte : « Evénements graves, très graves,
venez à mon aide, suis prise dans un piège, prise
dans... » (*Elle entend du bruit à la porte de la salle
de bain.*) Oh!

Stanley sort de la salle de bain. Il a éteint l'électricité
dans la salle de bain. Il porte son pyjama de soie
rouge. Il sourit largement à Blanche qui se lève
et recule presque dans le living-room. Stanley
s'avance vers le téléphone qui cliquette, le récepteur
décroché. Il le raccroche.

STANLEY

Vous n'avez pas raccroché le téléphone.

Stanley passe devant Blanche qui est appuyée dans un
coin. Il ferme la porte sans hésiter.

BLANCHE, *devant le divan.*

Laissez-moi sortir... laissez-moi passer...

STANLEY, *devant la porte.*

Vous voulez sortir, bien sûr, allez-y...

BLANCHE, montrant le coin du living-room.

Mettez... mettez-vous là.

STANLEY

Ce n'est pas la place qui manque... vous pouvez passer.

BLANCHE

Pas tant que vous restez là, mais il faut bien que je sorte tout de même.

Elle court dans la chambre à coucher frénétiquement, fermant les rideaux derrière elle.

STANLEY, la suivant, ouvrant les rideaux.

Vous avez peur que je vous touche? (*Doucement.*) Mais à la réflexion, ça serait peut-être pas plus mal que ça.

BLANCHE, devant la coiffeuse.

N'approchez pas... Ne faites pas un pas de plus, ou bien...

STANLEY

Ou bien?

BLANCHE

Quelque chose de terrible va arriver... ça va arriver.

STANLEY

Qu'est-ce que vous êtes encore en train d'inventer?

BLANCHE, criant en crescendo.

Je vous préviens, n'approchez pas. Vous m'attaquez, je suis en danger, il faut que je me défende.

En parlant elle prend la bouteille sur la coiffeuse, la tient à bout de bras, casse le goulot... et brandit le bout cassé devant le visage de Stanley.

STANLEY

Qu'est-ce qui vous prend?

BLANCHE

Je voudrais vous enfoncer ce goulot dans la figure.

STANLEY

Vous êtes bien capable de le faire.

BLANCHE

Je le ferai... je le ferai si...

STANLEY

Ah! vous cherchez la bagarre... D'accord... en avant pour la bagarre! (*Il bondit sur elle. Elle crie. Il lui saisit la main tenant la bouteille et la met de force derrière son dos.*) Tigresse... tigresse... lâchez cette bouteille... lâchez-la... (*Elle la laisse tomber. Il force Blanche à ployer, la ramasse dans ses bras. Il l'emporte sur le lit.*) ... Nous avions ce rendez-vous depuis le premier jour.

La scène s'éteint. L'orchestre joue.

SCÈNE IV

Quelques jours plus tard. Stella est revenue de l'hôpital. Le nécessaire de toilette de Blanche est
ouvert sur la coiffeuse. Stella emballe les affaires de
Blanche. La malle est faite, fermée à clef.
Les rideaux entre les deux pièces sont tirés. Dans le
living-room, partie de poker. Stanley est assis devant
la table, Mitch à sa droite, Pablo à sa gauche.
La boîte à bijoux est sur le fauteuil. Stella a les yeux
bouffis de larmes, tandis qu'elle fait les bagages et
range les robes de Blanche. Elle tire les rideaux
et va vers la salle à manger dans le living-room.
Eunice descend l'escalier en spirale, portant un plat
couvert de raisin et d'autres fruits. Quand elle
entre dans l'appartement, il y a des interpellations
à la partie de poker. Stella retourne tranquillement
à la coiffeuse et continue les bagages. Eunice ferme
la porte d'entrée derrière elle.

STANLEY

J'ai tiré la couleur, et elle est sortie... Bon Dieu...

PABLO

Maldita sea tu suerte.

STANLEY, gentiment.

Sors-le en français, connaud.

PABLO

J' jurais contre elle. Ta veine, elle est en rut... mon vieux...

STANLEY, à Mitch très exalté.

Tu sais ce que c'est que la chance, toi? J' vais te dire : faut d'abord y croire, être sûr qu'on en a. Tiens, rappelle-toi Salerne... J'étais sûr que j'aurais de la chance. Il y avait une chance sur dix pour que ça réussisse... Mais j'y croyais dur comme fer... ça a réussi. C'est ma devise à moi... Pour être du premier peloton dans cette course il faut d'abord croire qu'on est chanceux.

MITCH, furieux.

Punaise... salaud... punaise...

STANLEY, ahuri, aux autres.

Ben, qu'est-ce qui lui prend?

EUNICE, devant la table.

J'ai toujours dit que les hommes avaient des pierres à la place du cœur. Mais ça... ça bat tous les records... cochons... cochons...

Elle va dans la chambre à coucher.

STANLEY

Et elle, qu'est-ce qui lui prend? Ça va... jouons...

STELLA, devant le fauteuil pendant qu'Eunice entre dans la pièce et se dirige vers le coin droit.

Comment va mon bébé? Il réclame son dîner?

EUNICE, posant les raisins sur le tabouret.

Y dort comme un p'tit ange. J' vous ai apporté des raisins.

STELLA

Que Dieu le bénisse... ça me fait mal, moi, quand je ne suis pas dans la même pièce que lui.

EUNICE, allant à gauche de Stella.

Laissez-le donc tranquillement où il est, jusqu'à ce qu'on sache un peu où on est.

EUNICE

Où est-elle?

STELLA

Dans son bain.

EUNICE

Comment va-t-elle?

STELLA

Elle ne veut pas manger... elle boit, c'est tout.

EUNICE

Qu'est-ce que vous lui avez dit?

STELLA

Je lui ai dit qu'on s'était arrangé pour qu'elle aille se reposer à la campagne. Tout ça se brouille dans sa tête avec Shep Huntleigh.

BLANCHE, ouvrant la porte de la salle de bain
et appelant.

Stella!

STELLA, traversant jusque devant la coiffeuse,
Eunice traverse la scène jusqu'au fauteuil.

Oui, Blanche.

BLANCHE

Si on me demande au téléphone, pendant que je suis dans mon bain, prends le numéro, et dis que je vais rappeler.

STELLA

Oui...

BLANCHE, tâchant d'être cohérente.

Stella... Regarde la robe de soie jaune, très légère, regarde si elle est très chiffonnée... Si elle ne l'est pas trop, je vais la mettre avec cette broche de turquoise et d'argent en forme d'hippocampe à mon revers. Tu la trouveras dans ma boîte en forme de cœur, où je range mes bijoux... Ecoute, Stella, tâche de trouver aussi ce bouquet de violettes artificielles, c'est aussi dans la boîte, je l'épinglerai avec la broche au revers de ma jaquette.

Blanche ferme la porte, Stella se retourne vers Eunice.

STELLA, trouvant la boîte à bijoux sur le fauteuil,
elle l'ouvre, en tire des rubans... dont un long
en mauvais état...

Je me demande si j'ai bien fait ce qu'il fallait.

EUNICE, allant vers Stella.

Qu'est-ce que vous pouviez faire d'autre?

STELLA

Evidemment, je ne pouvais pas croire ce qu'elle
me raconte, et... rester ici, vivre avec Stanley.

Elle éclate en sanglots. Eunice la prend dans ses bras.

EUNICE, tenant Stella serrée contre elle.

Il ne faut jamais croire cette histoire, la vie doit
suivre son cours. Tant pis pour ce qui arrive... il
faut continuer, il faut vivre.

BLANCHE, ouvrant la porte et sortant la tête
de la salle de bain.

Stella... Est-ce que le temps est clair... Est-ce
qu'on voit la côte?

STELLA

Oui, Blanche. (*Elle se lève et parle à Eunice.*)
Dites-lui qu'elle est très en beauté.

BLANCHE, sortant de la salle de bain.

Fermez les rideaux, je vous en prie, avant que
je sorte.

STELLA, allant aux rideaux, Eunice va au fond.

Ils sont fermés.

D'un geste, elle les montre à Blanche.

STANLEY, parlant bas à Mitch, en jouant.

Hé! Mitch, combien en veux-tu?

Le dialogue dans la chambre à coucher est parallèle à celui dans le living-room.

MITCH

Deux...

Pablo fait une mimique caractéristique.

STANLEY

Servi.

Blanche est en robe de chambre. Elle tient une brosse à cheveux dans la main. Elle se brosse les cheveux, se tenant face à la scène... Elle est tragique et radieuse en même temps.

BLANCHE, d'un ton un peu trop brusque.

Je viens de me laver les cheveux.

STELLA

Vraiment?

BLANCHE

Je me demande si je les ai bien rincés?

EUNICE

De si beaux cheveux!

BLANCHE, acceptant le compliment.

C'est une de ces complications! On ne m'a pas appelée au téléphone?

STELLA

Qui ça, Blanche?

BLANCHE, se dirigeant entre les deux femmes.

Shep Huntleigh.

STELLA

Pas encore, chérie...

BLANCHE

C'est bizarre! Je...

Entendant la voix de Blanche, la main de Mitch qui tient les cartes s'affaisse un peu. Son regard devient vague. Stanley le rappelle à l'ordre en hurlant.

STANLEY

Eh! Mitch! Au jeu!

Mitch reprend ses esprits. Le son de la voix de Stanley a fait sursauter Blanche. Au mot de Mitch, elle fait un petit geste et, de ses lèvres, forme le mot Mitch, interrogeant Stella qui hoche la tête affirmativement et détourne rapidement son regard. Blanche reste debout devant le lit, l'air perplexe. Son regard passe de Stella à Eunice. Stella l'évite.

BLANCHE, avec une poussée d'hystérie.

Que se passe-t-il ici? Je veux qu'on m'explique... Qu'est-ce qui se passe?

Elle s'avance sur le devant de la scène.

STELLA, comme agonisante.

Chut, chut.

EUNICE

Chut, chut, ma fille.

STELLA

J' t'en supplie... Blanche...

BLANCHE, regardant dans la direction des deux femmes.

Pourquoi me regardez-vous comme ça toutes les deux? Qu'est-ce que j'ai? Il y a quelque chose qui cloche?

EUNICE, allant vers elle.

Vous êtes ravissante, Blanche... N'est-ce pas qu'elle est ravissante?...

STELLA

Oui.

EUNICE

Alors, il paraît que vous partez en voyage?

STELLA

Oui, Blanche part. Elle part en vacances.

EUNICE

J'en meurs de jalousie.

BLANCHE, exaspérée, se débattant pour mettre sa robe.

Aidez-moi donc, vous deux... Aidez-moi à m'habiller.

STELLA, prenant une robe sur le dos du fauteuil
et l'apportant.

C'est celle-là que tu veux?

BLANCHE, prenant la robe et la mettant.

Oui... ça ira... Ce que j'ai envie de partir d'ici...
C'est une prison cet endroit.

EUNICE, allant vers le lit
et prenant la jaquette violette de Blanche.

Quelle jolie jaquette bleue!

STELLA, à droite de Blanche, l'aidant à mettre sa robe.
elle est derrière elle, puis à gauche.

Mais non, elle est lilas.

EUNICE

Oh! moi, les couleurs, je suis aveugle comme une
chauve-souris.

BLANCHE, apercevant les raisins,
va vers le tabouret, en prend une grappe.

Ils ont été lavés ces raisins?

EUNICE

Hein?

BLANCHE, devant le fauteuil.

Lavés, j'ai demandé s'ils étaient lavés?

EUNICE, allant à la droite de la coiffeuse.
Carillons de cloches.

Mais... je les ai eus au Marché français.

Juste devant Stella.

BLANCHE

Ça ne veut pas dire qu'ils aient été lavés. (*Elle écoute les cloches.*) Les cloches de la cathédrale... C'est bien la seule chose propre dans ce quartier! Bon, eh bien, je vais m'en aller maintenant. (*Elle passe devant le lit.*) Je suis prête à partir.

Elle commence à mettre sa jaquette.

EUNICE, murmurant à Stella.

Elle va partir avant qu'ils arrivent.

STELLA, allant rapidement vers Blanche.
Elle reste debout près d'elle à sa droite.

Attends un peu, Blanche.

BLANCHE, regardant du côté du living-room.

Je ne veux pas passer devant tous ces hommes.

EUNICE, devant la coiffeuse.

Attendez donc qu'ils aient fini de jouer.

STELLA

Assieds-toi et...

BLANCHE, écoutant des bruits lointains,
comme respirant un parfum venu jusqu'à elle.

Je sens déjà l'odeur de la mer. Je ne vais plus vivre qu'au bord de la mer... Et quand je mourrai, je mourrai sur la mer... Vous savez comment je vais mourir, parce que j'aurai mangé du raisin pas lavé. Je tiendrai la main du docteur du bateau, un tout jeune docteur avec une petite moustache blonde, et une grosse montre d'argent. « Pauvre femme, dira-t-on. La quinine n'a rien fait. Le raisin mal lavé a emporté son âme au ciel. » (*Elle va devant le fauteuil. Cloches de l'église.*) On coudra mon corps dans un beau drap blanc en pleine mer, et on me jettera par-dessus bord, au crépuscule... un beau soir d'été. Dans l'océan bleu... Bleu comme les yeux de mon premier amant.

> Stella s'approche de Blanche et la prend dans ses bras. Un inconnu apparaît sous le porche, il sonne à la porte, une femme inconnue aussi le suit. Elle a une allure sévère, est vêtue d'un tailleur sombre et porte à la main une sacoche d'allure professionnelle. Les cloches de l'église diminuent d'intensité et s'éteignent.

EUNICE, à Stella quand on sonne à la porte.

Les voilà.

> Stanley se lève, va à la porte, l'ouvre. Il parle bas avec l'inconnu, qu'il appelle « Docteur ». L'inconnu répond « Oui ». Stanley hoche la tête affirmativement en disant : « Un instant, je vous prie. » Il retourne dans le living-room.

BLANCHE, qui a entendu la sonnerie.

Qu'est-ce que c'est?

EUNICE

Je vais voir. Attendez une seconde.

> Elle va dans le living-room.

STELLA

Oui.

Eunice va dans le living-room, parle à Stanley devant la table. Stanley lui annonce que le docteur est arrivé. Eunice jette un rapide coup d'œil sous le porche.

BLANCHE, avec intensité, allant à la coiffeuse.

C'est peut-être pour moi?

Stella va devant le fauteuil face à la scène. Eunice revient dans la chambre à coucher, passe devant Stella à la droite de Blanche. Elle parle presque gaiement à Blanche.

EUNICE

Une visite pour Blanche.

BLANCHE, prenant la main d'Eunice.

C'est vraiment pour moi alors! C'est le monsieur de Dallas que j'attendais.

EUNICE, regardant Stella.

Je crois que c'est lui, Blanche.

BLANCHE, se tournant face à la coiffeuse.

Je ne suis pas tout à fait prête.

STELLA

Demandez-lui d'attendre dehors.

BLANCHE

Je...

Eunice retourne dans le living-room, fait un signe de tête à Stanley. Stanley va vers le docteur sous le porche en disant : « Elle vient tout de suite. »

Le docteur approuve de la tête, se tourne vers la femme à ses côtés pour lui dire la même chose.

STELLA, passant derrière Blanche.

Tout est emballé?

BLANCHE

Non, il reste encore mes affaires de toilette en argent.

STELLA

Ah!

Elle les prend sur la coiffeuse rapidement et les met dans le nécessaire.

EUNICE, revenant devant le lit.

Ils attendent sous le porche.

BLANCHE

Ils... attendent... qui ils?

EUNICE

Il est avec une dame...

BLANCHE

Je me demande qui ça peut être? (*Elle regarde Stella qui évite son regard. Elle se tourne alors vers Eunice.*) Comment est-elle habillée?

EUNICE

Tout simplement... juste un tailleur.

Stella ferme le nécessaire et reste debout devant la coiffeuse.

BLANCHE

C'est peut-être...

Sa voix s'éteint... nerveusement. Stanley dans le
living-room s'est placé face aux rideaux.

STELLA

On y va, Blanche?

Elle prend le nécessaire.

BLANCHE

Oui. (*Eunice ouvre les rideaux. Blanche regarde
fixement Stanley.*) On est forcé de traverser cette
pièce?

Stanley va un peu au second plan.

STELLA

Je vais avec toi.

BLANCHE

Je suis bien?

STELLA

Ravissante.

EUNICE, en écho.

Ravissante.

Blanche va vers le living-room. Stella la suit. Stella
tend le nécessaire à Eunice qui suit aussi.

BLANCHE, passant devant la table
dans la direction de la porte.

Ne vous dérangez pas... je ne fais que passer.

Stella suit Blanche de près, et Eunice à son tour est très près de Stella. Blanche fait un pas sous le porche et regarde fixement l'inconnu qui se tourne vers elle avec bonté.

BLANCHE, reculant doucement, regarde Stella,
le dos à l'inconnu.

Vous n'êtes pas celui que j'attendais. Vous n'êtes pas le monsieur que j'attendais. (*Stella se précipite dans les bras d'Eunice. Stanley va derrière Eunice et baise la main de Stella.*) Cet homme n'est pas Shep Huntleigh.

Elle va en courant dans la chambre à coucher et se cache derrière la tête du lit.

STANLEY, pendant que Blanche passe devant lui.

Vous avez oublié quelque chose?

BLANCHE, suraiguë.

Oui, oui, j'ai oublié quelque chose.

STANLEY, à l'inconnu qui entre dans le living-room.

Doc, vous feriez mieux d'y aller.

L'inconnu reste devant la porte. La femme traverse le living-room, Stella la suit. Stanley gentiment l'arrête, et Eunice prend Stella dans ses bras. Stella est maintenant à gauche d'Eunice. Mitch se lève.

L'INCONNUE, met son sac sur le lit, reste debout,
regardant Blanche qui, abattue, est devant la coiffeuse.
La femme parle d'une voix sans tonalité et un peu hardie.

Alors, Blanche....

STANLEY, tourné vers la chambre à coucher.

Il paraît qu'elle a oublié quelque chose.

L'INCONNUE

Bien... bien, ça va.

STANLEY

Qu'est-ce que vous avez oublié, Blanche?

BLANCHE

J'ai... j'ai...

L'INCONNUE

Ça ne fait rien... on le prendra plus tard.

STANLEY

Bien sûr... Nous vous l'enverrons avec la malle.

Il tape sur la malle de Blanche.

BLANCHE, semblant prise de panique.

Je ne vous connais pas... Je ne vous connais pas...
Je veux qu'on me laisse tranquille... je vous supplie...

L'INCONNUE, avançant vers Blanche.

Voyons, Blanche...

DES VOIX, au loin à la cantonade, en écho.

Voyons, *Blanche*... Voyons, *Blanche*... Voyons,
Blanche.

STANLEY, passant devant l'inconnue et allant
devant la coiffeuse.

Allons, Blanche... Il n'y a plus rien à vous ici...

rien que du talc renversé partout et de vieilles bouteilles de parfum vides, à moins que vous ne vouliez
emporter la lanterne japonaise. (*Il va prendre la
lanterne.*) Vous voulez la lanterne?

> Il arrache la lanterne et la jette sur la coiffeuse. Blanche
> crie. Stanley retourne vers la porte. L'inconnue saisit
> le bras de Blanche, la force à se mettre par terre,
> la tête entre la coiffeuse et le fauteuil.

La conversation suivante est presque simultanée.

STANLEY, sotto voce.

Hé, hé, docteur, vous
feriez mieux d'y aller.

> Pablo va à la droite de
> Stanley. Stève essaie de
> calmer Eunice. Il aper-
> çoit Mitch s'approcher
> de Stanley.

STELLA, se précipitant
sous le porche.

Mon Dieu, Eunice...
au secours, ne les laissez
pas faire... Ils vont lui
faire du mal... Empê-
chez-les, Dieu, mon
Dieu, ne lui faites pas
mal... Qu'est-ce qu'ils
lui font?...

EUNICE, la suivant et l'attrapant.

Non, ma chérie, restez là, ne rentrez pas là-
dedans. (*Elle la garde dans l'escalier.*) Restez avec
moi. Ne regardez pas.

STELLA

Mon Dieu, ma sœur, j'aurais jamais dû faire ça...
jamais dû faire ça...

EUNICE

Vous avez fait ce qu'il fallait. La seule chose à

faire. Elle ne pouvait pas rester ici, il faut bien qu'elle aille quelque part.

Pendant ce temps Mitch est passé devant la table, il va rapidement vers Stanley.

MITCH

Toi... toi... tu as fait ça... tu me dégoûtes... t'as toujours tout cassé. Tu fous tout en l'air.

Ils en viennent aux mains. Pablo et Stève arrachent Mitch, dégagent Stanley. Ils l'assoient sur une chaise, où il éclate en sanglots, la tête entre les mains.

L'inconnu passe devant eux, va dans la chambre à coucher et s'agenouille devant Blanche prostrée à terre. Il est à droite, l'inconnue à gauche.

L'INCONNUE, tenant le bras de Blanche.

Il va falloir couper ces ongles-là... La camisole, docteur?

LE DOCTEUR

Non... A moins que ce ne soit nécessaire. (*Stanley est à gauche dans le living-room. Pablo à sa droite et Stève essaie de consoler Mitch.*) (*Se penchant vers Blanche* :) Mademoiselle Du Bois.

BLANCHE

Oui... vous voulez... je vous en prie...

Elle se tourne vers lui, implorante.

LE DOCTEUR

Ce ne sera pas nécessaire.

BLANCHE, très bas.

Dites-lui de me lâcher.

LE DOCTEUR, à la femme.

Lâchez-la.

La femme lâche Blanche, se lève, fait quelques pas en
avant. L'homme aide Blanche à se relever. Il enlève son chapeau. Elle le regarde d'abord hésitante,
puis souriante, comme elle le ferait avec un nouveau
flirt. Triomphante, elle regarde la femme, puis
l'homme avec un sourire radieux. Stanley retourne
à sa place à la table, s'assoit. Blanche se tourne vers
l'homme sous l'embrasure de la porte entre les
deux pièces. Il est à sa gauche.

BLANCHE, elle a arrangé son capuchon
autour de son visage et sourit.

Qui que vous soyez... J'ai toujours été à la merci
d'inconnus.

Elle prend le bras du docteur, et traverse la scène, au
premier plan. Ils traversent le living-room, la
femme suit après avoir ramassé son sac sur le lit.
Pablo tourne le dos au public.

Dans le living-room, Stanley a repris sa place, Stève
aussi, devant la table. Blanche et le docteur arrivent
à la porte d'entrée. Stella se tourne à l'approche
de Blanche, on entend la *Varsouviana.*

STELLA

Blanche... Blanche... Blanche...

Blanche l'ignore, elle se dirige vers la rue. Le docteur
est passé à sa droite; elle lui prend le bras. La
femme suit, et quand ils passent devant l'escalier,
Eunice tend le sac de Blanche à la femme, puis

fait quelques pas à droite. Stanley se lève et va à gauche de Stella sur les marches, il la prend dans ses bras. Pablo va à la table, il s'assoit.

STANLEY

Stella! (*Stella sanglote éperdument. Elle éclate littéralement, maintenant que sa sœur est partie. Stanley lui parle amoureusement.*) Et maintenant, chérie, maintenant, mon amour, *maintenant, maintenant,* mon amour, mon amour.

La musique atteint son crescendo. La petite procession passe dans la rue vers la gauche et disparaît.

STÈVE, tandis que le rideau tombe.

Cette fois... on joue avec le joker.

RIDEAU

LA CHATTE SUR UN TOIT BRÛLANT

(*CAT ON A HOT TIN ROOF*)

PIÈCE EN TROIS ACTES

Version française d'André Obey

PERSONNAGES

GRAND-PÈRE POLLITT

GRAND-MÈRE POLLITT

GOOPER, leur fils aîné.

BRICK, leur fils cadet.

MARGARET, femme de Brick.

EDITH, femme de Gooper.

BUSTER

SONNY

TRIXIE $\Big\}$ enfants de Gooper et Edith.

DIXIE

POLLY

RÉVÉREND TOOKER

DOCTEUR BAUGH

SOOCKEY et LACEY, domestiques noirs.

Des ouvriers de la plantation.

ACTE PREMIER

L'action se passe de nos jours, dans la maison d'un
    planteur du Delta du Mississippi et débute au cré-
    puscule d'un soir d'été.
Le décor représente une chambre à coucher-salon don-
    nant sur la véranda qui entoure la maison.
La chambre est légèrement en pente, inclinée vers la
    salle. Elle est prolongée au premier plan droite et
    à l'arrière-plan par la véranda qui est légèrement en
    contrebas.
La partie de la véranda que l'on voit à l'arrière-plan
    comporte cinq colonnes cannelées à travers lesquelles
    on voit un ciel crépusculaire.
Au premier plan gauche, la porte de la salle de bain
    est ouverte. C'est une porte à claire-voie.
Trois portes fictives, donnent, la première, au centre-
    gauche, par une plate-forme de plain-pied avec la
    chambre, sur un couloir; la deuxième, à l'arrière-
    plan, sur la véranda; la troisième, premier plan
    droite, sur la véranda premier plan.
Dans la chambre, fond droite, un lit dont la tête s'orne
    d'une gigantesque corne d'abondance en rotin.
A gauche du lit, une table de chevet en rotin.
Au fond de la chambre, à gauche, un énorme bar mo-
    derne et, formant bloc avec celui-ci, un poste com-

biné radio-télévision. Ce bar est surnommé « Source-Écho », du nom d'une marque de whisky du Sud.

Au premier plan, à droite, un divan très simple, avec un oreiller blanc et une couverture grise soigneusement pliée.

A la tête du lit, un seul oreiller.

Au milieu de la chambre, un petit canapé en rotin où deux personnes pourraient tenir en se serrant.

Un tapis à fleurs recouvre le plancher.

Au lever du rideau, la scène est vide.

On entend, en coulisse, un chœur d'enfants et d'adultes qui chante une vieille et gaie chanson du Sud : *Boum-Boum.*

A la fin du deuxième couplet, on voit Lacey, un serviteur noir, traverser lentement la pelouse que l'on aperçoit au fond, derrière la véranda. Il va de droite à gauche en chantonnant l'air de *Boum-Boum.* Il s'arrête net en entendant la voix de Sookey, la femme de chambre noire.

VOIX DE SOOKEY

Lacey! Lacey!

LACEY

Oui, j'arrive!

SOOKEY, va rapidement au-devant de Lacey.

Eh! Lacey!

LACEY

Voilà, voilà! J'arrive!

SOOKEY

Dépêche-toi, mon garçon, ils attendent cette bibine!

Sookey prend les bouteilles et disparaît en courant :
Lacey la suit lentement.

Un cri, puis des bruits de voix où domine une voix
de jeune femme en colère, interrompt la chanson,
qui reprend presque aussitôt.

Entre dans la chambre, par le couloir, Margaret, dans
une robe de dentelle blanche. Elle descend vers la
droite, en examinant sa jupe et vient se regarder
dans un miroir. Il fait trop sombre et elle remonte
ouvrir les portes (imaginaires) de la véranda. La
lumière monte. Margaret revient au miroir et
examine sa robe.

MARGARET, se regardant dans la glace.

Ça y est! Elle est perdue! (*Par-dessus son épaule,
vers la salle de bain.*) Brick, ma robe est perdue.
Un de ces monstres sans cou a jeté dessus une ga-
lette chaude, pleine de beurre.

BRICK, de la salle de bain, criant.

Qu'est-ce que tu dis? J'entends rien.

MARGARET

Je dis qu'un de ces monstres sans cou vient de
gâcher ma robe de dentelle. Il faut que je me
change.

Elle enlève sa robe.

BRICK, sort de la salle de bain et va au bar.

Pourquoi monstres sans cou?

Brick est enveloppé dans un peignoir de bain et il a
le pied droit dans un plâtre. Il s'appuie sur une
béquille.

MARGARET

Parce que les gosses Gooper n'en ont pas.

BRICK, buvant.

Ils n'ont pas de cou?

MARGARET

Pas l'ombre. (*Brick retourne à la salle de bain, son verre à la main.*) Leurs grosses petites têtes s'enfoncent jusqu'au menton dans leurs gros petits corps.

BRICK, de la salle de bain.

Pas de chance.

MARGARET

Tu peux le dire. Impossible de leur tordre le cou : ils n'en ont pas. (*Sonny, Buster et Dixie traversent la pelouse en courant et se battant. Edith paraît à gauche et les appelle, aidée de Gooper. Tous rentrent en coulisse.*) Ecoute-les hurler! (*Elle va vers le lit.*) Où donc ces monstres sans cou logent-ils leurs cordes vocales? Je te jure qu'au dîner j'étais si excédée, ah! si exaspérée, que j'ai failli me mettre à hurler, moi aussi, à hurler comme une folle. On m'aurait entendue de New York à San Francisco! (*Elle se laisse tomber sur le lit.*) « Ma chérie, ai-je dit à ta charmante belle-sœur, pourquoi ne pas faire manger tes adorables gosses à une table à part, sur une bonne toile cirée? Regarde ce gâchis qu'ils font sur la nappe de dentelle! » (*Elle se redresse.*) « Tu es folle, elle m'a dit. Le jour anniversaire de la naissance de Grand-père? Il ne me le pardonnerait jamais! » (*Elle se jette sur le ventre.*) Or, Père n'était pas à table depuis deux minutes, avec ces gosses qui s'empiffraient, qu'il a jeté sa fourchette : « Pour l'amour de Dieu, Gooper, qu'on m'expédie ces cochons-là à la cuisine, et qu'on leur donne une auge! » J'ai cru mourir de joie, d'in-ta-rissable joie!...

> Brick reparaît. une béquille sous le bras droit, une serviette autour du cou. Au pied gauche une pantoufle. Il va au bar remplir son verre.

MARGARET, regarde Brick.

Dire qu'ils en ont cinq et un sixième en route. Et ils vous les exhibent comme des animaux de cirque : « Chéri, montre tes fossettes à Grand-père, mon trésor... Junior, montre à Grand-père comme tu fais ci, montre à Grand-père comme tu fais ça. Récite ta fable à Grand-père, fais voir à Grand-père comme tu sais te tenir sur la tête. » Un vrai feu d'artifice!... Sans oublier, bien sûr, quelques fines allusions au couple sans enfant, stérile donc inutile, que nous faisons, toi et moi. (*Ils échangent un bref regard.*) Amusant, n'est-ce pas? Un manège enfantin.

> On entend, en coulisse fond gauche, la voix de Grand-père qui raconte une de ses fameuses histoires : « Jésus! On dirait un couple d'éléphants en chaleur. » Un éclat de rire salue la phrase. Brouhaha.

BRICK

Quel manège, Maggie?

MARGARET

Je vais te le dire, mon petit gars! (*Brick s'appuie contre le bar et se sèche les cheveux avec la serviette. Elle s'assoit.*) Ils travaillent à te souffler ta part d'héritage. Et il faut qu'ils fassent vite, maintenant qu'on est certain que Père a un cancer.

En coulisse, la voix de Grand-père qui débite une autre de ses plaisanteries, accueillie avec chaleur.

MARGARET, se lève, et va baisser un des stores.
Il fait trop clair ici.

BRICK

Tu es sûre?

MARGARET

Sûre de quoi?

BRICK

Que Père a un cancer.

MARGARET

On a eu l'analyse ce soir.

BRICK

Oh!

MARGARET

Oui, le docteur vient de l'apporter. Et je dois

t'avouer que ça ne m'a pas surprise. Dès notre arrivée au printemps dernier, j'ai vu de quoi il retour-
nait et je suis prête à parier que ton frère et son
épouse ont vu ça eux aussi. Et alors tout
s'explique : leurs vacances chambardées, adieu à la
fraîcheur annuelle des montagnes et grand débarquement dans le port familial avec toute la tribu.

Et ça explique aussi ces bordées d'allusions à
cette charmante maison, tu sais, si calme, si repo-
sante, qui a un si joli nom : *La Colline de l'Espoir*.
C'est là qu'on soigne les alcooliques et les drogués
du cinéma.

> BRICK, descend vers la droite.

Je ne suis pas dans le cinéma.

> MARGARET

Non, et tu ne te drogues pas. Mais à part ça, tu
es le client rêvé pour *La Colline de l'Espoir*. Ils
t'y expédieront, mon petit gars, tu verras! Seulement pour ça il faudra qu'ils me passent sur le
corps. Oui, j'aimerais mieux crever que de te voir
enfermé dans cette sale boîte!

> Brick va jusqu'à la marche qui mène à la véranda et
> regarde dehors. Margaret le rejoint.

> MARGARET

Mais pour eux, quelle aubaine! Ton père mort,
toi bouclé, ton cher frère rafle tout : pouvoir, procura-
tion, signature des chèques, à lui les cordons de la
bourse!... Sauf à laisser tomber, bien sûr, de loin

en loin, quelques miettes dorées dans notre main
mendiante... Ça te plairait, mon amour? (*Un petit
temps.*) Eh bien, tu fais tout ce que tu peux pour
qu'on en arrive là. En te refusant à toute besogne
sauf celle de boire, tu joues leur jeu. Tu n'es plus
qu'un scandale vivant, Brick. Tiens, hier soir encore, sur le coup d'une heure du matin, il faut
que tu te mettes en tête de sauter les obstacles du
stade du collège! Résultat : tu te casses la cheville!
Et la presse s'esclaffe. Je te ferai lire l'entrefilet
plein d'humour du *Courrier du Mississippi* : « Un
ancien athlète, célèbre, mais hors de forme, s'or-
ganise une réunion sportive au beau milieu de la
nuit, devant les gradins vides. » Quelle bonne pu-
blicité, n'est-ce pas? Et ton frère dit, bien entendu,
que c'est grâce à lui si les agences de presse n'ont
pas télégraphié aux quatre coins du monde. (*Elle
se rapproche de lui.*) Pourtant, Brick, il te reste un
atout maître... (*Brick s'écarte d'elle et va dans la
véranda.*) Tu m'entends?

BRICK

Tu disais?

MARGARET

Je dis que ton père t'adore. Et qu'il déteste ton
frère qui joue les fils modèles, et la femme de ton
frère, Edith aux larges flancs, ce monstre de fécon-
dité... Elle, surtout, le dégoûte. Tu n'as qu'à voir
la tête de Père quand elle parle et qu'elle se met
à discourir sur son thème favori (*elle fait quelques*

pas) l'accouchement, la naissance, et qu'elle a refusé l'anesthésie partielle pour se livrer, pleinement, à la maternité, en savourer pleinement la miraculeuse beauté! (*Quelques pas.*) Et que Gooper a tenu à être à son chevet pour savourer, « pleinement », la « miraculeuse beauté » de la venue au monde des monstres sans cou! (*Elle va au bar, prend un cube de glace et s'en frotte les bras.*) Père pense comme moi sur le ménage Gooper! D'ailleurs, je le fais rire et je crois que je lui plais. J'irais même jusqu'à dire qu'il a envie de moi, inconsciemment bien sûr...

BRICK

Qu'est-ce que tu nous racontes?

MARGARET

Cette façon qu'il a, quand nous parlons ensemble, de promener ses yeux sur moi, de haut en bas, de bas en haut, en lorgnant mes jambes, mes seins...

BRICK

Tu dis des choses écœurantes.

MARGARET, s'adosse au bar.

Ce que tu peux être casse-pied avec ta fausse pudeur! Eh bien, moi, je trouve très beau qu'un vieil homme près de la tombe jette sur un corps de femme un regard d'admiration que je crois mérité. Et je vais te dire autre chose. Père ne savait même pas combien le ménage Gooper avait fabriqué de gosses. « Il y en a combien au juste? » leur a-t-il demandé à table, brusquement, à croire qu'il les voyait pour la première fois. Mère a bien essayé de dire qu'il plaisantait, mais il ne plaisantait pas — oh! mais non!... la preuve c'est que quand le couple a dit qu'il y en avait cinq et bientôt un sixième, Père a eu, je te jure, un de ces airs... stupéfaits! (*On entend, venant de la coulisse gauche, des cris d'enfants et des voix de grandes personnes essayant de les calmer.*) Allez! Braillez les monstres! (*Brick va au bar, met de la glace dans son verre et le remplit. Il boit, face au public. Margaret va s'asseoir sur le lit, prend l'oreiller et le serre contre elle.*) Je regrette vraiment, chéri, que tu n'aies pas été là au dîner de ce soir. Tu sais que Père, le pauvre cher homme, est un vrai trésor, mais il faut bien reconnaître qu'il mange goulûment, sans s'occuper de ce qui se passe autour de lui. Eh bien, malgré cela, Edith et Gooper, assis l'un près de l'autre, l'épiant comme deux rapaces, poussaient des cris d'orfraie chaque fois qu'un des sans-cou brillait d'intelligence et de précocité. Et les monstres sans-cou, si tu les avais vus, qui dans sa chaise d'enfant, qui sur un dictionnaire, et tous, le chef orné d'un bonnet de papier en l'honneur de l'anniversaire! Pendant tout le repas le couple n'a cessé d'échanger des coups de pied, des coups de coude, des clins d'œil, tout un code de signaux et d'avertissements! Tu aurais juré un couple de bonneteurs en train de plumer un pigeon! (*Brick appuie sa béquille contre le bar, fait un rouleau de sa serviette et se frotte les cheveux et le front.*) Même ta mère, le pauvre ange, qui n'est pas des plus vives, les a pris sur le fait : « Mais qu'est-ce que c'est que tous ces signes? » elle a dit à Gooper. J'ai failli pouffer.

Brick jette un coup d'œil sur Margaret.

MARGARET, doucement, comme interdite devant son expression.

Quoi?

BRICK, avec un geste nonchalant.

Rien.

Margaret pose l'oreiller, ébouriffe ses cheveux, se lève et va prendre un peigne sur la table de chevet. Brick est toujours près du bar et se frotte avec sa serviette.

MARGARET

Quand on pense que Gooper se figure que son mariage avec Mlle Edith Flynn, une Flynn de Memphis, lui a fait faire un bond vers le sommet de l'échelle! (*Elle descend vers le centre droit et se peigne en se regardant dans une glace.*) Mais qu'est-ce que c'est que les Flynn : des arrivistes qui ont eu de la chance. Quant à tenir là-bas le haut du pavé, pas question! J'allais deux fois par an, à Pâques et à Noël, chez des amis de Memphis, et je sais exactement ce qui compte dans la ville ou ne compte pas. Ils n'avaient que l'argent et ils l'ont perdu. (*Brick pose sa serviette sur le bar et prend son verre. Il boit lentement à petites gorgées.*) (*Margaret se regardant dans la glace.*) D'ailleurs le papa Flynn n'a échappé à la prison que d'un cheveu. Ce qu'il a pu tripoter quand son consortium a sauté! Et si on me jette, une fois de plus, à la figure que, pendant le carnaval, Edith Flynn a été reine du Coton, je dirai, une fois de plus, que je lui laisse cet honneur : un trône de carton sur un char miteux, et sourire, saluer, envoyer des baisers tout le long de la grand-rue! Merci, très peu pour moi! Tiens, il y a deux ans, quand Suzan McPheeters l'a occupé, ce trône, sais-tu ce qui lui est arrivé? Sais-tu ce qui est arrivé à cette pauvre petite Suzie McPheeters?

BRICK

Qu'est-ce qui est arrivé à la petite Suzie McPheeters?

MARGARET

Un type lui a craché du jus de tabac au nez.

BRICK

Un type lui a craché du jus de tabac au nez?

MARGARET

Oui, mon cher. Un pochard. Un vieux pochard, à une des fenêtres de l'hôtel Gayse : « Eh! la petite reine! » il a crié. Suzie a levé vers lui son plus

radieux sourire et a reçu en pleine figure une
giclée de jus de tabac.

BRICK, va lentement vers Margaret, son verre
à la main.

En voilà une histoire!

MARGARET, gaiement.

Ça n'est pas une histoire! J'y étais, je l'ai vu!

BRICK, s'appuie sur sa béquille
et observe Margaret.

Ça devait être plutôt drôle.

MARGARET

Tu trouves? Pas pour Suzie. Elle s'est mise à
hurler et on a dû l'emmener. (*Elle voit tout à coup
Brick dans la glace et sursaute légèrement. Il se
met à siffler. Elle se retourne et lui fait face.*)
Pourquoi me regardes-tu comme ça?

BRICK

Comme quoi? (*Il se remet à siffler.*)

MARGARET

Comme j'ai vu dans la glace que tu me regardais,
quand tu t'es mis à siffloter. Ça m'a gelé le cœur!
(*Elle se détourne et remonte vers le fond.*) Ce n'est
pas la première fois que tu me regardes ainsi, depuis ces derniers temps. Ça veut dire quoi, ce
regard?

BRICK

Je ne savais même pas que je te regardais.

MARGARET

Eh bien, moi, je le sais! Dis-moi ce que tu pensais!

BRICK

Mais rien, je ne sais plus.

MARGARET, quelques pas vers le centre.

T'imagines-tu que j'ignore?... hein?... Crois-tu vraiment que j'ignore?...

BRICK

Que tu ignores, Maggie?

MARGARET, descend vers la gauche et face au public.

Que je suis devenue dure, excessive, cruelle? (*Elle regarde Brick.*) C'est ça que tu pensais? Eh bien, je le pense aussi. Mais c'est très bien ainsi. Je ne suis plus sensible. Je n'ai plus les moyens de m'offrir une sensibilité. Mais Brick, ô Brick...

> Elle s'arrête. Brick descend vers la droite en clopinant, passe devant le canapé et regarde au-dehors par la porte arrière-plan droite.

BRICK

Tu disais quelque chose?

MARGARET

J'*allais* dire quelque chose : que je me sens bien seule, Brick, affreusement seule!

BRICK

Comme tout le monde.

MARGARET

On est plus solitaire avec un homme qu'on aime et qui ne vous aime pas que si l'on vit toute seule.

BRICK, se tourne vers elle.

Tu aimerais vivre seule?

MARGARET, se tourne vers Brick.

Ça non, Seigneur! Pour rien au monde! (*Brick a un geste de découragement, puis il s'installe sur le divan en sifflotant et pose sa béquille contre le canapé. Margaret va à Brick.*) Tu as pris une bonne douche?

BRICK

Oui.

MARGARET

L'eau était fraîche?

BRICK

Non.

MARGARET

Mais tu te sens mieux, maintenant?

BRICK

J'ai moins chaud.

MARGARET

Il y a quelque chose qui te rafraîchirait.

BRICK

Quoi?

MARGARET

Une friction à l'alcool, ou à l'eau de Cologne.

BRICK

Ça me rappellerait le temps où je m'entraînais...
c'est loin.

MARGARET

Pas tellement. Tu es en forme.

BRICK

Ah, oui?

MARGARET

On dit que la boisson empâte les hommes. Pas
toi en tout cas.

BRICK

Gentil de ta part.

MARGARET

Tu es d'ailleurs le seul parmi ceux que je
connais.

BRICK, se tourne sur le côté, sans regarder
Margaret.

Je commence pourtant à me sentir flasque.

MARGARET

Tôt ou tard, la boisson relâche les muscles, c'est forcé. Ça commençait déjà à se voir chez Skipper quand... (*Elle s'arrête et se tourne vivement vers Brick. Brick se redresse et la regarde.*) Je te demande pardon. Il faut toujours que j'appuie sur une dent malade. (*Elle remonte vers le lit.*) Si encore tu devenais laid, ça rendrait le martyre de sainte Maggie un peu plus supportable! Mais je n'aurai pas cette chance. (*Elle s'assied sur le lit.*) Je crois même que ça t'embellit. On te croirait en pleine forme. Il est vrai que tu possèdes une grande qualité : l'indifférence totale. Tu as toujours joué sans te soucier de perdre ou de gagner la partie. Maintenant que tu as perdu — non, tu n'as pas perdu, tu t'es retiré du jeu — ça te laisse le charme étrange, lointain, du renoncement, celui qu'ont les vieilles gens, les malades incurables : le charme de l'abandon. Tu as l'air calme, si calme... si froid...

> Une partie de croquet s'engage, en coulisse droite, entre le Révérend Tooker et le docteur Baugh. On entend le bruit sec des maillets contre les boules et le murmure des conversations.

VOIX DU RÉVÉREND TOOKER

Tiens, attrape, mon garçon. (*Bruit de maillet.*) Regarde où je t'envoie!

> Margaret se lève et va à la porte de la véranda — fond droite.

MARGARET

Ils jouent au croquet. (*On entend un chant d'oi-seau.*) La lune vient de se lever, toute blanche... un petit peu jaune... (*Elle se tourne vers Brick.*) Quel amant merveilleux tu faisais, mon amour... (*Brick s'éponge le front.*) Quelle fête c'était de coucher avec toi! Au lit aussi, ton charme était l'indifférence, un charme lent, lointain, tranquille, si naturel! Tu faisais ça nonchalamment, avec une sorte de courtoisie : « Après vous, madame, je vous en prie!... » Quelle merveilleuse indifférence!

Bruits de maillets.

VOIX DU RÉVÉREND TOOKER

Bien joué!

VOIX DU DOCTEUR BAUGH

Eh oui! Et te voilà mal parti!

Margaret revient s'asseoir sur le lit.

MARGARET

Si je pensais vraiment que jamais plus tu ne me feras l'amour, jamais, jamais, jamais, je courrais à la cuisine prendre un long couteau, un couteau long et mince, qui entrerait d'un coup... Je peux te le jurer!

La partie de croquet se poursuit en coulisse.

VOIX DU RÉVÉREND TOOKER

Attention, attention! Tu vas la rater!

VOIX DU DOCTEUR BAUGH

Tu ne me connais pas!

MARGARET

Mais peut-être que ce soir, quand je te dirai que je t'aime, tu seras assez soûl pour me croire. Peut-être... (*Bruits de maillets.*) En tout cas, sache-le, je n'ai pas ton charme, moi, le charme de l'abandon. Je reste sur le ring jusqu'au dernier coup de gong, et je vaincrai, tu verras... (*Bruits de maillets.*) Et quelle est la victoire d'une chatte sur un toit brûlant?... Peut-être d'y rester jusqu'au-delà du possible.

VOIX DU RÉVÉREND TOOKER

Tu crois que tu vas te tirer de là!

VOIX DU DOCTEUR BAUGH

Comme une anguille, mon vieux, comme une anguille.

MARGARET, se levant.

Et eux, jouent au croquet. (*Elle va s'asseoir sur le canapé.*) Et Père a un cancer... Dis, à quoi pensais-tu, quand je t'ai vu me regarder? Tu pensais à Skipper? (*Brick prend sa béquille et se lève.*) Excuse-moi, pardonne-moi. La vertu du silence n'agit pas sur moi. Non, je n'éprouve pas du tout le bienfait du silence. (*Brick va au bar et boit rapidement un verre de whisky. Margaret se lève et le suit.*) Quand quelque chose suppure dans le

cœur ou dans le cerveau, le silence n'agit plus.
C'est comme pousser la porte d'une maison qui
brûle pour y enfermer l'incendie. (*Près de lui.*) Je
t'assure qu'il faut débrider les plaies, sans quoi
elles s'infectent et pourrissent...

> Margaret pose la main sur la béquille de Brick. Il
> s'écarte brusquement et la béquille tombe à terre.
> Il sautille sur le pied gauche, son verre à la main.

BRICK

Donne-moi cette béquille.

MARGARET, lui tend les bras.

Appuie-toi sur moi.

BRICK

Non, donne-moi simplement ma béquille.

> MARGARET, s'approche de Brick
> et lui met le bras autour du cou.

Appuie-toi sur mon épaule!

BRICK

Je ne m'appuierai pas sur ton épaule! (*Il la
repousse avec violence.*) Vas-tu me donner ma béquille à la fin?

MARGARET, prend la béquille et la glisse vers lui.

Tiens, la voilà. prends-la!

BRICK

Merci.

Il met la béquille sous son bras et va en clopinant à la porte de la véranda.

MARGARET

C'est la première fois depuis bien longtemps que tu élèves la voix. Serait-ce que le mur du sang-froid se lézarde?

BRICK

Je ne l'ai pas senti encore...

MARGARET

Quoi?

BRICK

Ce petit clic dans ma tête, quand j'ai ma dose de whisky et que rien ne m'atteint plus. Veux-tu me rendre un service? Baisse un petit peu la voix.

MARGARET

D'accord. Je chuchoterai, même je ne dirai plus rien si toi tu me rends le service de ne plus boire jusqu'à la fin des réjouissances.

BRICK

Quelles réjouissances?

MARGARET

Tu sais bien que c'est l'anniversaire de Père.

BRICK

Je l'avais oublié.

MARGARET

Heureusement que je suis là.

Elle tire de dessous le lit une grande boîte et prend une
enveloppe glissée sous le ruban qui entoure la boîte.

BRICK

Heureusement, en effet.

MARGARET, va à la table de chevet
et prend un stylo.

Tu n'as qu'à griffonner quelques mots sur cette
carte.

BRICK, descend la marche de la véranda.

Griffonne toi-même, Maggie.

MARGARET

Mais c'est *ton* cadeau, Brick, donc c'est toi qui
écris.

BRICK

Je n'ai pas acheté de cadeau.

MARGARET

Je l'ai acheté à ta place.

BRICK

Donc écris à ma place.

MARGARET

Pour qu'il sache que tu as oublié son anniversaire!

BRICK

C'est vrai : je l'ai oublié.

MARGARET

Pas besoin de le signaler!

BRICK

Je ne veux pas le tromper.

Edith Flynn Pollitt paraît dans l'entrée à gauche. Elle
tient un arc à la main et s'arrête pour écouter.

MARGARET, un pas vers Brick.

Ecris tout simplement : « Tendresses », et signe
« Brick ».

BRICK

Non.

MARGARET

Fais-le, c'est important!

BRICK

Je fais ce qui me plaît. Tu oublies à quelles
conditions j'ai accepté de continuer de vivre avec
toi.

MARGARET

Tu ne vis pas avec moi, tu loges dans la même
cage.

BRICK

Ce sont nos conditions.

Sonny, un des enfants, entre en courant derrière Edith
et bredouille une phrase : « Donne-le-moi... »

MARGARET

Elles sont impossibles.

BRICK

Parfait. Alors, rien ne s'oppose...?

Edith essaie de faire sortir Sonny. Tapage dans le
couloir.

MARGARET, coupe Brick.

Chut! (*Elle se tourne vers la porte du couloir.*)
Qui est là? Il y a quelqu'un à la porte.

Edith pousse la porte, passe devant Margaret et va à
Brick. Sonny se faufile dans la pièce et se cache
derrière le bar.

EDITH, montrant l'arc qu'elle tient à la main.

Ce truc est à toi, Brick?

Brick s'assoit sur le divan.

MARGARET

Mais, chère Edith, c'est mon prix de Diane. Je
l'ai gagné au grand concours intercollège de tir
à l'arc...

EDITH

Il est dangereux de laisser une arme à la portée d'enfants sains et vigoureux qui ont une attirance naturelle pour de tels engins.

MARGARET

On devrait apprendre à des « enfants sains et vigoureux qui ont une attirance naturelle pour de tels engins », à ne pas toucher aux choses qui ne leur appartiennent pas.

EDITH, prend Margaret dans ses bras.

Maggie chérie, si tu étais mère de famille, tu sentirais combien ce que tu viens de dire est drôle. Veux-tu, je te prie, ranger cet arc?

MARGARET

Sois tranquille, chère Edith, personne ne médite la mort de tes enfants.

Margaret va vers la salle de bain. Sonny se lève de derrière le bar et court à elle. Edith le voit et crie.

EDITH

Sonny! Va-t'en! (*Sonny disparaît en courant par la porte du couloir. Edith se tourne vers Brick.*) Comment va ta cheville, Brick?

BRICK, versant le contenu de son verre sur son plâtre.

Je n'ai pas mal, mais ça me démange.

EDITH

Pauvre garçon!... Ah! Brick!... Quel dommage que tu n'aies pas été avec nous, en bas, après le dîner. Les enfants ont donné un petit spectacle charmant! Polly jouait du piano, Buster et Sonny du tambour; ensuite, ils ont éteint et Dixie et Trixie, en costume de fées tout couvert de paillettes, ont dansé sur les pointes. Père était radieux, positivement radieux!

MARGARET, acerbe, de la salle de bain.

Sûrement! Je le vois d'ici. (*Elle rentre dans la chambre et va vers le lit.*) Dis-moi, Edith, pourquoi as-tu donné des noms de chiens à tes gosses?

Elle s'assoit sur le lit.

EDITH

Des noms de chiens?

MARGARET

Dixie, Trixie, Buster, Sonny, Polly : c'est une affiche de cirque. Quatre chiens savants et un perroquet.

EDITH, se plantant devant elle.

Maggie chérie, pourquoi sors-tu toujours tes griffes?

MARGARET

Parce que je suis une chatte. Mais comprends donc la plaisanterie!

EDITH

Mais voyons, Margaret, tu sais le nom de mes enfants! Buster s'appelle Robert, Sonny s'appelle Saunderns, Trixie s'appelle Marlène, et Dixie...

Gooper, mari d'Edith et frère de Brick, paraît dans le couloir un verre de whisky à la main.

GOOPER

Hé! là-bas, Edith, arrive!... L'entracte est terminé!

En coulisse, Sookey et Lacey commencent à chanter.

EDITH

L'entracte est terminé! A tout à l'heure!

Elle sort par le couloir.

GOOPER, à Brick, de l'entrée.

Ça va le whisky, mon petit vieux?

Il lève son verre à la santé de Brick et sort.

MARGARET

Nous ne saurons jamais comment s'appelle Dixie...

BRICK

Pourquoi es-tu si rosse?

MARGARET

Pourquoi je suis si rosse? Mais parce que je suis brûlée d'envie, dévorée de jalousie. (*Elle se lève, va à la porte de la salle de bain et décroche une chemise pendue derrière la porte.*) Je vais te sortir ton complet de chantoung et une chemise de soie... (*Elle pose la chemise sur le lit, va à la table de chevet et prend dans le tiroir des boutons de manchette.*) Et cette fois tu vas mettre tes beaux boutons de manchette... ces saphirs qui ressemblent à une nuit d'été...

> Elle s'agenouille au pied du lit et commence à passer les boutons.

BRICK

Comment veux-tu que je me fourre dans un pantalon avec ce plâtre?

MARGARET

Ça ira, je t'aiderai.

BRICK

Je ne m'habillerai pas.

> Une pause.

MARGARET

Alors, un pyjama?

BRICK

Exactement, Maggie.

MARGARET

Merci. C'est vraiment très aimable de ta part.

BRICK, indifférent.

Il n'y a pas de quoi.

> Au loin deux cris de faucon. Brick lève la tête.

> MARGARET, court à lui et s'agenouille à ses pieds.

Brick, Brick, je t'en prie, assez de ce supplice. J'ai fait mon temps, je te jure. J'ai mérité ma grâce.

BRICK, calmement.

Tu me gâches mon whisky, Maggie. Tu as toujours, maintenant, la voix d'une femme qui court en criant : « Au feu! »

MARGARET

C'est ça exactement : je suis comme un chat sur un toit de tôle brûlant.

La chanson de Sookey et Lacey s'arrête en coulisse.

BRICK, se levant.

Bon, eh bien, saute. Tu sais que les chats retombent sur leurs pattes.

MARGARET

Oui, on dit ça!

BRICK

Tu verras bien. Mais, saute, Maggie, prends un amant.

MARGARET

Comment veux-tu? Je ne vois que toi. Même les yeux fermés, c'est toi que je vois. Oh! deviens laid, Brick, je t'en prie, laid, gros, difforme, ce que tu voudras, mais fais quelque chose pour m'aider. (*Elle entoure de ses bras les jambes de Brick. En coulisse (fond gauche) les enfants commencent à chanter « Jesus loves me » et le Révérend Tooker ponctue leur chant çà et là par un*

Amen.) Réponds-moi... réponds-moi... (*Elle le regarde, se lève et regarde vers la porte.*) Allons, bon, un concert! (*Elle va à la porte.*) Bravo, les sans-cou, bravo! (*Elle tourne le dos à la porte (fictive) et fait le geste de la claquer. Ce qui supprime la chanson.*) Brick!

BRICK

Pourquoi fermes-tu à clef?

MARGARET

Pour être seule avec toi.

BRICK

Tu n'es pas raisonnable.

MARGARET

Je ne suis pas raisonnable.

BRICK

C'est ridicule.

MARGARET

Je m'en moque!

BRICK

Pas moi. Ton attitude me gêne!

MARGARET

Eh bien, sois gêné si tu veux. Mais changeons d'existence. Je ne peux plus vivre ainsi.

BRICK

Tu as été d'accord...

MARGARET

Je sais, je ne le suis plus.

BRICK

Je regrette, mais c'est ainsi.

VOIX DE GRAND-MÈRE, dans le couloir.

Mon fils! Mon fils!

MARGARET, à Brick.

J'en ai assez, assez, assez!

Brick va en clopinant vers Margaret. Grand-mère arrive en courant et se tient derrière Margaret, la porte les séparant.

GRAND-MÈRE

Brick! Brick! Brick!

MARGARET, sans bouger.

Qu'est-ce qu'il y a, Mère?

GRAND-MÈRE

Mon fils! Nous avons reçu de merveilleuses nouvelles au sujet de Père. (*Elle fait le geste de vouloir ouvrir la porte.*) Pourquoi cette porte est-elle fermée?

Brick va dans la salle de bain.

MARGARET

Brick s'habille, Mère.

GRAND-MÈRE

Ce ne serait pas la première fois que je le verrais tout nu. Allons, ouvre cette porte!

> Elle passe dans la véranda. Margaret ouvre la porte, ne voit personne et jette un coup d'œil dans le couloir.

MARGARET

Mère!

> Grand-mère entre tout à coup par une des portes de la véranda et fait sursauter Margaret.

GRAND-MÈRE

Où est-il? (*Elle l'entend siffloter dans la salle de bain.*) Viens vite, mon fils, je veux t'apprendre une grande nouvelle. (*A Margaret.*) Je déteste les portes fermées à clef.

MARGARET, va au lit et s'assoit.

Je l'ai déjà remarqué, mais nous avons tous besoin d'être seuls quelquefois, non?

GRAND-MÈRE

Non, ma fille, pas chez moi! (*Elle prend sur le canapé la robe de Margaret.*) Pourquoi as-tu enlevé ta robe de dentelle? Elle te va si bien.

MARGARET

C'est aussi mon avis, mais un de mes charmants petits voisins de table l'a prise pour sa serviette...

GRAND-MÈRE

Tu pouvais la garder, il n'y a pas grand-chose.

Elle va accrocher la robe à la porte de gauche.

MARGARET

Il y en a assez pour que, si je la porte, Edith et Gooper prennent ça pour une provocation. Merci, Grand-mère. Ils sont si chatouilleux quand il s'agit de leurs gosses.

GRAND-MÈRE, crie vers la salle de bain.

Allons, Brick, dépêche-toi! (*A Margaret.*) Chansons, tout cela, ma fille! Tu n'aimes pas les enfants, voilà tout.

MARGARET

Erreur, je les adore... quand ils sont bien élevés.

GRAND-MÈRE, doucement, avec affection.

Alors, qu'est-ce que tu attends pour en avoir et les élever à ta façon?

VOIX DE GOOPER, coulisse droite.

Hé! maman! Betzy et Hugh s'en vont. Ils voudraient vous dire au revoir!

GRAND-MÈRE, va à la porte de la véranda et crie.

Dis-leur de patienter! Je descends tout de suite!

VOIX DE GOOPER

Bien, Mère.

GRAND-MÈRE, fait quelques pas vers la salle de bain.

Brick? Est-ce que tu m'entends?

BRICK, de la salle de bain.

Mais parfaitement, Mère.

GRAND-MÈRE

Nous venons de recevoir le rapport de la clinique. Entièrement négatif, oui, tout est négatif, mon fils, d'un bout à l'autre. Père n'a rien de rien, sauf un petit ennui du côté du côlon (*plus fort*), un côlon spasmodique, ils appellent ça... Eh bien, Brick, tu m'entends?

MARGARET

Il vous entend, Mère.

GRAND-MÈRE

Alors, pourquoi ne dit-il rien? On parle, bonté divine, devant une telle nouvelle, on pousse des cris, on danse! Moi, j'ai ri, j'ai pleuré, je me suis jetée à genoux! Je m'en suis couronnée, ma parole! Tiens, regarde! (*Elle relève sa jupe.*) Il a fallu le docteur pour me remettre debout! (*Elle va à Margaret et la prend dans ses bras.*) Comme c'est merveilleux! Recevoir un tel rapport, aujourd'hui justement, le jour de l'anniversaire! Ton père a fait celui qui trouve ça naturel, mais on voyait combien il était soulagé! Il était tout près de fondre en larmes, le cher homme.

VOIX DE GOOPER

Grand-mère!

On entend sonner le téléphone en coulisse gauche.

GRAND-MÈRE, criant vers la droite, à Gooper.

J'arrive... Fais-les attendre!

VOIX DE SOOKEY, dans l'entrée à gauche.

On appelle de Memphis, madame! C'est Miss Sally!

GRAND-MÈRE

Cette vieille sourde de Sally! Il va falloir hurler... (*Crie vers le couloir.*) J'arrive, Sookey! (*Crie vers la salle de bain.*) Dépêche-toi de t'habiller, Brick! Nous monterons tous ici pour finir la soirée! (*A Margaret.*) Il souffre encore beaucoup?

MARGARET

Il est le seul à le savoir, Mère. (*Grand-mère disparaît dans le couloir.*) Et il ne me l'a pas dit.

VOIX DE GRAND-MÈRE, hurlant dans le téléphone.

Allô, Miss Sally! Vous allez bien, Miss Sally? (*Brick sort de la salle de bain, va au bar, prend une bouteille.*) Oui... justement, j'allais vous appeler!

MARGARET

Brick, je t'en prie!

Brick vide la bouteille, la jette à Margaret, prend son

verre et retourne dans la salle de bain. Margaret
se laisse tomber à plat ventre sur le lit.

GRAND-MÈRE, continuant à hurler dans le
téléphone.

Mais pourquoi m'appelez-vous du hall de cet
hôtel! Ce n'est pas étonnant que vous ne m'enten-
diez pas!... Non, écoutez-moi bien. Nous venons de
recevoir le rapport médical. Il n'a rien de grave...
Non, je dis : il n'a rien, simplement quelque
chose qui s'appelle un côlon spasmodique... spasmodique... Zut, j'y renonce! (*Grand-mère revient
dans la chambre.*) Maggie, veux-tu aller parler à
cette idiote de sourde!

Margaret se lève et sort dans le couloir.

VOIX DE MARGARET

Miss Sally, ici Maggie, la femme de Brick. Vous
m'entendez?... Parfait... (*Pendant que Maggie téléphone, Grand-mère va jusqu'au lit, voit la bouteille, la prend, la regarde, puis la pose sur la
table de chevet. Puis elle prend la chemise de
Brick qui est restée sur le lit et la pose sur le canapé. Elle s'arrête devant le divan et le regarde
pensivement.*) Mère voulait simplement vous dire
que nous avons reçu le rapport de la clinique...
Père n'a rien du tout... rien du tout... Il souffre
seulement de spasmes... des spasmes, oui, du
côlon... Vous y êtes?... Au revoir, Miss Sally, à
bientôt! (*Margaret revient dans la chambre au
moment où Grand-mère prend sur le divan l'oreil-*

ler de Brick, qu'elle tient dans ses bras.) Elle a
tout de même compris.

Grand-mère va vers le lit et pose l'oreiller à côté de
celui de Margaret.

GRAND-MÈRE

Ouf! drôle de numéro!

VOIX DE GOOPER

Eh bien, maman, vous venez? Betzie et Hugh
s'en vont!

GRAND-MÈRE

J'arrive, je t'ai dit!

Elle regarde Margaret et montre du doigt la bouteille
sur la table de chevet.

MARGARET

Pardon?

GRAND-MÈRE

Ne fais pas l'imbécile! Où en est-il ce soir?

MARGARET, s'assied sur le lit et avec un petit rire.

Mais... je crois qu'il a pris un verre... ou deux,
depuis le dîner.

GRAND-MÈRE

Je ne trouve pas ça drôle. Il y a des garçons qui
cessent de boire en se mariant et d'autres qui s'y
mettent. Brick n'avait jamais touché à un verre
d'alcool avant...

MARGARET

Ah! non, c'est trop injuste!

GRAND-MÈRE

Je vais te poser une question : est-ce que Brick aime coucher avec toi?

MARGARET

Pourquoi ne me demandez-vous pas si j'aime, moi, coucher avec lui?

GRAND-MÈRE

Parce que je le sais...

MARGARET

Eh bien, le plaisir est réciproque!

VOIX DE GOOPER

Alors, Mère, vous venez, oui ou non?

GRAND-MÈRE

Il y a quelque chose qui cloche. Toi, tu n'as pas d'enfants et Brick se soûle chaque jour. Quand un couple fait naufrage, c'est là-dessus. (*Elle montre le lit.*) Voilà l'écueil!

> Elles se regardent, puis Grand-mère sort par la porte de la véranda fond droite.

MARGARET

C'est injuste, mais que faire? (*Elle se lève, va au miroir et se regarde fixement.*) Que faire, toi qui me regardes, dis-moi, Maggie la chatte?

BRICK, **de la salle de bain.**

Maman est partie?

MARGARET

Elle est partie. (*Brick entre, va au bar et remplit son verre.*) (*Margaret toujours face au miroir.*) Tu sais, je viens de réfléchir... Notre vie sensuelle n'est pas morte à petit feu, comme ça se passe d'ordinaire, elle a été tranchée brusquement, d'un seul coup. Donc, elle va revivre, tout à coup, brusquement. J'en suis persuadée. (*Brick se retourne pour la regarder. Elle surprend son regard.*) C'est pourquoi il importe que je reste séduisante. Pour cet instant béni où tu reposeras sur moi le regard des autres hommes — ce regard qui signifie que ce qu'ils voient leur plaît beaucoup... vraiment beaucoup... (*Brick descend vers la porte de la véranda à droite, son verre à la main.*) Les hommes m'admirent, tu sais. J'ai le corps mince, les muscles fermes, la chair jeune. Parfois, je te l'accorde, le visage est fatigué, mais la ligne tient le coup, comme la tienne d'ailleurs. Les hommes se retournent sur moi, quand je marche dans la rue. L'autre jour, à Memphis, leurs yeux me fusillaient, au golf, au restaurant, dans les grands magasins. Je me sentais transpercée par tous ces regards d'hommes. Tiens, quand Alice a donné cette soirée, tu sais bien, en l'honneur de ses cousins de New York, le plus beau garçon de la bande ne m'a pas quittée d'une semelle, même quand je suis montée pour me poudrer le nez. J'ai dû claquer la porte et tourner la clef!

Pendant qu'elle parlait, Brick s'est assis sur le divan.

BRICK

Il fallait le laisser entrer.

MARGARET, se tourne vers lui.

J'en ai eu presque envie. Tu veux savoir qui c'est? Sonny Maxwell. Voilà qui c'était.

BRICK

Sonny Maxwell... Ah! oui, un bon coureur de quatre cents. Dommage qu'il ait eu ce déplacement des vertèbres.

MARGARET, remonte vers la droite.

Ses vertèbres sont en place, il n'est pas marié et il a envie de moi!

BRICK

Alors, aucune raison de lui fermer la porte.

Furieuse, Margaret saisit brusquement la serviette humide sur le bar et la jette sur Brick. Il l'attrape facilement et s'essuie le front avec.

Au loin, trois cris de faucon.

Margaret va dans la salle de bain.

Brick cherche des yeux les faucons.

Margaret revient : elle a passé une robe d'intérieur.

MARGARET

Tu m'y pousses avec tant de patiente obstination

que je finirai un jour par te tromper, mon cher.
Mais tu n'en sauras rien; à part le type et moi,
personne n'en saura rien. Pas plus par infidélité que
pour nulle autre raison, jamais je ne te donnerai
de motif de divorce.

BRICK

Je n'ai pas l'intention de demander le divorce. Et
ça me soulagerait que tu prennes un amant.

MARGARET

Je ne veux pas prendre des risques. Je préfère
rester sur ce toit de tôle brûlant...

BRICK, se levant.

Ce n'est pas très confortable.

Il se met à siffler doucement.

MARGARET

Non, mais j'y resterai aussi longtemps qu'il le
faudra.

BRICK

Pourquoi ne me quittes-tu pas?

Il siffle.

MARGARET

Je n'en ai aucune envie. (*Brick est face à la porte
premier plan. Au loin, trois cris de faucon. Au
fond, Grand-père traverse la pelouse de droite à
gauche suivi de Grand-mère qui chantonne « She*

came to my window ». *Grand-père fume un gros cigare dont elle écarte la fumée en agitant un mouchoir. Ils disparaissent. Margaret va à la porte fond droite. Margaret à Brick.*) D'ailleurs, pour divorcer, il faut beaucoup d'argent et tu n'as pas un sou. (*Elle traverse la chambre et rejoint Brick.*) Tu n'as que ce que ton père te donne et ce n'est guère. S'il mourait demain...

Elle remonte vers la porte du fond.

BRICK, s'assied sur la marche de la véranda.

Mais pourquoi mourrait-il? Maman vient de nous dire qu'il n'avait rien.

MARGARET, passe dans la véranda et rejoint Brick.

Elle le croit. Elle était là quand le docteur a lu à Père le faux rapport. Elle s'y est laissé prendre, comme lui. Mais ce soir, quand Père sera couché, il faudra dire la chose à Mère.

BRICK

Et Père ne se doute de rien?

MARGARET, s'accroupit à la droite de Brick.

Mais non, naturellement. (*Au loin, trois cris de faucon. Un temps.*) Il est étrange de se dire que Père voit le dernier de ses anniversaires... (*Un temps.*) Mais, Brick, il faut regarder la situation. Il n'y a pas de testament, tu bois terriblement et je n'ai pas d'enfant : un triple avantage pour les

Gooper. (*Au loin, deux cris de faucon. Brick siffle les faucons.*) Ah! Brick, tâche de comprendre... Toute ma vie, j'ai été pauvre, d'une pauvreté totale, abjecte, répugnante! C'est la vérité, Brick.

BRICK

Je ne dis pas le contraire.

MARGARET

Toujours flatter des gens parce qu'ils étaient riches, et rester pauvre comme Job. Ne jamais faire un pas, un seul pas, vers l'argent. Imagines-tu ce que c'est... Figure-toi que tu es à mille kilomètres de ton bar bien-aimé, et que, pour y atteindre, tu doives clopiner sur ta patte cassée, sans canne ni béquille. Tu vois ce que je veux dire? Mon père sombrant dans l'alcool, ma pauvre courageuse mère s'acharnant à sauver les apparences sociales, avec le revenu de vieux titres moisis — cent cinquante dollars par mois! L'année où j'ai fait mes débuts dans le monde, j'avais deux robes du soir : l'une taillée par maman d'après un modèle de *Vogue*, l'autre, une défroque lâchée par une cousine que je haïssais. Pense que le jour de mes noces, j'avais sur le dos la robe de mariée de ma grand-mère! (*Au loin, deux cris de faucon.*) Il faut être jeune pour être pauvre. Quand on vieillit, il faut de l'argent. Etre vieux et pauvre, c'est un supplice épouvantable. C'est l'un ou l'autre, Brick. Jeune ou riche : pas de milieu. Voilà la vérité. (*Coassements de gre-*

nouilles, à droite. Brick se lève et va au bar.) Eh
bien, voilà, je suis prête. Et je n'ai plus rien à faire.
Tout ce qu'il y a de plus prête... tout ce qu'il y a
de plus vide... (*Brick ouvre une bouteille et se verse
à boire.*) Je sais à quel moment, Brick, je me suis
trompée. J'y ai beaucoup pensé, je sais à quel moment précis je me suis trompée. C'est quand j'ai cru
plus propre de te dire la vérité au sujet de Skipper.
(*Brick se tourne vers elle.*) Mais c'était une erreur,
une fatale erreur. Jamais je n'aurais dû te dire cette
histoire Skipper.

BRICK

Fais attention, Maggie, pas un mot sur Skipper.
Prends garde, je suis sérieux, pas un mot sur Skipper.

MARGARET

Il faut que tu comprennes qu'entre Skipper et
moi...

BRICK

Je suis sérieux, Maggie. Je ne hausse pas le ton,
mais ne t'y trompe pas!... (*Il va à elle, son verre
à la main.*) Ne te mêle pas d'une chose à laquelle
personne n'a le droit de toucher. Ce serait un jeu
dangereux, terriblement dangereux.

MARGARET

Dangereux ou pas, je le joue... Nous avons couché
ensemble Skipper et moi. Oui, nous voulions, moi

et Skipper, te retrouver à travers nous. Te retrouver, toi qui échappes, toi qui fuis tous ceux qui t'aiment, et il y en a! Il y en a des gens qui t'aiment, espèce de dieu trompeur et vain! Et alors, Skipper et moi, nous avons voulu faire l'amour. Et c'est ça la vérité!

Elle se détourne.

BRICK

La vérité, c'est Skipper qui me l'a dite.

MARGARET

Mais je t'en avais parlé!

> A l'arrière-plan, Dixie traverse la pelouse de droite à gauche en courant, suivie de près par Trixie. Dixie brandit un maillet de croquet que Trixie réclame en hurlant. Elles disparaissent fond gauche.

BRICK, va vers la marche de la véranda —
fond droite.

Après Skipper, Maggie.

MARGARET

Après... avant... Qu'est-ce que ça fait?...

BRICK, passe dans la véranda et appelle.

Petite fille! Hé! petite fille, dis aux gens de monter! Fais monter tout le monde!

MARGARET

Ça ne servira à rien. Je parlerai devant tout le monde. Je ne peux plus m'arrêter.

BRICK

Petite fille, dépêche-toi. Fais monter tout le monde!

MARGARET

Il faut que cela soit dit, que tu le veuilles ou non. (*Un silence.*) Ce fut une belle histoire, une très belle histoire, comme dans les légendes grecques. Elle ne pouvait être que belle, puisque c'est à toi qu'elle est arrivée. Très belle, mais très triste, et même terrible : cet amour impossible, qui ne pouvait pas s'avouer.

BRICK, près du canapé.

Vas-tu te taire, Maggie. Je t'ordonne de te taire!

MARGARET

Non, non, laisse-moi te dire! Je comprends cette histoire, tu le sais bien, voyons. Je la trouve très noble, et je la respecte, Brick. Mais l'histoire est finie et maintenant il faut vivre. Le songe s'est évanoui, mais la vie continue.

Brick pose son verre sur le canapé et sa béquille contre le dossier.

BRICK

Prends garde, Maggie, prends garde. Tu ne sens pas que je pourrais te tuer?

MARGARET

Tu ne sens pas que ça me serait égal?

BRICK

Un homme a eu la chance de connaître dans sa vie une grande et belle chose, une chose authentique. Il a fallu que tu la salisses.

MARGARET

Ce n'est pas vrai, ce n'est pas vrai!

BRICK

Une belle amitié d'homme, une amitié très pure. Tu l'as salie.

MARGARET

Tu ne me comprends donc pas? Je t'ai dit, je te répète que je n'ai jamais douté que cette amitié fût pure, si pure que le pauvre Skipper en est mort. Il est des sentiments que rien ne peut toucher sous peine de corruption, ainsi cette amitié, translucide comme la glace et qui n'a pu finir que dans la glacière de la mort.

BRICK

Mais tu penses bien, voyons, que je ne t'aurais pas épousée... (*il lève sa béquille d'un geste menaçant*) si j'avais le moins du monde...

MARGARET

Non, Brick, laisse-moi finir. Je sais, je suis certaine, que si votre amitié cachait je ne sais quel trouble, quel désir inconscient, ce n'était que chez

Skipper... (*Brick remonte vers le fond, appuie sa béquille contre le lit.*) Rappelle-toi les choses. Nous nous sommes mariés, en quittant l'université, dès le début des vacances, et pendant tout l'été nous avons vraiment su ce que c'est que le bonheur. Mais à l'automne, au lieu de vous lancer dans la vie comme des hommes, vous avez, Skipper et toi, refusé des situations épatantes, pour rester ici tous les deux, oui, pour garder intacte cette fameuse paire, Skipper et Brick Pollitt, idole de la jeunesse. C'est à la fin de l'automne que vous avez fondé le club des *Etoiles de Dixie* — histoire de rester, Skipper et toi, éternellement coéquipiers. Mais, sans parler de moi, il y a eu tout à coup quelque chose entre vous : Skipper s'est mis à boire... Tu as eu cette blessure et tu n'as pu jouer le grand match de novembre, tu sais, à Chicago. Tu n'as pu que le voir à la télévision, de ton lit mécanique. Moi, j'ai suivi la bande et, Skipper étant soûl, les *Etoiles de Dixie* ont perdu le grand match. Après quoi, nous avons bu toute la nuit dans le bar de l'hôtel. Lorsque le jour d'hiver s'est levé sur le lac et que nous sommes sortis jeter un coup d'œil vaseux sur ce spectacle rare, j'ai dit : « Skipper, vous aimez Brick. Alors, de deux choses l'une : vous le lui avouez, ou vous vous éloignez. » (*Brick, furieux, frappe le lit de sa béquille.*) C'est la pure vérité. Il m'a frappée sur la bouche. Puis il a galopé comme un fou vers l'hôtel. Je l'ai suivi dans sa chambre, et ce pauvre Skipper, complètement affolé, a voulu me prouver, par une pauvre, petite, pitoyable tentative que je l'avais calomnié. (*Brick, hors de lui, fonce sur Maggie qui pousse un cri, se lève d'un bond, bondit dans la véranda à droite et revient dans la chambre par la porte du fond. Brick se tient près de la porte de la véranda premier plan, appuyé sur sa béquille, et la regarde fixement.*) Non, non, non! (*Elle lui fait face.*) Ce n'est pas moi qui l'ai détruit, c'est ça, cette vérité, que je lui ai dévoilée, et que son éducation l'a toujours empêché de regarder en face. Après, naturellement, Skipper ne pouvait plus que sombrer dans l'alcool et la drogue. « *Pauvre petit moineau, qui a tordu ton cou? — Moi, par miséricorde!* » (*Brick marche, en clopinant, sur Margaret. Elle recule lentement.*) Je ne suis pas bonne, Brick. D'ailleurs personne n'est bon. Je n'ai pas assez d'argent pour m'offrir la bonté. Pas bonne, non, mais honnête. Laisse-moi au moins cela. Et puis, Skipper est mort, et moi, je suis vivante. Vivante, Brick, vivante! (*Brick veut donner un coup de béquille à Margaret, elle se baisse et l'évite. Brick lâche la béquille qui tombe. Brick s'écroule par terre au centre premier plan. A cet instant font irruption dans la chambre, Buster, Sonny, Dixie et Trixie qui font partir leurs pistolets d'enfant et crient : « Pan! Pan! Pan! » Buster entre par la porte du couloir, vise Brick et vide son pistolet sur lui. Les autres courent dans la véranda puis entrent par la porte du fond. Ils se tiennent enfin autour du canapé.*) Dites donc, mes petits amis, personne de la famille, votre mère par exemple, ne vous a appris qu'on frappe avant d'entrer?

BUSTER

Qu'est-ce qu'il fait par terre, l'oncle Brick?

BRICK

Je viens d'essayer de tuer votre tante Maggie, mais j'ai raté mon coup.

MARGARET

Donne la béquille à ton oncle, chéri. (*Buster va prendre la béquille et la donne à Brick.*) Il s'est cassé la cheville en sautant un obstacle au stade du collège.

BUSTER

Pourquoi sautiez-vous des obstacles, oncle Brick?

BRICK

Parce que je les sautais dans le temps, et les gens aiment à refaire ce qu'ils faisaient dans le temps, même quand ils ne le peuvent plus.

MARGARET

On vous a répondu. Parfait! Allez-vous-en!

Les enfants foncent aussitôt à travers la chambre, tirant à bout portant sur Margaret qui met ses mains sur son visage.

Assez! Assez! Monstres!

Ils sortent en courant par la porte du couloir en criant : « Pan! Pan! Pan! » Trixie s'arrête devant Margaret.

TRIXIE

Vous êtes jalouse. Vous êtes jalouse parce que vous ne pouvez pas avoir de bébés!

> Elle fait un grand sourire à Margaret et sort par le couloir. Brick se lève et descend en clopinant jusqu'au divan.

MARGARET, riant.

Tu vois? Ils nous démolissent, même devant les sans-cou. (*Elle fait un pas vers Brick.*) Brick, j'ai vu un docteur à Memphis. Il m'a examinée et il m'a dit que je suis faite pour avoir des enfants. Alors, quand tu voudras... Tu m'écoutes?

BRICK, prend son verre sur le canapé.

Parfaitement. Mais comment feras-tu pour avoir un enfant d'un homme qui ne peut plus te sentir?

MARGARET

Ça, c'est un problème que je vais être bien forcée de résoudre.

> Bruit de voix adultes dans le couloir, qui se rapproche. Margaret se retourne et fait face à la porte du couloir.

Les voici!

> L'éclairage baisse.

RIDEAU

ACTE II

Margaret et Brick sont en scène, dans l'attitude qu'ils avaient à la fin du premier acte. Elle se tient face à l'entrée, lui au premier plan près du divan, son verre à la main. La lumière monte.

MARGARET

Les voici!

Entre Grand-père, par le couloir. Margaret va à lui et l'embrasse. Il descend vers Brick et Margaret va au bar.

GRAND-PÈRE

Hello! Brick.

Entrent, par le couloir, Gooper et le Révérend Tooker. Ils traversent la véranda.
Les répliques suivantes s'entrecroisent.

BRICK	GRAND-PÈRE
Hello! Père! Bon anniversaire. (*Il lève son verre.*)	Merde! Il se tourne vers la droite et aperçoit Gooper et le

Révérend qui entrent par le fond. Il se retourne vers l'entrée, au moment où Edith et le docteur Baugh pénètrent dans la chambre. Il se trouve cerné par eux tous.

EDITH

Voyons, ils ont été piqués contre la typhoïde, contre le tétanos, contre la diphtérie, contre l'hépatite et contre la poliomyélite.

Elle descend vers la gauche avec le docteur.

GOOPER, au Révérend.

J'ai lu dans le journal qu'on vous a fait cadeau d'un vitrail commémoratif.

RÉVÉREND TOOKER

C'est bien gentil, sans doute, mais l'église Saint-Paul, à Grenada, en a eu trois, et celui qui représente le Christ a coûté deux mille cinq cents dollars. Le Bon Pasteur avec un agneau dans les bras.

GOOPER

Qui vous a fait ce cadeau?

RÉVÉREND TOOKER

La veuve de Clyde Fletcher. Mais elle a en même temps donné des fonts baptismaux à Saint-Paul.

EDITH

Gooper, dis-moi, Gooper! Contre quoi les enfants ont-ils été piqués?

Mais contre tout au monde, si je ne m'abuse, à part le vol!

Rire général. Brick descend dans la véranda premier plan.

EDITH, au docteur.

On leur fait ces piqûres chaque mois, de mai à septembre.

GOOPER

Savez-vous ce que quelqu'un devrait bien offrir à votre église, Révérend? Un système de réfrigération!

RÉVÉREND TOOKER

Oh! tout à fait d'accord!

RÉVÉREND, à Gooper.

Et savez-vous ce que la famille de Gus Hanna a donné à l'église de Two Rivers, en souvenir de lui? Un presbytère, en pierre, avec un court de basket-ball dans le sous-sol et...

GRAND-PÈRE

Dites donc, Révérend, ça rime à quoi toutes ces histoires de dons commémoratifs?... Vous comptez sur une mort prochaine dans la famille?

MARGARET

Allume la radio, Brick... Un peu de musique pour commencer.

Elle descend vers Brick.

BRICK

Allume-la toi-même!

Edith va vers le bar où se trouve la radio.

MARGARET, près du divan.

Je me perds dans tous ces boutons.

GOOPER

C'est nous qui la leur avons donnée. Avec trois haut-parleurs.

Edith tourne les boutons. Une voix d'homme politique, forte et doucereuse, mugit.

LA VOIX

Les mensonges aussi répugnants qu'effrontés de mon adversaire...

GRAND-PÈRE

Fermez cette boîte!

Edith ferme la radio. Grand-mère arrive en courant par le couloir.

GRAND-MÈRE

Tu es là, mon Brick? Tu es là, mon bébé chéri?

GRAND-PÈRE

Non, rouvrez la boîte!

Edith tourne un autre bouton. Le cadran de la télévision s'éclaire à droite du bar. Gooper et le Révérend, Edith et le Docteur regardent la télévision. Margaret s'assied sur le divan, Grand-père dans le canapé.

GRAND-MÈRE, descend vers Brick, dans la véranda premier plan.

Voilà mon fils chéri! Oh! Brick, encore ce verre! Pose-le, je t'en prie!

Brick boit.

GOOPER, les regardant attentivement.

C'est fou ce qu'il obéit!

Il se tourne en riant vers Edith et le Docteur.

GRAND-MÈRE

C'est un mauvais garçon, un vilain petit garçon. Embrasse ta vieille maman, petite fripouille. Voyez-le se défiler! Il a horreur des caresses.

UNE VOIX, de l'amplificateur de télévision.

C'est Tom Charkey qui se précipite. Attention, il va lancer!

GRAND-MÈRE, se tourne vers les autres.

Arrêtez-moi cette machine. (*Edith va à la télévision et éteint. Elle va rejoindre Gooper, le Révérend et le Docteur au premier plan gauche.*) Je déteste la télévision; je n'aimais déjà pas la radio, mais cette télévision-là... (*Elle se laisse tomber sur le lit.*) Mais qu'est-ce que je fais là, loin de mon vieux compagnon? Je veux m'asseoir près de lui et lui faire des mamours. (*Elle se lève et essaie de s'asseoir à côté de Grand-père.*) Fais-moi une petite place! (*Elle n'arrive pas à le faire bouger.*) Aussi aimable que Brick! (*Grand-père grogne, se lève et descend vers la porte de la véranda premier plan. Grand-mère se laisse tomber dans le canapé.*) Révérend! Révérend, aidez-moi à me sortir de là!

RÉVÉREND TOOKER, va à elle.

Ne me faites pas de farces, Grand-mère!

GRAND-MÈRE

Comment, pas de farces? Donnez-moi votre main pour m'aider à me lever... (*Le Révérend tend la main à Grand-mère, qui la tire et le fait tomber sur ses genoux. Elle le fait sauter sur ses genoux tout en chantant :)*

A-t-on jamais vu ça, bonnes gens?
Un pasteur sur les genoux d'une femme?
Un pasteur sur les genoux d'une femme?

Eclat de rire général. Entre par le couloir, Sookey, qui va à Edith, lui parle et ressort avec elle. Gooper et le Docteur descendent vers la gauche en riant.

GRAND-PÈRE, hurlant.

Assez de bêtises, Grand-mère!

GRAND-MÈRE

Levez-vous, Révérend.

Il se lève, non sans difficulté, et réajuste ses vêtements. En coulisse, un chœur formé de Mae, des enfants et des ouvriers agricoles, entonne « Happy Birthday ».

GRAND-PÈRE, à Grand-mère.

Ce n'est vraiment plus de ton âge.

GRAND-MÈRE, descend rapidement vers le premier plan gauche.

La fête commence! La fête commence!

Le chant monte.
En coulisse fond droite, une clochette sonne.
Paraissent sur la pelouse Daisy, Brightie, Small et Lacey.
Entrent dans la chambre par le couloir Sonny, Buster et Dixie coiffés de bonnets de papier et précédés

par Trixie qui porte un énorme gâteau couvert
de bougies allumées. Grand-père va jusqu'à la porte
fond droite de la véranda et salue les chanteurs.
A la fin de la chanson, les ouvriers agricoles sortent sauf
Brightie et Small. La clochette s'arrête.
Edith aligne les enfants au centre, face au public et les
aide à entonner une autre chanson (Skinamarinka-
a-doo).
Le Révérend prend le gâteau des mains de Trixie et
le passe à Sookey, qui vient d'entrer par le couloir.
Elle le pose sur le bar et se tient rayonnante devant
la porte du couloir. Les enfants saluent Grand-père
dans la chanson.

GRAND-PÈRE, crie.

Seigneur!

Quelques pas vers la droite. Brightie et Small sortent.
Les enfants terminent leur chanson et entourent
Grand-mère qui fond en larmes. Edith court à elle.

Au nom du Ciel, Ida, qu'est-ce qui te prend?

GRAND-MÈRE

Je suis si contente que je ne sais plus ce que je
fais! (*Elle écarte Edith et descend vers Brick. Sonny
et Buster vont rejoindre Edith, ainsi que Gooper.
Dixie va au bar et racle le sucre du gâteau; Trixie
ne bouge pas et regarde Grand-père.*) Brick, est-ce
que tu connais la merveilleuse nouvelle? Père n'a
rien, rien du tout.

MARGARET

C'est vraiment magnifique!

GRAND-MÈRE

Mais absolument rien. Il a passé son examen brillamment. Je peux t'avouer maintenant que j'étais folle d'inquiétude. L'idée qu'il nous faisait quelque chose comme...

MARGARET, se lève vivement et va vers le lit.

Brick, je crois que c'est le moment de faire ton cadeau... Père, voici le cadeau de Brick!

Elle prend le paquet sous le lit et s'assied.
Les enfants se précipitent sur elle et veulent saisir la boîte. Sookey, le Révérend et Edith interviennent et font sortir les enfants qui disparaissent dans le couloir avec Sookey. Grand-mère va à Margaret et prend la carte jointe au cadeau.

GRAND-MÈRE

Quel bel anniversaire! Une centaine de cadeaux, une montagne de télégrammes!... Qu'est-ce que tu lui offres, Brick?

Edith reste debout près de Margaret.
Le Révérend va rejoindre le Docteur au premier plan gauche. Gooper descend vers le premier plan en regardant Brick.

GOOPER

Je parie qu'il n'en a pas idée!

GRAND-MÈRE

Qu'est-ce que c'est? Qu'est-ce que c'est? J'adore les surprises. Ouvre vite, Grand-père!

Gooper va au bar, allume une cigarette et se prépare

une boisson. Grand-père va vers la porte de la véranda premier plan.

GRAND-PÈRE

Ouvre toi-même, Ida. J'ai à parler à Brick. Brick!...

GRAND-MÈRE

Ouvre-la donc, Maggie!

GOOPER

Père t'appelle, Brick.

BRICK

Dis-lui que je suis boiteux.

GRAND-PÈRE

Je le vois fichtre bien! Et j'aimerais savoir comment ça t'est venu.

MARGARET

Regardez la belle robe de chambre en cachemire!

Elle la tire de la boîte et la montre.

EDITH

Tu sembles bien surprise!

MARGARET

Mais je le suis, réellement.

EDITH

C'est trop drôle!

MARGARET

Pourquoi?

GRAND-PÈRE, menaçant.

Silence!

BRICK, en écho.

Silence!

EDITH, à Margaret.

C'est toi qui l'as achetée, à Memphis, samedi dernier, chez Lowenstein.

GRAND-PÈRE

J'ai dit « silence »!

BRICK, de même.

Silence!

EDITH

Je l'ai su par la vendeuse : « Votre belle-sœur, m'a-t-elle dit, vient d'acheter une robe de chambre en cachemire pour le père de votre mari. »

> Grand-mère sort, sur la pointe des pieds, par la porte du fond droite et va rejoindre Brick. Elle tient la carte à la main et essaie d'attirer l'attention de Brick.

MARGARET

Tu as manqué ta vocation. Tu aurais fait carrière dans le contre-espionnage!

GRAND-PÈRE

SILENCE!

BRICK

Silence...

RÉVÉREND TOOKER, termine une phrase
adressée au Docteur.

C'est une lutte de vitesse entre naissance et mort.
(*Sa phrase tombe dans le silence.*) Oh! pardon. (*Il
tousse, avec gêne.*)

GRAND-PÈRE

Encore une histoire de vitraux, Révérend?

Margaret remet la robe de chambre dans le carton.
Edith lève les bras et fait tinter ses bracelets.

EDITH, au Révérend Tooker.

Croyez-vous que les moustiques sont en forme,
ce soir?

GRAND-PÈRE

Qu'est-ce qu'elle dit, la mère de famille?

EDITH, a rejoint à gauche le Révérend et le Docteur.

Je me demandais si, en allant dans la véranda,
nous risquions d'être dévorés par les moustiques.

GRAND-PÈRE

Aucun danger pour vous. Votre sang les ferait
crever!

GRAND-MÈRE

La semaine dernière, nous avons fait vaporiser tout le domaine par un avion. Depuis je n'en ai pas vu...

> Brick écrase d'une grande claque un moustique sur son bras.

GRAND-PÈRE

Brick, on m'a dit que, la nuit dernière, tu sautais des obstacles sur le stade du collège?

GRAND-MÈRE

Ton père te parle, Brick.

BRICK, *va vers Grand-père.*

Que disiez-vous, Père?

GRAND-PÈRE

On m'a dit qu'hier soir tu sautais des obstacles.

BRICK

On m'a dit ça aussi.

GRAND-PÈRE

Des obstacles ou des filles?

GRAND-MÈRE

Oh! Grand-père! (*Elle rit, un peu gênée. Edith se dirige vers le Révérend Tooker, comme pour le protéger. Grand-mère, toujours dans la véranda, va vers Grand-père qui est sur la marche, dans la chambre.*) Maintenant que tu vas bien, tu n'as plus le droit de parler...

GRAND-PÈRE

Silence!

GRAND-MÈRE

... avec cette grossièreté...

GRAND-PÈRE

Tais-toi!

GRAND-MÈRE

Et devant le Révérend...

GRAND-PÈRE

Silence! (*Grand-mère rentre dans la chambre et rejoint Margaret près du lit.*) Tu ne voulais pas t'offrir une jolie petite gosse sur la pelouse du stade?... (*Gooper rit. Edith est tiraillée entre le désir de le faire cesser de rire et celui de distraire l'attention du Révérend.*) C'était pas une mignonne, après qui tu courais?...

EDITH, entraînant le Révérend par le couloir.

Si nous allions faire un tour dans la véranda, mon Révérend?

GRAND-PÈRE

Au revoir, Révérend. (*A Brick.*) Hein?... et qu'en la poursuivant tu t'es tordu le pied? C'est pas ça?

Gooper rit et pose son verre sur le bar.

BRICK

Je ne crois pas.

Gooper sort par le couloir, puis rejoint Edith et le Révérend qui ont quitté le plateau par la véranda à droite. Le docteur Baugh est toujours au premier plan gauche. Grand-mère entraîne Margaret vers le bar. Elles bavardent ensemble. Margaret prépare une boisson.

GRAND-PÈRE

Alors, bon Dieu de bon Dieu, qu'est-ce que tu foutais là à trois heures du matin?

BRICK

J'essayais réellement de sauter des obstacles. Seulement ils sont devenus beaucoup trop hauts pour moi.

GRAND-PÈRE

Tu étais soûl, n'est-ce pas?

BRICK

Naturellement, sans quoi je n'aurais pas essayé!

GRAND-MÈRE, prenant le gâteau d'anniversaire.

Grand-père, viens souffler les bougies de ton gâteau.

MARGARET, descend vers Grand-père.

Heureux anniversaire à grand-père Pollitt, pour ses soixante-cinq ans...

Le docteur Baugh va au bar et se verse à boire.

GRAND-PÈRE, se retourne vers Margaret.

J'ai dit silence. Tais-toi. Assez de foutaise!

Margaret passe dans la véranda par la porte du fond, descend jusqu'à Brick à qui elle donne son verre.

GRAND-MÈRE, portant le gâteau à Grand-père.

Grand-père, je t'ai demandé de parler moins grossièrement. Un jour comme aujourd'hui...

GRAND-PÈRE

Un jour comme aujourd'hui et tous les autres jours, je parlerai comme je veux et ceux que ça dérange peuvent aller au diable!

GRAND-MÈRE

Tu ne dis pas ça sérieusement?

GRAND-PÈRE

Qu'est-ce qui te le fait croire?

GRAND-MÈRE

Je le sais.

GRAND-PÈRE

Tu ne sais rien. Tu n'as jamais rien su et ce n'est pas aujourd'hui que tu vas commencer!

GRAND-MÈRE

Tu plaisantes, Grand-père!

GRAND-PÈRE

Moi, pas le moins du monde. J'ai tout laissé aller

dans cette maison parce que je croyais que j'allais mourir. (*Il passe derrière Grand-mère.*) Et toi aussi tu le croyais et tu t'es mise à commander. Mais c'est fini, ma bonne Ida! Je ne vais pas mourir et tu n'as qu'à filer doux. Je n'ai rien. Absolument rien. (*Le docteur Baugh prend son verre, sort de la chambre par la porte du couloir, reparaît dans la véranda et sort à droite. Grand-père à la droite de Grand-mère.*) Avoue que tu croyais que j'avais un cancer. Hein? sois sincère, Ida! Avoue que tu te figurais que je mourais du cancer et que c'était à toi de régenter la maison, la plantation et tout. Je voyais ton vieux derrière trotter et s'agiter, j'entendais ta vieille voix, criarde, dans tous les coins...

Edith et le Révérend reparaissent à droite dans la véranda.

GRAND-MÈRE

Chut! le Révérend!

GRAND-PÈRE

Merde pour le Révérend! Tu m'entends? Merde pour le Révérend et ses vitraux commémoratifs!

Edith fait faire rapidement demi-tour au Révérend et l'entraîne en coulisse droite.

GRAND-MÈRE

Mais qu'est-ce qui te prend, Seigneur! Jamais je ne t'ai vu...

GRAND-PÈRE

Je me suis envoyé des dizaines d'examens et une opération pour savoir qui était le maître de cette maison, toi ou moi. Eh bien, c'est moi... encaisse ça! C'est mon cadeau d'anniversaire... et mon gâteau et mon champagne... Ça fait trois ans que tu t'es mise, peu à peu, à régenter, à commander, à promener ton vieux derrière dans tous les coins! Ça suffit. Je suis chez moi. C'est moi qui ai fait cette plantation! (*Il descend au premier plan et face au public.*) Je n'étais qu'un régisseur. J'étais le régisseur de la vieille plantation de Straw et Ochello. J'ai quitté l'école à dix ans. J'ai quitté l'école à dix ans et je me suis mis à travailler dans les champs, comme un Nègre. Et je suis arrivé à être régisseur de la vieille plantation de Straw et Ochello. Et le vieux Straw est mort et je suis devenu l'associé d'Ochello et la plantation s'est étendue de plus en plus. Elle a grandi, grandi, grandi, de plus en plus. Et j'ai fait ça tout seul, sans que tu m'aides en rien et tu te crois juste au bord de mettre la main sur tout? Eh bien, je veux te dire que tu es juste au bord de rien du tout, Ida. C'est clair? Tu as compris? J'ai dû subir à la clinique tous ces damnés examens de laboratoire (*il remonte à la droite de Grand-mère*) et cette opération et je n'ai rien, rien que des spasmes du côlon... spasmes qui me sont venus de tous les foutus mensonges et tous les foutus menteurs que j'ai dû supporter depuis plus de quarante ans que je vis avec toi! Et maintenant, vas-y,

souffle tes bougies, Ida! Souffle les foutues bougies
de ce foutu gâteau!

GRAND-MÈRE

Alors, tu n'as pas cru... pendant toutes ces années,
tu n'as donc jamais cru que je t'aimais?

GRAND-PÈRE

Hum!

GRAND-MÈRE

Je t'ai aimé, je t'ai toujours aimé! J'aimais jusqu'à ta haine et ta dureté!

> En coulisse (fond à droite) les ouvriers agricoles com-
> mencent à chanter « She came to my window ».
> Grand-mère, refoulant ses larmes, et le gâteau toujours
> dans les mains, sort par la porte de la véranda fond
> droite puis disparaît à droite.

GRAND-PÈRE, à part.

C'est peut-être vrai, après tout! (*Il se tourne vers
la porte de la véranda premier plan.*) Brick, hé!
Brick! (*Margaret vient à la porte de la véranda
premier plan.*) C'est pas toi que j'appelle, c'est
Brick!

MARGARET

Je vous le transmets, Grand-père.

> Elle entraîne Brick vers la porte, lui donne un baiser,
> remonte vers la porte du fond et sort par la véranda
> à droite. Brick, près du divan, s'essuie les lèvres
> pour effacer le baiser de Margaret.

GRAND-PÈRE

Pourquoi fais-tu ça?

BRICK

Quoi, Père?

GRAND-PÈRE

T'essuyer la bouche?

BRICK

J'en sais rien. Un geste inconscient.

GRAND-PÈRE

Ta femme est rudement mieux que celle de Gooper.

La chanson s'éteint en coulisse.

BRICK

Ah oui? Je trouve qu'elles se ressemblent.

GRAND-PÈRE

Maggie est autrement mieux balancée que l'autre.

BRICK

Je parle d'une ressemblance profonde, essentielle, celle qu'il y a, par exemple, entre deux animaux de même espèce.

GRAND-PÈRE

Peut-être... Alors, c'est drôle!

BRICK

Qu'est-ce qui est drôle?

GRAND-PÈRE

Que deux types aussi différents que toi et Gooper ayez pris en mariage deux filles de la même espèce.

BRICK

C'est que nous les avons prises toutes deux dans le même monde.

GRAND-PÈRE

En tout cas, ces deux filles ont le même air soucieux. Pourquoi sont-elles soucieuses?

BRICK

Mais parce qu'elles sont toutes deux installées au milieu de quatorze mille hectares. Quatorze mille hectares, c'est un beau lopin de terre, alors elles sont en train de se le partager...

Edith paraît dans la véranda à droite et écoute.

GRAND-PÈRE

Partager? Une minute! Elles seront ridées comme deux vieilles pommes avant ce partage-là!

BRICK

Bien, Grand-père. Tenez bon, laissez-les se crêper le chignon.

GRAND-PÈRE

Tu parles que je tiens bon!... Tout de même la femme de Gooper est une sacrée pondeuse! Quelle marmaille, bon Dieu! Ce soir, à dîner, il y en avait partout, il a fallu qu'on mette deux rallonges à la table... Cinq gosses, pense donc!

BRICK

Presque six.

GRAND-PÈRE

C'est vrai, oui, bientôt six. Elle est inépuisable!

GOOPER, en coulisse, fond droite.

Edith! Eh, Edith!

> Edith cachée dans la véranda supérieure essaie de le faire taire.

GRAND-PÈRE

Il y a quelqu'un dans la véranda? (*A Brick.*) Gooper? (*Il appelle* :) Gooper!

> Edith fait irruption dans la chambre et va droit à Grand-père.

EDITH

Vous avez besoin de Gooper, Grand-père?

GRAND-PÈRE

Je n'ai pas besoin de Gooper et je n'ai pas besoin de toi! (*Il la repousse vers la porte donnant sur l'entrée, au fond.*) J'ai besoin de parler ici, tranquillement, avec Brick. Et je laisse les portes ouvertes à cause de la chaleur. S'il faut que je les ferme pour parler avec Brick, dis-le, je les fermerai. Je veux être tranquille et je n'aime pas les espions...

EDITH

Mais, Père, je ne...

GRAND-PÈRE

Je t'ai vue : la lune était juste derrière toi. J'ai vu ton ombre dans la pièce.

EDITH

J'étais simplement là...

GRAND-PÈRE

Tu étais là pour espionner et tu le sais!

EDITH, reniflant et laissant échapper un sanglot.

Oh! Père, comment pouvez-vous être si dur avec ceux qui vous aiment!

GRAND-PÈRE, tout en poussant Edith le long de la véranda et la faisant sortir à droite.

La ferme, la ferme, la ferme! D'abord, je vais vous déménager de la chambre voisine. Ce qui se passe ici entre Brick et Maggie ne vous regarde pas. Vous écoutez la nuit ce qui se dit dans cette chambre et après vous allez moucharder à Grand-mère. Et Grand-mère vient me trouver : « Ils disent ceci et cela et patati et patata... » et ça me fait mal au cœur! Je vais vous déménager de cette chambre tous les deux. Je n'ai jamais pu supporter le mouchardage. Ça me fait vomir!

> Pendant cette sortie Brick est allé au bar. Grand-père rentre dans la chambre par la porte de la véranda au fond.

BRICK

Alors, ils nous écoutent?

GRAND-PÈRE

Ils n'en perdent pas une miette. Grand-mère s'arrache les cheveux parce que Maggie et toi vous ne couchez pas ensemble. C'est vrai que tu couches sur le divan?... Si Maggie ne te plaît pas, il faut la fiche en l'air... Qu'est-ce que tu fabriques?

BRICK

J'emplis mon verre.

GRAND-PÈRE

Encore! Sérieusement, tu bois trop.

BRICK, descend au premier plan, face au public.

Oui, Père, je le sais.

GRAND-PÈRE

Tu sais aussi que ça t'a fait perdre ta place de radioreporter?

BRICK

J'imagine que c'est ça.

GRAND-PÈRE

Faut pas imaginer, faut savoir.

BRICK, jette un regard vague à droite,
par-dessus son épaule.

Je le sais.

GRAND-PÈRE

Ecoute-moi bien, Brick... et cesse de regarder ce
sacré lustre. (*Un silence.*) Encore une occasion que
Grand-mère a rapportée de la liquidation des stocks
européens. (*Un temps.*) Ecoute-moi, mon garçon.
C'est important, la vie. Il faut s'y cramponner.
D'ailleurs, il n'y a rien d'autre. Et toi, tu lâches
tout. Ça lâche tout, un buveur. (*Brick va vers le
divan.*) Accroche-toi à la vie, il n'y a pas autre
chose à quoi s'accrocher... Brick...

BRICK, s'assoit sur le divan.

Oui?

GRAND-PÈRE tousse.

Ouf! Ce cigare me flanque la nausée... (*Il pose le
cigare dans un cendrier sur le bar.*) Pourquoi exactement as-tu quitté ta place? Tu as eu un ennui?

BRICK

Je ne sais pas, et vous?

GRAND-PÈRE, avance d'un pas vers la droite.

C'est à toi que je le demande. Comment veux-tu

que je le sache? (*En coulisse (gauche) une pendule sonne onze heures.*) Pourquoi est-il si difficile de s'expliquer?

BRICK

Oui... (*Ecoutant la pendule.*) La voix même de la paix, qui sort de cette pendule. Je l'écoute souvent la nuit.

GRAND-PÈRE, prend la béquille de Brick
qui est appuyée sur le canapé et se tourne vers le centre.

Nous l'avons rapportée d'Europe, elle aussi. Un de ces voyages sinistres dont Cook a le secret! Quel sale souvenir, Brick! Les grands hôtels vous volent comme au coin d'un bois. Et puis il y avait ta mère : ce qu'elle a pu acheter dans ce sacré pays! De quoi emplir au moins deux wagons de marchandises! Partout où elle passait, mon cher, elle raflait tout. La moitié de ses emplettes est restée dans les caisses, en bas, dans le sous-sol. Au printemps dernier, tout a été inondé!.. Cette Europe n'est rien d'autre qu'une vente aux enchères, voilà tout ce que c'est, ce tas de vieux endroits usés, finis, une gigantesque vente aux enchères après incendie, une énorme fichaise. Ta mère s'est mise à acheter à tour de bras. Heureusement que je suis riche! (*Il va a Brick.*) Est-ce que tu sais, Brick, combien ton père est riche?... Devine... Dis un chiffre... Tout près de dix millions de dollars en espèces, sans compter tout un tas de bonnes vieilles valeurs, sans compter

quatorze mille hectares des terres les plus riches
d'ici à la vallée du Nil!... Mais la vie, Brick, la vie,
ça ne s'achète pas. C'est même la seule chose qu'on
ne puisse pas s'acheter, pas plus à cette vente aux
enchères d'Europe que sur le marché américain, ou
sur n'importe quel autre marché au monde. Personne ne peut acheter ni racheter sa vie quand elle
est épuisée... Voilà une pensée qui dégrise, pas
vrai? une pensée très dégrisante et je te prie de
croire que, jusqu'à aujourd'hui, elle m'a souvent
fait froid dans le dos... Mais c'est très bien ainsi :
il fallait que je passe par où je suis passé. J'ai
appris des tas de choses... Tiens, encore un souvenir
qui me revient, de cette Europe.

BRICK, absent.

Un souvenir, Père?

GRAND-PÈRE, face au premier plan,
appuyé sur la béquille.

Ces collines d'Espagne, autour de Barcelone, ces
collines pelées pleines de gosses affamés, et qui fon-
çaient sur nous en hurlant comme des chiens! Et
pendant ce temps-là, les rues de Barcelone étaient
pleines de prêtres, toute une armée de prêtres bien
gras et si aimables!... Pense que je pourrais nourrir
tout ce pays! Seulement, la bête humaine est une
bête égoïste et je ne crois pas que l'argent que j'ai
donné à ces gosses, autour de Barcelone, suffirait à
recouvrir une des chaises de cette chambre... (*Il va*

*vers un siège à droite et le frappe avec la béquille,
se retourne vers le premier plan.*) Et quand je dis
recouvrir, j'entends : retapisser, et non couvrir de
dollars!... Je leur ai jeté de l'argent comme on jette
le grain dans une basse-cour, je leur ai jeté de
l'argent pour me débarrasser d'eux, puis j'ai
regrimpé à toute vitesse dans la voiture... (*Un petit
temps.*) Et le Maroc!... Autre farce! Ces Arabes rapaces... Tu sais qu'on prostitue les filles, là-bas, dès
leur enfance? Oui, dès quatre ou cinq ans! Je me
souviens de Marrakech, cette vieille ville enfermée
dans des murailles rouges... Je m'étais assis à l'ombre pour fumer un cigare. Cette chaleur qu'il faisait!... Il y avait là une femme arabe qui me regardait si fixement que ça me gênait... Debout en
plein soleil, les pieds dans la poussière, elle ne me
quittait pas de l'œil... Et elle avait dans ses bras une
petite fille toute nue, une gosse de quatre ou cinq
ans, toute nue, dans ses bras. Elle lui a chuchoté
quelque chose à l'oreille et l'a poussée vers moi.
L'enfant est venue, roulant sur ses petites jambes,
et crois-le si tu veux, sitôt près de moi, elle vous a
eu un de ces gestes... de putain... Ça me soulève le
cœur de me rappeler ça!... (*Il se tourne vers l'arrière-plan gauche et fait un grand geste avec la
béquille.*) Je suis rentré à l'hôtel et j'ai dit à ta
mère : « Fais les valises, Ida!... (*Grand-mère paraît
dans la véranda premier plan droite, écoute un
instant puis sort, premier plan droite.*)... Nous foutons le camp de ce pays! »

BRICK

Vous êtes bavard, ce soir, Père!

GRAND-PÈRE

L'homme est le seul animal qui sache qu'il doit mourir, mais ça ne le rend pas plus doux, ni plus pitoyable...

Il jette la béquille sur le lit.

BRICK, doucement.

Doucement, eh, ma béquille!

GRAND-PÈRE

Quoi?

BRICK

Passez-moi ma béquille, je voudrais me lever.

GRAND-PÈRE

Pour quoi faire?

BRICK

Un petit tour du côté de la « Source ».

GRAND-PÈRE, prend la béquille
et la donne à Brick.

La « Source »?

BRICK, se lève.

Le bar.

Il va vers le bar.

GRAND-PÈRE, arrêtant Brick.

Oui, mon garçon, la bête humaine doit mourir et qu'est-ce qu'elle fait contre ça? Je vais te le dire. Sitôt qu'elle a un peu d'argent, elle achète, achète et achète... Pourquoi? tu demandes. Mais parce qu'elle se figure qu'au milieu de cette montagne de choses qu'elle a achetées, il y a la vie éternelle! — en quoi elle se trompe!

BRICK, reprend son chemin vers le bar.

Vous êtes plus que bavard, vous êtes intarissable!

GRAND-PÈRE

Eh! je me venge du silence de tous ces derniers jours... Tu penses si j'avais un poids sur l'estomac! Et tout à coup, plus rien, léger comme une plume! Ce n'est plus le même ciel, ce n'est plus le même monde! Et je parle, à m'en soûler! Ça fait du bien de parler!

BRICK, au bar; il tient une bouteille au-dessus de son verre.

Moi, ce qui me fait du bien, c'est le silence complet.

GRAND-PÈRE

Le silence?

BRICK

Oui. (*Il verse du whisky dans son verre.*) Total. (*Il verse.*) Sans un bruit, sans un son. (*Il verse.*)

GRAND-PÈRE

Ce silence-là, mon garçon, tu l'entendras un jour, plus tôt et plus longtemps que tu ne le souhaites.

BRICK

Bon. Vous avez tout dit?

GRAND-PÈRE

Tu es si pressé que je me taise?

BRICK, se tourne vers lui.

Chaque fois que vous me demandez de parler avec vous, il ne se passe rien. Vous dites des tas de choses et j'ai l'air d'écouter, enfin, je fais de mon mieux pour prendre cet air-là. C'est impossible, Père, d'échanger quoi que ce soit avec qui que ce soit, et vous le savez bien.

GRAND-PÈRE

As-tu jamais eu peur? Je veux dire : une terreur panique? (*Il jette un coup d'œil dans le couloir et revient à la droite de Brick.*) Eh bien, moi, je l'ai eue! Oui, j'ai vraiment senti peser sur mon épaule la main de la mort.

BRICK

Personne ne l'aurait cru.

GRAND-PÈRE

Un cochon pousse des cris, un homme se tait. Quoique, à bien des égards, sachant qu'il doit mourir, cet homme soit plus mal loti que le cochon. L'homme est le seul être au monde qui s'attende à la mort. Le cochon la voit venir à la dernière minute et il pousse des cris; l'homme se tait... si c'est un homme fort... Cela dit, je me demande...

BRICK

Quoi donc, Père?

GRAND-PÈRE

Si un whisky à l'eau ferait tort à mon côlon... spasmodique.

BRICK

Au contraire.

Il verse un whisky.

GRAND-PÈRE, un pas vers la droite premier plan.

Si tu savais, mon gars, comme le ciel se dégage! A quel point notre ciel se dégage, se dégage!...

BRICK

Ça va mieux, on dirait.

GRAND-PÈRE

« Mieux », dit le jeune Pollitt! Ça va foutre-ment bien. Toute ma vie, tu comprends, j'ai serré le poing... pour cogner, pour écraser! Et voilà que l'envie me prend d'ouvrir ce poing, d'en faire une main, qui touche aux choses, très doucement.

(*Brick va à Grand-père et lui tend son verre de whisky. Il le prend.*) Sais-tu ce que j'ai en tête? dans le crâne?

BRICK

Non, Père.

GRAND-PÈRE

Le plaisir! Ça t'épate. Celui que donnent les femmes. Qu'est-ce que tu dis de ça? J'ai soixante-cinq ans et je désire les femmes.

Il boit.

BRICK

Je trouve ça très remarquable.

GRAND-PÈRE

Remarquable?

BRICK, va vers le divan.

Admirable!

GRAND-PÈRE, suivant Brick.

Remarquable et admirable, tu as raison, mon gars. J'ai du retard, tu comprends, je n'ai pas eu mon compte. J'ai laissé des tas d'occasions me passer sous le nez. Et pourquoi? Par scrupule. Scrupules, convenances, foutaises! Tout ça, c'est de la foutaise. Et je n'en savais rien. Il a fallu le vent de la mort pour que je m'en rende compte. Mais, maintenant que la mort est loin et que je me

retrouve à quai, je vais me payer une de ces...
comment dit-on? tournées?

Le téléphone sonne en coulisse gauche.

BRICK

Une bordée?

Le téléphone sonne toujours.

GRAND-PÈRE

C'est ça, une bordée, une bordée! (*Le téléphone
sonne toujours.*) Foutre : j'ai couché avec ta mère
jusqu'à, voyons... il y a a cinq ans, oui. J'avais
soixante ans et elle cinquante-huit. Et jamais, je
te jure, jamais elle ne m'a plu.

*Grand-mère arrive en courant dans la véranda, entre par
la porte premier plan droite.*

GRAND-MÈRE

Vous n'entendez pas le téléphone? Il faut que
je me dérange.

*Elle s'approche de Grand-père et pose un petit baiser
sur ses lèvres.*

GRAND-PÈRE

Si ça te dérange tellement, pourquoi fais-tu le
long tour en passant par ici? (*Grand-mère rit et
sort par le couloir. Grand-père fait quelques pas
derrière et la suit du regard.*) Quand Grand-mère
quitte une pièce et que je la vois de dos, j'oublie
la tête qu'elle a...

GRAND-MÈRE, en coulisse, au téléphone.

Allô...

GRAND-PÈRE

Mais quand elle revient, et que je retrouve sa tête, j'aime encore mieux son dos!...

GRAND-MÈRE

Allô, Miss Sally!

Brick va vers la porte de la véranda premier plan droite.

GRAND-PÈRE

Hé! là-bas! Où vas-tu?

BRICK

Prendre l'air.

GRAND-PÈRE

Une minute. Nous n'avons pas fini.

BRICK

Ah! pardon, je croyais.

En coulisse, la pendule sonne un coup.

GRAND-PÈRE

Nous n'avons même pas commencé!

VOIX DE GRAND-MÈRE

Je vous entends, Miss Sally!

BRICK

Je voulais respirer la fraîcheur du fleuve.

GRAND-PÈRE

Tout à l'heure. Viens ici!

BRICK

Très bien, Père.

Il revient dans la chambre.

VOIX DE GRAND-MÈRE

Il faut venir bientôt, Miss Sally. Grand-père meurt d'envie de vous voir!

GRAND-PÈRE, hurlant.

Merde!

Il pose son verre sur le bar.

VOIX DE GRAND-MÈRE

Oui, oui, au revoir, Miss Sally!

Grand-mère paraît à la porte du couloir et se tient derrière Grand-père qui s'adosse à la porte.

GRAND-MÈRE

C'était Miss Sally.

GRAND-PÈRE

Ne repasse pas par ici.

GRAND-MÈRE

Elle a téléphoné à son docteur à Memphis pour savoir ce que c'est que des spasmes du côlon! Puis elle nous a appelés pour dire qu'elle est bien soulagée...

Elle entre dans la chambre.

GRAND-PÈRE

Je t'ai dit de ne pas repasser par ici!

GRAND-MÈRE

Je m'en vais tout de suite. (*Fredonnant.*) Tout de suite, je disparais, je disparais... (*Elle va jusqu'au lit, où le cadeau de Brick est resté.*) Dis-moi que tu ne pensais pas les choses que tu m'as dites. (*Elle prend le carton.*) Toutes ces choses horribles! N'est-ce pas, Grand-père, n'est-ce pas? Non, tu ne le pensais pas. Je le sais bien, mon chéri... Oui, oui, je disparais, je disparais...

> Grand-père grogne. Elle passe dans la véranda, le carton sous le bras, chantonnant toujours, et sort par la droite.

GRAND-PÈRE, descend vers le centre, face au public.

Elle sait que je ne l'encaisse pas et qu'elle me fait vomir : elle ne veut pas l'admettre. C'est de ma faute, d'ailleurs. Il y a belle lurette que j'aurais dû cesser de coucher avec elle. Mais je faisais bien l'amour et elle est insatiable. Mais que de temps perdu! Si c'est vrai ce qu'on dit, qu'on a qu'un certain nombre de fois à faire l'amour, il ne m'en reste plus guère, mais celles-là, je les réserve. Je te vas choisir une fille à qui les distribuer, une fille de première! Tant pis pour la dépense! Je la couvrirai de visons. Je la mettrai toute nue, je la couvrirai de visons, je l'étoufferai de diamants. Je la flanquerai à poil et je l'étoufferai de diamants et je la couvrirai de visons. Et alors, en avant! De neuf heures du soir au petit déjeuner! (*Se tournant vers Brick.*) Oui, Brick, je suis heureux. Je suis heureux, mon fils, heureux, heureux, heureux!

Brick se lève et se dirige vers le bar.

GRAND-PÈRE

Pourquoi bouges-tu tout le temps? Tu as des fourmis dans ta culotte?

BRICK

Oui, Père.

GRAND-PÈRE

Et pourquoi?

BRICK

Il me manque quelque chose.

GRAND-PÈRE

Quoi?

BRICK

Le... clic.

GRAND-PÈRE

Le clic? Quel clic?

BRICK

Un petit claquement sec dans le fond de ma tête, qui me donne la paix.

GRAND-PÈRE

Qu'est-ce que tu me chantes-là?

BRICK

C'est purement mécanique.

Il boit.

GRAND-PÈRE

Qu'est-ce qui est mécanique?

BRICK

Ce petit claquement sec qui me donne la paix.
Je suis forcé de boire jusqu'à ce que ça se
déclenche. Oui, purement mécanique, comme un...
comme un... (*Il boit.*)

GRAND-PÈRE

Comme un... quoi?

BRICK, porte son verre à son front.

Comme un commutateur, qui éteint dans ma
tête une lumière étouffante et allume une lumière
nouvelle, toute fraîche, et alors, j'ai la paix.

GRAND-PÈRE

Tu en es là, vraiment? Mais tu es alcoolique!

BRICK

Oui, je suis alcoolique.

GRAND-PÈRE

Et je ne m'en doutais pas! Incroyable ce que j'ai pu laisser aller les choses!

BRICK

Il faut absolument que j'entende ce petit clic pour me sentir en paix. (*Il va au bar.*) D'ordinaire, ça vient plus tôt, quelquefois vers midi, mais aujourd'hui, c'est long... (*Il se verse à boire.*) Question de dosage, sans doute. Je n'ai pas encore assez d'alcool dans le sang. (*Il boit.*)

GRAND-PÈRE

C'est l'obsession de la mort qui m'a rendu aveugle. J'ai eu beau voir mon fils devenir un ivrogne, je n'en savais rien, parole!

BRICK

Eh bien, vous le savez. La chose a pu enfin entrer en vous.

GRAND-PÈRE

Parfaitement exact. La chose, comme tu dis, vient d'entrer en moi.

BRICK

Vous m'en voyez ravi. Maintenant excusez-moi...

GRAND-PÈRE

Non, reste ici.

BRICK

Il vaudrait mieux que je sois seul. Le clic se fait de lui-même, mais le silence l'aide beaucoup, la solitude aussi.

GRAND-PÈRE, va à Brick.

Tu auras le temps, je t'ai dit, d'être seul et silencieux jusqu'à la fin des siècles. Pour le moment je te parle, et j'entends que tu me répondes. Assieds-toi et ne bouge plus, avant que je te dise que la conversation est terminée.

BRICK

Mais cette conversation va faire comme toutes les autres, toutes ces conversations que nous avons, vous et moi, depuis des années : elle ne mènera à rien, absolument à rien. C'est pénible, vous savez.

GRAND-PÈRE

Très bien, ce sera pénible.

Grand-père arrache la béquille de dessous le bras de Brick. La béquille tombe. Grand-père pousse Brick sur le canapé. Brick se cramponne à son verre.

BRICK

Je peux sauter à cloche-pied.

GRAND-PÈRE

Tu tomberas.

BRICK

Je peux ramper.

GRAND-PÈRE

Si je n'y mets pas bon ordre, tu ramperas en effet, hors de cette plantation et alors, nom d'une pipe! toi et ta boisson, vous ferez une drôle de culbute!

BRICK

Ça viendra, en effet.

GRAND-PÈRE

Non. ça ne viendra pas. Mes affaires sont en ordre, je vais m'occuper des tiennes.

BRICK

A quoi bon?

Il veut se lever.

GRAND-PÈRE, *l'oblige à se rasseoir.*

Reste là.

BRICK, *même jeu.*

Je ne peux pas.

GRAND-PÈRE, *même jeu.*

Assis, fils de putain!

BRICK

Je ne peux pas, je vous dis. Nous parlons, vous parlez... et nous tournons en rond. Vous n'avez rien à me dire.

Grand-mère paraît dans la véranda à droite et écoute.

GRAND-PÈRE

Comment, rien à te dire! Je te dis que je vais vivre et que j'ai cru mourir!

BRICK, avec déception.

Ah! c'est ça!

GRAND-PÈRE

Oui, salaud! Ça n'est pas important?

BRICK

Eh bien, vous l'avez dit. Et maintenant...

Il veut se lever.

GRAND-PÈRE, le repousse sur le canapé.

Reste assis!

BRICK

Oh! vous embrouillez tout.

GRAND-PÈRE

Quoi?

BRICK

Vous embrouillez tout.

Il se lève.

GRAND-PÈRE, même jeu.

Tu me juges, ivrogne!

BRICK

Père...

GRAND-PÈRE

Tu sauras qu'à présent, c'est moi qui tiens les commandes!

GRAND-MÈRE, s'avance.

Père... écoute-moi...

GRAND-PÈRE, remonte vers Grand-mère.

Qu'est-ce que tu fous là, toi?

Brick, libéré, pose son verre sur le divan et cherche à reprendre sa béquille.

GRAND-MÈRE

Ah! ne crie pas comme ça, à la fin! Je te jure...

GRAND-PÈRE

Fiche-moi le camp d'ici!

Il se retourne et voit Brick, qui a ramassé sa béquille, clopiner vers la porte de la véranda premier plan droite. Il bondit vers lui, lui arrache la béquille. Brick tombe sur le ventre dans la véranda. Grand-mère pousse un cri et veut aller à lui.

GRAND-PÈRE

Laisse-le se débrouiller!

Grand-mère, désolée, hésite, puis sort à droite.

BRICK

Seigneur!

GRAND-PÈRE, dans l'encadrement de la porte, premier plan.

Seigneur! Oui, comme tu dis.

BRICK

Donnez-moi ma béquille!

GRAND-PÈRE

Minute! Pourquoi bois-tu?

BRICK

Sais pas... Donnez-moi ma béquille!

GRAND-PÈRE

Pourquoi est-ce que tu bois?

BRICK

Donnez-moi ma béquille, Père, s'il vous plaît.

GRAND-PÈRE

Non, réponds-moi d'abord. Pourquoi est-ce que tu bois? Pourquoi est-ce qu'en buvant, tu te soulages de ta vie, tu rejettes ta vie comme une chose immonde, une ordure? Réponds!

BRICK, se met à ramper en direction du divan, où son verre est resté.

Laissez-moi! Je viens de cogner mon pied blessé. Ça me fait très mal.

GRAND-PÈRE, fait tomber le verre par terre.

Souffre, mon garçon! Ça prouve au moins que l'alcool ne t'a pas complètement endormi!

BRICK

Vous avez renversé mon verre.

GRAND-PÈRE

Je t'en donne un autre, si tu réponds à ma question. Je te verserai moi-même ta ration de whisky.

BRICK

Pourquoi je bois?

GRAND-PÈRE

Pourquoi tu bois.

BRICK

D'accord. Donnez-moi le verre et je vous le dirai.

GRAND-PÈRE

Dis-le d'abord.

BRICK

Ça tient en un mot : par dégoût. (*La pendule sonne deux coups. Brick se met péniblement debout.*) Et maintenant, ce verre!

GRAND-PÈRE

Mais qu'est-ce qui te dégoûte? Dis-le, sans quoi tu ne dis rien.

BRICK

Passez-moi ma béquille...

GRAND-PÈRE

Dis-moi pourquoi tu bois.

BRICK

Je vous ai répondu : pour tuer mon dégoût!

GRAND-PÈRE

Ton dégoût de quoi?

Exténué, Brick trébuche sur la marche de la véranda
et tombe dans les bras de Grand-père.

BRICK

Vous êtes trop dur!

GRAND-PÈRE, le soutient et, avec douceur :

Tu as tellement besoin de boire?

BRICK, se cramponnant à lui.

Encore plus que ça.

GRAND-PÈRE

Bon, je te donne un verre. Mais il faut que tu
me répondes.

BRICK

Oui, Père, j'essaierai. (*Grand-père l'aide à s'asseoir sur le divan. Au loin, trois cris de faucon. Il
prend la béquille et la donne à Brick.*) Savez-vous
ce que c'est que la dissimulation?

GRAND-PÈRE

A peu près, oui, je crois. Ça veut dire le mensonge et les menteurs, n'est-ce pas?

BRICK

Exactement, Père, le mensonge et les menteurs.

GRAND-PÈRE

Quelqu'un t'a menti?

Gooper entre dans la véranda à droite. Entrent, sur la pelouse, en procession, précédés d'Edith, Sonny, battant du tambour puis Buster, Dixie et Trixie, qui brandissent de petites lampes électriques.

EDITH et LES ENFANTS, encouragés par Gooper, et psalmodiant.

Grand-pè...ère! Grand-pè...ère!

Ils s'arrêtent au milieu de la pelouse et continuent à crier. Gooper entre rapidement dans la chambre.

GOOPER

Père, les gosses vous réclament!

GRAND-PÈRE, va à lui.

Va-t'en, Gooper!

GOOPER

Oh! pardon!

Gooper fait signe à Edith d'emmener les enfants. Ils partent sans bruit. Gooper sort par la véranda à pas lents. Grand-père va au bar et prépare une boisson pour Brick.

GRAND-PÈRE

Qui t'a menti? Ta femme? Margaret t'a menti?

BRICK

Non, elle, ça ne compterait pas.

GRAND-PÈRE

Alors qui, et pourquoi?

BRICK

Il s'agit d'un tas de gens et d'un tas de mensonges.

GRAND-PÈRE

De qui, à propos de quoi?

BRICK, se frottant la tête.

C'est tout... tout l'ensemble...

GRAND-PÈRE, va vers lui, le verre à la main.

Tu as mal à la tête?

BRICK

Non, j'essaie de...

GRAND-PÈRE, lui tend le verre.

De quoi? de te concentrer? Mais tu n'y arrives pas? Ton cerveau sue l'alcool! Tu as le cerveau qui trempe dans un bain d'alcool!... D'abord, qu'est-ce que tu sais de la dissimulation? Moi, oui, je connais ça. Je pourrais écrire un livre! (*Quelques pas vers le centre.*) J'écrirais tout un livre sans épuiser le sujet! Je te jure, je le pourrais! Je pourrais écrire là-dessus tout un sacré livre, sans même commencer à épuiser le sujet! Quand je pense aux mensonges que j'encaisse chaque jour, à tous ces faux-semblants! C'est ça la dissimulation, non? Feindre toutes sortes de choses qu'on ne sent pas, qu'on ne pense pas? Faire semblant, par exemple, depuis plus de quarante ans, d'aimer Grand-mère, quand je ne peux pas souffrir sa vue, ni son odeur... sans parler de sa voix!... Et aller à l'église, où je m'ennuie à crever! Eh bien, j'y vais pourtant, et je feins d'écouter ce crétin de pasteur! (*Il se tourne vers Brick.*) Toi, je ne sais pas pourquoi, je t'aime bien. Sincèrement. J'ai toujours eu pour toi je ne sais quel sentiment... d'affection... d'intérêt... Bizarre, mais c'est comme ça! (*Il va à lui.*) Je me suis toujours arrangé pour vivre avec la dissimulation. Tu ne peux pas faire comme moi? D'ailleurs, il le faut bien : on ne peut pas vivre sans elle.

BRICK

Si, Père. On peut vivre avec autre chose.

GRAND-PÈRE

Avec quoi?

BRICK, levant son verre.

Avec ça!

GRAND-PÈRE

On ne vit pas avec ça, on évite de vivre.

BRICK, il boit.

Justement!

GRAND-PÈRE

Justement! Alors, suicide-toi!

BRICK

Oh! mais non : j'aime boire.

GRAND-PÈRE

Y a rien à faire.

BRICK

Non, rien, je le regrette.

GRAND-PÈRE

Pas tant que moi. Je vais te dire une chose. Il n'y a pas longtemps, quand je me croyais fichu, avant de savoir que je n'avais rien à part ces... spasmes du côlon... je me suis demandé si, oui ou non, je te laisserais la plantation. Je déteste Gooper et cette garce d'Edith et leurs cinq petits singes braillards et mal élevés! Pourquoi diable laisser quatorze mille hectares de la terre la plus belle d'ici la vallée du Nil à cette bande de macaques qui ne m'est rien du tout? Mais, d'un autre côté, pourquoi faire ce cadeau à un imbécile d'ivrogne? Que je l'aime bien ou non, et même si je l'aime tout court, pourquoi récompenser la bêtise, la veulerie, la lâcheté d'un ivrogne? (*Quelques pas vers le centre.*) Je te parle carrément : je n'ai pas fait de testament. D'ailleurs, ça ne presse plus! J'ai bien le temps, Dieu merci! (*Il va à Brick.*) Oui, j'ai le temps de voir si tu vas te ressaisir.

BRICK

Très juste, Père, très sage.

GRAND-PÈRE

Tu crois que je plaisante?

BRICK, se levant.

Mais pas du tout, Père.

GRAND-PÈRE

Et ça t'est bien égal?...

BRICK, va vers la porte de la véranda, premier plan.

Oui, Père, tout à fait...

GRAND-PÈRE

Attends, Brick, attends! (*Il rejoint Brick et face à lui.*) Il faut en finir. Nous ne pouvons pas lâcher, comme nous faisons chaque fois, éviter d'aller jusqu'au fond des choses, je ne sais pour quelles raisons plus ou moins idiotes... On croirait, ma parole, que nous ne pouvons, ni toi ni moi, vider notre sac, que nous n'en avons pas le courage... ni l'honnêteté...

BRICK

Je ne vous ai jamais menti.

GRAND-PÈRE

Et moi, je t'ai menti?

BRICK

Non, Père.

GRAND-PÈRE, pose sa main sur le bras de Brick.

Très bien. Ça fait tout de même deux types francs dans la famille. Alors, continuons.

BRICK

Mais nous nous sommes tout dit.

GRAND-PÈRE

Pas trop vite. Voyons : tu bois pour étouffer ton dégoût du mensonge?

BRICK

C'est pas une bonne raison?

GRAND-PÈRE

L'alcool est la seule chose qui puisse te venir en aide?

BRICK

Maintenant, oui.

GRAND-PÈRE

Et jadis?

BRICK

Non, pas quand j'étais jeune et que j'avais la

foi. Un buveur, c'est quelqu'un qui tâche d'oublier qu'il a cessé d'être jeune et qu'il ne croit plus à rien.

GRAND-PÈRE

Mais à quoi croyais-tu?

BRICK, un pas vers la porte.

Je croyais...

GRAND-PÈRE, le retient.

Mais à quoi?

BRICK

Je croyais...

GRAND-PÈRE

Je n'arrive pas à comprendre ce que tu entends par croire. Est-ce que tu le sais toi-même? Si tu aimes tant le sport, retourne à ton reportage, et...

BRICK

Me refourrer dans cette boîte, dans cette cage de verre, pendant que les autres courent, et se battent, et triomphent? Regarder faire les autres et sentir, à les voir, que j'ai perdu cette chose, que j'ai perdu cette grâce qui s'appelle la forme? Et, pour endurer cela, boire du coca-cola mélangé de whisky? Non, Père, non, Père, ça ne vaut plus la peine... Le temps est un coureur qu'on ne rattrape pas, Père... il m'a lâché au train.

Un temps.

GRAND-PÈRE, tourné vers lui.

Tu passes parole, Brick.

BRICK

Peut-être... Avez-vous connu beaucoup d'alcooliques?

GRAND-PÈRE

Un certain nombre. Pourquoi?

BRICK

Est-ce qu'un seul d'entre eux a jamais pu vous dire pourquoi il buvait?

GRAND-PÈRE

Oui, Brick, tu passes parole. Tu prends la tangente. Tes histoires de temps, de dégoût du mensonge, fichaises, mon bon, fichaises! Je ne marche pas.

BRICK

Oh! je vous ai dit ça pour avoir mon verre.

GRAND-PÈRE

Quoi?

BRICK

Je dis que je vous ai dit ça pour avoir mon verre.

GRAND-PÈRE

C'est à la mort de Skipper que tu t'es mis à boire!

Un silence.

BRICK

Qu'est-ce que vous insinuez?

GRAND-PÈRE

Moi, je n'insinue rien... (*Brick traverse la chambre en direction du bar.*) ... mais ton frère et sa femme, eux, ont insinué qu'il pouvait y avoir quelque chose de... fâcheux...

BRICK

Quelque chose de « fâcheux », hein?

GRAND-PÈRE, quelques pas vers le centre.

Quelque chose de peut-être un petit peu... anormal, dans votre amitié...

BRICK, au centre, s'arrête et se retourne.

Eux aussi se sont permis... Je croyais qu'il n'y avait que Maggie, mais les Gooper aussi! Et d'autres aussi, sans doute. Et vous-même, peut-être?

GRAND-PÈRE

Doucement, ne t'emballe pas! J'ai fait les quatre cents coups, de mon temps, tu t'en doutes...

BRICK

Je ne vois pas le rapport.

Le Révérend Tooker entre à droite par la véranda.

GRAND-PÈRE

J'ai traîné, vadrouillé, à travers l'Amérique...

BRICK, vient à lui.

Tout le monde le croit, bon Dieu!

GRAND-PÈRE

J'ai couché sous les ponts, dans les asiles de nuit, les refuges, les bordels de toute l'Amérique...

BRICK

Vous aussi, vous le croyez, c'est pas vrai? Vous croyez que votre fils est une espèce de...

Le Révérend Tooker entre dans la chambre en toussotant.

GRAND-PÈRE, se retourne vers lui.

Vous cherchez quelque chose?

RÉVÉREND TOOKER

Les toilettes. Je m'excuse.

GRAND-PÈRE

Au bout de la véranda. Il y a une salle de bain.

Il le congédie poliment.

RÉVÉREND TOOKER

Je vous remercie mille fois...

Il sort par le couloir. En coulisse la pendule sonne trois coups.

GRAND-PÈRE, revient vers Brick.

C'est seulement pour te dire que je peux tout comprendre. Quand j'ai débarqué ici, en 1910, je

n'avais plus rien, plus un radis, même plus de se-
melles à mes souliers... A un kilomètre d'ici, j'ai
sauté d'un train de marchandises et j'ai dormi
dans un camion plein de coton... Le lendemain,
je suis tombé sur Straw et Ochello et ils m'ont
embauché et c'est de là que tout est parti. Et
quand Jack Straw est mort, Ochello a cessé de
manger, comme font les chiens quand ils perdent
leurs maîtres, et puis il est mort à son tour!

BRICK

Seigneur!

GRAND-PÈRE

Je veux seulement te dire que je comprends
toutes les...

BRICK

Mais moi, Skipper est mort, et je continue à
manger!

GRAND-PÈRE

Oui, mais tu t'es mis à boire!

BRICK, se tourne vivement vers lui.

Vous voyez que vous le croyez! (*Il tourne autour
de Grand-père.*) Dites? N'est-ce pas que vous
croyez que j'ai eu avec Skipper des... des... rela-
tions...

GRAND-PÈRE, lui fait face.

Attends donc!

BRICK

Avouez!

GRAND-PÈRE

Attends!

BRICK

Vous le croyez! Vous croyez qu'il y a eu entre Skipper et moi...

GRAND-PÈRE

Ne crie donc pas comme ça! Tu te mets dans un état...

BRICK

Répondez-moi, Père, c'est ça que vous pensez?

GRAND-PÈRE

Je ne pense rien, je ne sais rien, je te dis simplement...

BRICK

Vous pensez que nous faisions, Skipper et moi, un couple...

GRAND-PÈRE

Je te répète, Brick...

BRICK

Straw-Ochello? C'est ça? Un sale couple de ..

GRAND-PÈRE

Brick!

BRICK

... de tantes? d'invertis? C'est ça que vous pensez?

Il veut donner un coup à Grand-père.

GRAND-PÈRE

Doucement, Brick.

BRICK

C'est ça?

Il trébuche, tombe sur Grand-père.

GRAND-PÈRE

Quel gâchis! Tiens, prends ma main!

BRICK, *se détourne et va vers le lit.*

Non.

Il se laisse tomber en travers du lit, le visage enfoui dans la couverture.

GRAND-PÈRE, *le rejoint et pose sa main sur son épaule.*

Eh bien, je prendrai la tienne. Regarde, tu es en nage! Tu souffles comme un phoque...

Il s'assied sur le lit, à la droite de Brick.

BRICK, *relevant lentement la tête.*

Vous me scandalisez, vous... me scandalisez! Parler si légèrement, avec désinvolture, d'une chose... comme celle-là! Tenez, dans notre groupe, à l'université, le groupe justement dont nous étions, Skipper et moi, quand on a découvert qu'un garçon avait fait, même pas : essayé de faire avec un autre garçon... Nous l'avons expulsé, oui, nous l'avons chassé. Et il a fichu le camp... jusqu'à...

GRAND-PÈRE

Jusqu'à?

BRICK

Je ne sais plus. L'Afrique du Sud.

GRAND-PÈRE

Eh bien, moi, je reviens de bien plus loin, de l'autre côté de la lune... de l'autre côté de la vie, et je te prie de croire qu'il en faudrait beaucoup pour me scandaliser. Question d'espace, sans doute. Oui, j'ai toujours vécu dans un pays trop vaste, avec trop d'air et de solitude autour de moi, pour pouvoir être contaminé par l'opinion publique. Il y a une chose plus précieuse, plus riche que le coton, que l'on peut faire pousser sur une grande plantation et je l'ai fait pousser, et c'est la tolérance.

BRICK, *se redresse et reprend sa béquille.*

Pourquoi une amitié, sincère, entre deux hommes, une profonde amitié, une vraie amitié ne peut-elle exister sans qu'aussitôt tout le monde se mette à ricaner?

GRAND-PÈRE

Mais, bon Dieu, on y croit, à ces amitiés-là, moi tout le premier j'y crois. Quand j'ai dit aux Gooper...

BRICK

Au diable, les Gooper! Au diable, tous les menteurs et leurs sales mensonges! Il n'y avait rien que de vrai entre Skipper et moi, rien que de propre et de clair, jusqu'au jour où Maggie s'est fourré dans la tête... Normal? Bien sûr que non. Comme si la vérité entière entre deux êtres pouvait être normale!... Il a pu arriver, sans doute, de temps en temps, que Skipper pose sa bonne vieille main sur mon épaule, que je glisse mon bras sous le sien... ou que, dans les tournées, quand nous partagions la même chambre d'hôtel, nous étendions le bras d'un lit à l'autre pour nous serrer la main avant de nous endormir... Et après? Et après?

GRAND-PÈRE

Mais, Brick, personne ne pense que ce n'est pas normal!

BRICK

Non, ce n'est pas normal! C'était une chose pure, c'était une chose vraie, donc c'était anormal!

> Au fond, jaillit un feu d'artifice. Edith et les enfants apparaissent sur la pelouse.

EDITH

Père, le feu d'artifice commence!

> Elle repart en courant, suivie des enfants. En coulisse, cris, applaudissements et coups de sifflets saluent la première pièce.

GRAND-PÈRE, un pas vers le centre.

Impossible d'être tranquille!

BRICK

Mais oui, restons-en là!

GRAND-PÈRE

Nous n'avons pas fini. Qu'est-ce qui a démoli Skipper? Et toi, ensuite?... Parle...

BRICK, va au bar.

C'est bon, Père. Je parle. Mais vous l'aurez voulu. (*Feu d'artifice qui se réfléchit sur le fond à droite. Hourras et coups de sifflets en coulisse. Brick prend une bouteille, la repose et se tourne vers Grand-père.*) L'idée de Maggie, c'est que, si nous sommes devenus, Skipper et moi, en quittant l'université, des footballeurs professionnels, c'est que nous avions peur de grandir. D'après elle, nous ne pouvions pas, nous n'avions pas le courage de renoncer au sport, de cesser notre jeu, ce fameux jeu de passes que la presse sportive qualifiait d'inspiré et qui avait fait notre gloire à tous les deux!

GRAND-PÈRE

Ça se défend!

BRICK

Je vous crois. Nous l'avons prolongé tant que nous avons pu, ce jeu de passes inspiré, pendant toute la saison. Mais alors, dès l'été, Maggie m'a sauté dessus : « Toi et moi, elle m'a dit, c'est maintenant qu'on se marie ou ce sera jamais! Bon, j'ai dit, allons-y. »

Il descend vers le premier plan.

GRAND-PÈRE

Elle faisait bien l'amour?

BRICK

Elle? Remarquablement... Là-dessus, à l'automne, elle a naturellement fait partie de la tournée de l'équipe. Oh! elle a bien fait les choses : elle avait sur la tête un grand bonnet à poil... (*Nouveau feu d'artifice, avec hourras et coups de sifflets.*) Un shako, ça s'appelle. Et sur le dos, un manteau rouge. Vous voyez le genre : pleine de charme, d'ailleurs, et de gentille drôlerie. Maggie la chatte.

GRAND-PÈRE

Je vois.

BRICK

Seulement Skipper est tombé malade. Une fièvre qui le reprenait de loin en loin. Et moi, j'ai eu cette fracture, qui n'en était d'ailleurs pas une, comme la radio l'a démontré : une fêlure tout au plus. N'empêche qu'on m'a fourré au lit et que je n'ai plus suivi les matches que sur l'écran de télévision. Voyez-vous, Père, j'ai toujours pensé que Maggie se croyait un peu une intruse dans l'équipe. Moi ficelé dans le lit, elle a pris sa revanche. Elle s'est insinuée entre Skipper et moi. Et elle a susurré à ce pauvre vieil idiot que nous étions au bord de former un de ces couples genre Straw et Ochello. Alors le pauvre Skipper a voulu lui montrer qu'elle était dans l'erreur, n'y est pas arrivé, et l'imbécile a cru que Maggie avait raison...

GRAND-PÈRE

Continue.

BRICK

C'est fini. Skipper s'est brisé net comme un bout de bois pourri... Personne n'est devenu ivrogne plus vite que lui. Ni n'en est mort plus vite. Voilà l'histoire.

GRAND-PÈRE

Non.

BRICK

Comment non?

GRAND-PÈRE

Il y a quelque chose qui cloche. (*Sonnerie de téléphone en coulisse gauche.*) Il manque quelque chose. (*Le téléphone sonne toujours.*) Qu'est-ce que tu as sauté?

BRICK

Dans l'histoire?

GRAND-PÈRE

Dans l'histoire.

VOIX DE GOOPER, coulisse gauche, au téléphone.

Allô...

BRICK

Eh bien... j'ai supprimé un coup de téléphone de Skipper...

VOIX DE GOOPER

Lui-même, parlez...

GRAND-PÈRE

Un coup de téléphone...

BRICK

Une sorte de... confession bafouillante... il était ivre. J'ai raccroché.

VOIX DE GOOPER

Non.

GRAND-PÈRE

Tu as raccroché?

VOIX DE GOOPER

Non, monsieur.

BRICK

C'est la dernière fois que j'ai entendu sa voix.

GRAND-PÈRE, va à Brick.

Mais voyons, mais voyons... Tu lui as dit quelque chose avant de raccrocher? Un mot? Quelque chose?

BRICK

Que pouvais-je lui dire?

GRAND-PÈRE

N'importe quoi! Quelque chose!

BRICK

Rien.

GRAND-PÈRE

Rien... Raccroché simplement?

BRICK

Simplement raccroché.

GRAND-PÈRE, à mi-voix.

Bon Dieu! (*Brick remonte vers le fond. Grand-père le suit.*) Eh bien, voilà, ça y est. La voilà, la saleté qui te dégoûte, mon vieux. Maggie, tu dis? A d'autres! Maggie n'a rien à voir dans cette histoire-là. C'est toi qu'elle regarde, toi seul. Et tu le sais bien. C'est toi qui te dégoûtes, et je comprends ça, mon gars. C'est toi qui as ouvert la tombe de Skipper et tu l'as flanqué dedans! Avec ta lâcheté en manière de couronne... Tu ne pouvais donc pas regarder les choses en face, avec un homme que tu aimais?

BRICK

Quelles choses?

GRAND-PÈRE

La vérité. A quoi sert l'amitié, si elle ne donne
à deux amis le courage d'affronter les vérités de
la vie?

BRICK, se tourne vers lui.

C'était sa vérité à lui, pas la mienne.

GRAND-PÈRE

Tu me fais rire. C'était la vérité des choses de
l'existence, c'était la vérité des choses qui arrivent :
elle te regardait comme lui.

BRICK

Elle m'était étrangère.

GRAND-PÈRE

Parbleu, c'est plus facile. Brick, mon cher ami,
tu as manqué de courage.

BRICK

Et vous?

GRAND-PÈRE

Comment, et moi?

BRICK

Vous auriez le courage de regarder en face une
vérité affreuse?

GRAND-PÈRE
Qu'est-ce que ça veut dire?

BRICK
Vous auriez le courage, ce soir d'anniversaire, au milieu de ces souhaits de nombreux anniversaires, d'apprendre, tout à coup, que vous n'en aurez plus?

GRAND-PÈRE
Que je n'aurai plus quoi?

BRICK
D'anniversaire, Père...

GRAND-PÈRE
Mais qu'est-ce que ça veut dire?

Silence.

BRICK
Si nous sortions un peu?... Si nous allions un peu voir leur feu d'artifice... (*Quelques pas vers la droite.*) Allons, venez, Père...

GRAND-PÈRE
Pas question de sortir. Qu'est-ce que c'est que cette histoire d'anniversaire?...

BRICK, à la porte de la véranda.
Mais rien, sans importance.

GRAND-PÈRE

Qu'est-ce que tu me chantais avec mes anniversaires?...

BRICK

Rien du tout, je vous dis.

GRAND-PÈRE

Et que je n'en aurais plus?... Explique-toi.

BRICK

Ce n'est rien. Y a des choses qu'on dit... Venez
sur la véranda...

GRAND-PÈRE

Finis ce que tu disais!

BRICK

Mais j'ai fini, voyons! L'entretien est fini.
Léguez la plantation à Gooper et à Edith et tout
sera pour le mieux.

GRAND-PÈRE

Léguer la plantation?...

BRICK

Quatorze mille hectares des terres les plus riches
d'ici à la vallée du Nil.

GRAND-PÈRE

Léguer la plantation! J'ai soixante-cinq ans.

J'ai encore quinze ans, peut-être vingt ans à vivre! Et je te survivrai, Brick, c'est moi qui t'enterrerai! J'achèterai ton cercueil!

BRICK

Mais j'en suis sûr, Père. Maintenant, allons dehors...

GRAND-PÈRE

Brick, est-ce qu'ils ont menti? A propos de ce rapport? Est-ce qu'on... Est-ce qu'on aurait trouvé... quelque chose?... Un... cancer?

> En coulisse, à droite, les ouvriers agricoles se mettent à chanter. Edith et Gooper apparaissent sur la pelouse.

EDITH

Père, les ouvriers de la plantation chantent en votre honneur.

GOOPER

Les ouvriers chantent en votre honneur, Père.

> Edith et Gooper sortent hâtivement par la droite. Grand-père est resté au premier plan, immobile, comme pétrifié. Brick va à lui.

BRICK

Je vous demande pardon, Père. Je ne sais plus très bien ce que je dis... Les gens ont peut-être besoin du mensonge pour vivre, mais moi, je vis à peine et... je lâche la vérité. Vous disiez, tout à l'heure, que deux amis ne craignent pas la vérité. Nous sommes amis, Père.

Il pose sa tête sur l'épaule de Grand-père. Un temps.

GRAND-PÈRE, à lui-même.

Nom de Dieu de nom de Dieu...

GOOPER, en coulisse, organisant le feu d'artifice.

Lâchez tout! Lâchez tout!

On voit se refléter sur le fond le bouquet du feu d'artifice. Grand-père remonte vers le fond et passe dans la véranda.

GRAND-PÈRE

Merde pour tous les menteurs! Menteurs, fils de menteurs et pères de sales menteurs! Et qui sont nés menteurs! Et qui crèveront menteurs! Menteurs! Menteurs! Menteurs!

Les lumières baissent.

RIDEAU

ACTE III

On voit Grand-père quitter le plateau comme à la fin du deuxième acte.

GRAND-PÈRE, sort premier plan droite, en criant.
Menteurs!... Menteurs! Menteurs!

A peine Grand-père a-t-il quitté la scène que Margaret entre par la porte premier plan droite et va à Brick demeuré au centre.

MARGARET

Brick, au nom du Ciel, qu'est-ce qui s'est passé?

BRICK

Doucement, Maggie, doucement.

MARGARET

Où est ton père?

BRICK

Je ne sais pas... Dans sa chambre.

Dixie et Trixie, pistolet en main, traversent la

chambre en courant, de l'entrée à gauche vers la
véranda à droite. Ils tirent des coups de feu en
hurlant : « Pan! Pan! » Entre Edith, par la porte
de la véranda premier plan droite. Elle pousse les
enfants vers le fond de la véranda. Entrent, par
l'entrée à gauche, Cooper, le Révérend et le
Docteur.

EDITH

Dixie! Veux-tu finir!... Envoie-les se coucher,
Gooper, je t'en prie!

GOOPER

Très juste. Au lit, les gosses!

Il entraîne les enfants. Gooper et les enfants disparaissent. Le Docteur se tient près de la porte du
couloir.

EDITH, allant à Brick.

Père a disparu?

MARGARET

Il est allé se coucher.

EDITH

Comme ça? Sans dire bonsoir?

RÉVÉREND TOOKER, va à Edith.

Je vais vous demander la permission de me retirer.

EDITH

Pas encore, Révérend. Il faut que vous soyez là
quand la pauvre Grand-mère apprendra la vérité.

RÉVÉREND TOOKER

Vous croyez?

EDITH

J'en suis sûre... Je vais la chercher.

Edith sort, premier plan droite. Le Révérend traverse
la véranda supérieure à pas lents.

MARGARET, à Brick.

Père a crié : « Menteurs! » Pourquoi, Brick?

BRICK

Je ne sais pas...

MARGARET

Pas à toi?

BRICK

Je ne lui ai jamais menti, ni à personne d'ailleurs, sauf à moi... sauf à moi.

MARGARET

Pourquoi dis-tu ça?

BRICK

Le moment est venu de m'envoyer là-bas.

MARGARET

Où ça?

BRICK

A La Colline de l'Espoir. Le moment est venu de
m'enfermer là-bas.

MARGARET

J'aimerais mieux mourir (*Brick va vers la droite. Elle l'arrête.*) Où vas-tu?

BRICK, va vers le centre.

Prendre l'air.

EDITH, entre par la véranda, premier plan droite.
Au Révérend :

Je ne sais pas où est Mère.

RÉVÉREND TOOKER, descend vers Edith.

Voulez-vous que je la cherche?

EDITH

Oui, merci, Révérend. Prenez garde de ne pas inquiéter Père.

Le Révérend sort, premier plan droite, et croise Gooper.

RÉVÉREND TOOKER

Je vais chercher votre mère.

GOOPER, à Edith

On dirait qu'elle se doute de quelque chose, tu ne trouves pas?

EDITH

J'en ai peur. Mais il faut en finir.

GOOPER, crie vers la coulisse gauche.

Sookey! Tâche de trouver Grand-mère et dis-lui

que le Docteur et le Révérend sont obligés de partir.

VOIX DU RÉVÉREND, coulisse premier plan droite.

Grand-mère!

SOOKEY et DAISY, courant de gauche à droite sur la pelouse.

Miss Ida! Miss Ida!

Elles sortent par le fond droite.

GOOPER, de la véranda supérieure.

Eh! là, en bas, Lacey! Il faut que tu trouves Grand-mère!

Edith entraîne le Docteur dans la véranda à droite.

MARGARET, à Brick.

Tu ne peux pas t'en aller, Brick. Elle aura besoin de toi.

On voit le Révérend sur la pelouse à droite.

DOCTEUR BAUGH, à Edith, dans la véranda, à droite.

Ça va être pénible.

EDITH

Certainement. Mais qu'y faire?

RÉVÉREND TOOKER, sur la pelouse, à droite.

La voilà, je l'aperçois!

Il traverse la pelouse et sort à gauche.

GOOPER

Oui, dans la véranda. Elle va chez Père. (*Il se précipite dans le couloir.*) Hé! maman, une seconde! (*En coulisse.*) Maman, venez ici!

EDITH, élevant la voix.

Ne crie donc pas comme ça!

Gooper et le Révérend reparaissent ensemble dans le couloir. Grand-mère entre par la droite premier plan, un verre de lait dans la main.

GRAND-MÈRE

Qu'est-ce que vous me voulez?

GOOPER, va à elle.

Mais vous le savez bien, il faut que nous ayons cette conversation.

GRAND-MÈRE

Quelle conversation?... Je ne sais pas ce qu'a ton père. Je vois sa fenêtre s'éclairer, je lui porte son verre de lait et il me flanque dehors et me claque la porte au nez. (*Elle va vers le canapé.*) Ce n'est pas facile de vivre si longtemps côte à côte, on s'irrite pour un rien. Mais c'est qu'on se connaît trop... voyez-vous... on s'aime trop...

MARGARET, va à elle et la prend dans ses bras.

Ce n'est pas grave. Père est fatigué.

Brick va vers le couloir, mais fait demi-tour en voyant

Gooper et le Révérend. Il traverse alors la chambre en clopinant, puis passe dans la véranda.

GRAND-MÈRE

Il est exténué. On a beau aimer son foyer, les réunions de famille sont assez éprouvantes. Il n'était pas lui-même ce soir. J'ai remarqué plusieurs fois qu'il n'était pas lui-même. D'une surexcitation!

RÉVÉREND TOOKER

Je le trouve extraordinaire.

GRAND-MÈRE

Extraordinaire, c'est vrai. (*Elle va au bar et pose le verre de lait.*) Ce qu'il a pu dévorer au dîner ce soir! Il a mangé comme quatre!

GOOPER

Espérons qu'il n'aura pas à s'en repentir!

GRAND-MÈRE

Se repentir de quoi? D'avoir dévoré des tartines de mélasse? et du maïs grillé? et du poulet sauté? C'est un repas de paysan.

MARGARET

Père adore ça.

GRAND-MÈRE

Oui, et le jambon chaud... (*Riant.*) C'est vrai qu'il s'en est fourré jusque-là!

GOOPER

Pourvu qu'il ne le regrette pas!

GRAND-MÈRE, se tourne vers Gooper.

Quoi?

EDITH

Gooper dit qu'il espère que Père n'aura pas à en souffrir.

GRAND-MÈRE

De quoi? D'avoir mangé à sa faim? Qu'est-ce que vous allez chercher! Il n'a fait que satisfaire un appétit normal. Il n'a rien, rien du tout, et il le sait maintenant. C'est le soulagement qui l'a creusé. Si vous vous étiez cru, comme lui, condamné à... à... (*elle hésite*) ce qu'il croyait...

Margaret va vivement à elle et la prend dans ses bras.

GOOPER, pousse Edith vers Grand-mère.

Edith!

Edith court à Grand-mère et se tient au-dessous d'elle, Margaret au-dessus. Elles l'aident toutes deux à s'asseoir sur le canapé de rotin. Margaret s'assoit sur une chaise à côté de Grand-mère. Edith se tient derrière le canapé.

MARGARET

Cher vieux Grand-père!

GRAND-MÈRE

Oui, cher vieux Grand-père!

BRICK, dans la véranda premier plan; il regarde au-dehors.

Salut, madame la Lune. J'admire ton maquillage de candeur, vieille putain!

GRAND-MÈRE

Que fait Brick?

MARGARET

Il prend l'air.

GRAND-MÈRE

Je veux le voir, chérie, je veux voir Brick.

EDITH

Va donc le chercher, Maggie.

Margaret se lève, va à Brick par la porte premier plan.

BRICK, de même.

J'admire ta blancheur,
Ton teint de jeune fille,
Vieille putain de Lune...

MARGARET

Il faut rentrer, chéri.

BRICK

Non, je parle à la Lune.

MARGARET

Chéri, il faut rentrer. Ils vont dire la chose à Mère.

BRICK

Je ne veux pas voir ça.

Edith va rejoindre le Docteur sous la véranda, à droite.
Le Révérend et Gooper, toujours à l'arrière-plan,
se dirigent vers la droite en regardant Grand-mère.

EDITH

Dites-moi, Docteur, que pensez-vous des injections de vitamines B 12? On en a dit tant de bien.

Elle rentre dans la chambre, par le fond, avec le
Docteur, et se tient derrière le canapé.

DOCTEUR BAUGH

Je n'en dirai donc pas de mal. (*Il consulte sa montre.*) Il commence à se faire tard.

MARGARET

Brick, il faut que tu sois là.

BRICK

A aucun prix, je t'ai dit.

GRAND-MÈRE

Mais qu'est-ce qui se passe ici? hein? Qu'est-ce que vous avez? Vous êtes tous là à faire des têtes de l'autre monde...

GOOPER

Nous attendons le retour de Brick et de Margaret.

MARGARET, passe à la droite de Brick.

Si tu ne rentres pas, je prends toutes tes bouteilles et je les flanque dehors.

GRAND-MÈRE

Y en a qui se taisent, d'autres qui parlent dans les coins. Qu'est-ce que ça veut dire?... Jamais je n'ai senti une atmosphère pareille.

EDITH, s'assied sur une chaise au-dessus de Grand-mère toujours sur le canapé.

Ne vous tourmentez pas.

GRAND-MÈRE

Qu'est-ce que font Margaret et Brick sur la véranda?

GOOPER, va jusqu'au centre premier plan et regarde dehors.

Ils ont une discussion.

Brick avance vers la marche, mais Margaret lui barre la route. Le Révérend rejoint le Docteur.

GRAND-MÈRE

Qu'on me donne un verre d'eau. J'ai encore dans la gorge la fumée de votre feu d'artifice.

Edith va au bar chercher le verre d'eau. Le Docteur la rejoint. Gooper rejoint le Révérend au premier plan gauche.

BRICK, à Margaret.

Espèce de petite chipie, veux-tu me laisser passer!

MARGARET

Non, tu ne partiras pas.

GRAND-MÈRE

Ouvre la porte du couloir, Gooper. Que l'air circule un peu. (*Gooper obéit. Edith porte le verre d'eau à Grand-mère et s'assied près d'elle.*) Merci. (*Elle boit.*)

EDITH

Je crois qu'il vaudrait mieux que Gooper referme la porte. Nous ne pouvons pas risquer que Père entende un mot de notre discussion.

Gooper va refermer la porte, puis rejoint le groupe au centre premier plan.

GRAND-MÈRE, tend son verre à Edith.

Mais quelle discussion? On ne dira pas un mot sous le toit de cette maison que Père ne puisse entendre! (*Edith va au bar, y pose le verre et rejoint Gooper, le Docteur et le Révérend. Brick remonte vers l'arrière-plan, vers la porte de la véranda.*) Eh bien, Brick, vas-tu venir?

Edith se lève, regarde au-dehors premier plan, se rassied.

GOOPER

Le pauvre Brick n'y est plus... En route pour le paradis des ivrognes!

DOCTEUR BAUGH

Vous n'avez pas essayé cette cure contre l'alcoolisme, cette cure, vous savez bien... par l'électricité...

GOOPER, se tourne vers le Docteur.

Il y a mieux que ça, on m'a dit : des comprimés anti...

GRAND-MÈRE

Zut pour tes comprimés! Brick n'en a pas besoin. C'est la mort de Skipper qui l'a détraqué.

BRICK, entrant.

Parfaitement exact!

Il est derrière le canapé et pose la main sur la tête de Grand-mère. Gooper est face à Grand-mère.

GRAND-MÈRE

Ah! te voilà, Brick. Enfin! Voilà mon fils chéri.

Le Docteur va au bar et pose son verre. Brick passe devant Grand-mère et va vers le bar.

BRICK

Encaisse, Gooper!

EDITH, se levant.

Comment?

BRICK

Gooper a compris.

Edith se tourne vers Gooper. Le Docteur se dirige vers

le Révérend. Margaret entre à son tour et se tient
derrière le canapé.

GRAND-MÈRE, à Brick, qui est au bar.

Oh! Brick! J'aimerais tant que tu cesses de boire!

BRICK

Mais moi aussi, Mère... Personne ne veut rien
prendre?

MARGARET

Allons, Brick, viens t'asseoir à côté de ta mère.

BRICK

Peux pas. J'ai la bougeotte.

Edith s'assied à côté de Grand-mère, Gooper sur le
divan, face à Grand-mère. Le Révérend se rapproche du centre droit. Le Docteur descend vers le
centre en fumant un cigare. Margaret va vers la
porte de droite.

GRAND-MÈRE

Mais qu'est-ce que vous avez à m'entourer
comme ça? A me regarder comme ça? (*Brick sort en
clopinant par la porte donnant sur le couloir et
va dans la véranda.*) Est-ce que vous devenez fous?

Le Révérend se met derrière le canapé.

EDITH

Restez calme, maman.

GRAND-MÈRE

Reste calme toi-même! Et cessez de me regarder

comme une bête curieuse! Qu'est-ce qu'il y a, à la fin?

GOOPER

Vous allez le savoir... (*Edith se lève.*) Rassieds-toi, je te prie. (*Edith s'assied.*) Docteur... voulez-vous dire à Mère la vérité sur le rapport de la clinique.

> Le Docteur boutonne son veston et se place devant le groupe.

GRAND-MÈRE

Mais qu'est-ce que c'est? Il y a quelque chose?... Il y a quelque chose que je ne sais pas?

DOCTEUR BAUGH

Non... c'est-à-dire...

GRAND-MÈRE, se lève.

Il faut me dire!... (*Elle fait un pas vers le Docteur.*) On m'a menti? On m'a menti?

> Edith, Gooper et le Révérend entourent Grand-mère.

EDITH

Asseyez-vous, maman.

> Brick passe devant Margaret, premier plan droite, dans la véranda.

MARGARET

Brick! Brick!

GRAND-MÈRE

Qu'est-ce que c'est? Qu'est-ce que c'est?

> Elle fait quelques pas en avant, entraînant le Docteur. Les autres suivent et continuent à entourer Grand-mère.

DOCTEUR BAUGH

Je dois vous dire d'abord que l'examen qu'a fait la clinique est des plus consciencieux : un modèle de conscience!

GOOPER

C'est une des meilleures cliniques du pays.

EDITH

La meilleure, et de loin!

DOCTEUR BAUGH

J'ajoute, qu'avant même de commencer l'examen, ils étaient sûrs du résultat...

GRAND-MÈRE

Sûrs de quci, sûrs de quoi, sûrs de quoi?...

EDITH

Allons, maman, allons, soyez courageuse!

> BRICK, se bouche les oreilles et chante.

« Oh! oui, j'aime la lumière argentée de la lune! »

GOOPER, se tourne vers Brick.

La ferme, là-bas, Brick! (*Il se retourne vers le groupe.*)

BRICK

Oh! pardon... (*Il recommence à chanter.*)

DOCTEUR BAUGH

Ils ont d'abord prélevé un fragment de la tumeur...

GRAND-MÈRE

Une tumeur? Mais vous avez dit à Grand-père...

DOCTEUR BAUGH

Un instant, voulez-vous...

GRAND-MÈRE

Non! Vous nous avez dit, à Grand-père et à moi, qu'il n'avait rien du tout, sauf...

EDITH

Maman, vous savez bien...

GOOPER

Laisse parler le Docteur!

GRAND-MÈRE

Sauf ces spasmes... du côlon...

RÉVÉREND TOOKER, pendant ce dialogue.

Chut! Chut! Chut!

GRAND-MÈRE, se dégage du groupe et va vers l'arrière-
plan. Ils la suivent.

Laissez-moi! Laissez-moi! Il n'avait rien du tout!

DOCTEUR BAUGH

C'est ce que nous lui avons dit. Mais, malheu-
reusement, l'examen a donné un test positif : la
tumeur est maligne.

Un silence.

GRAND-MÈRE

Un cancer! Un cancer!

EDITH

Du courage, maman!

GOOPER, en même temps.

Il fallait que vous le sachiez.

GRAND-MÈRE

Mais pourquoi... mais pourquoi ne lui enlève-
t-on pas cette tumeur? Hein? Pourquoi?

DOCTEUR BAUGH

C'est impossible, Grand-mère. trop d'organes
sont touchés.

GOOPER

Cela dépasse de beaucoup ce qu'on appelle...

DOCTEUR BAUGH

Oui, un risque opératoire.

Grand-mère sursaute.

RÉVÉREND TOOKER

Tch, tch, tch...

EDITH

C'est pour cela qu'il est devenu tout jaune!

Brick s'arrête de chanter et remonte, dans la véranda,
vers l'arrière-plan.

GRAND-MÈRE, repoussant Edith.

Va-t'en, Edith, va-t'en, laisse-moi! (*Elle descend
vers la droite premier plan.*) C'est Brick que je
veux! Où est mon fils unique?

EDITH, fait un pas vers Grand-mère.

Mammy! Elle a dit « fils unique »?

GOOPER, suit Grand-mère.

Et moi, qu'est-ce que je suis?

EDITH

Un homme digne comme Gooper, un père de
cinq enfants!

GOOPER

Presque six!

GRAND-MÈRE

C'est Brick que je veux, Brick!

MARGARET, un pas vers Grand-mère.

Grand-mère...

GRAND-MÈRE, la repoussant.

Non, laisse-moi, toi. Tu n'es pas de mon sang!

Elle se précipite dans la véranda premier plan.

GOOPER, la suit.

Mais moi, j'en suis, maman!

EDITH

C'est votre premier né.

GRAND-MÈRE

Gooper n'aime pas Grand-père. Il ne l'a jamais aimé.

EDITH

C'est faux!

RÉVÉREND TOOKER

Il vaut mieux que je me retire... Bonsoir, bon soir à tous. Dieu bénisse tout le monde sur cette plantation.

Il sort par le couloir.

DOCTEUR BAUGH, descend vers la droite premier plan.

Eh bien, Grand-mère, voilà...

GRAND-MÈRE, dans la véranda inférieure, appuyée sur Gooper.

On a dû se tromper, je le sens, j'en suis sûre... C'est un mauvais rêve.

DOCTEUR BAUGH

Nous allons faire en sorte qu'il ne souffre pas...
Enfin le moins possible.

GRAND-MÈRE

Un mauvais rêve, oui, un cauchemar.

GOOPER

Je crois que Père souffre, mais sans vouloir l'admettre.

GRAND-MÈRE

Tout simplement un rêve, un rêve épouvantable.

DOCTEUR BAUGH

Les malades s'imaginent qu'en niant la souffrance, ils suppriment le mal.

Dans la véranda, Brick remonte vers l'arrière-plan droit. Margaret se tient près de la porte droite et le guette.

DOCTEUR BAUGH

En tout cas, par prudence, je vous laisse ces ampoules.

Il va au bar et y pose une boîte.

GRAND-MÈRE, s'écartant de Gooper.

Qu'est-ce que c'est?

GOOPER

Mais, de la morphine, maman.

EDITH
Je sais faire les piqûres.

GRAND-MÈRE, va vers le Docteur.
Personne ne va donner de morphine à Grand-père.

GOOPER
Edith sait très bien s'y prendre. Elle a suivi des cours d'infirmière...

GRAND-MÈRE, près du bar, à gauche.
Personne ne donnera de morphine à Grand-père.

MARGARET
Je ne sais pas pourquoi, je ne le vois pas du tout se laissant piquer par Edith.

EDITH
Mais si c'était par toi, il serait ravi, sans doute?

DOCTEUR BAUGH
Eh bien, il faut maintenant...

GOOPER, traverse la chambre.
Le Docteur doit partir.

DOCTEUR BAUGH
Oui, j'y suis obligé. Allons, Grand-mère, allons, ne vous laissez pas abattre.

Il va vers le couloir. Edith et Gooper l'accompagnent.

GOOPER

Mais bien sûr, hein, maman? (*Ils sortent à gauche.*) Laissez-moi vous dire, Docteur, combien nous vous sommes reconnaissants...

EDITH

Oui, nous vous sommes très obligés...

GRAND-MÈRE

Ecoute-moi, Margaret. Il faudra que tu nous aides, Grand-père et moi, à remettre Brick d'aplomb...

GOOPER, revenant avec Edith.

Je sais bien que le Docteur a autre chose à faire, mais franchement, je l'ai trouvé un peu pressé de filer.

GRAND-MÈRE

... Grand-père serait désespéré si Brick était incapable de prendre les choses en main.

Dans la véranda, Brick descend vers la droite.

EDITH

Prendre quelles choses en main, maman?

GRAND-MÈRE, s'assied sur le canapé. Margaret se tient derrière elle.

La propriété.

GOOPER

Maman!... Je sais que vous venez de recevoir un coup...

EDITH, va vers Grand-mère avec Gooper.

Nous l'avons tous reçu...

GOOPER

Mais il faut voir en face...

EDITH

Oui, la situation... Père est trop prudent...

GOOPER

Trop avisé, trop sage, pour confier la propriété à un garçon comme Brick.

GRAND-MÈRE

Père fera ce qu'il voudra et aucun de vous deux ne l'en empêchera. D'ailleurs, je suis certaine qu'il n'aura besoin de personne pour le remplacer. Il ne va pas mourir. Je veux que tout le monde ici se fourre ça dans le crâne!

> Edith s'assied au-dessus de Grand-mère; Margaret se tourne à droite. Gooper fait quelques pas vers le centre premier plan.

EDITH

Mais, maman, nous aussi, nous sommes pleins d'optimisme pour ce qui concerne la santé de Père. Nous croyons fermement à l'efficacité de la prière... mais ça n'empêche pas qu'il y a certaines choses dont il faut discuter, qu'il faut organiser, sous peine...

GOOPER

Va me chercher ma sacoche. Elle est dans notre chambre.

EDITH

Tout de suite, mon chéri.

Elle se lève et sort par le couloir.

GOOPER, *se penche vers Grand-mère.*

Quant à ce que vous avez dit tout à l'heure, maman, c'est absolument faux. J'aime Père et il m'aime. Sans grandes démonstrations, mais c'est notre nature.

Margaret va vers la porte de la véranda à droite.

EDITH, *rentrant.*

Voici ta sacoche, Gooper chéri. (*Elle lui tend la sacoche.*)

GOOPER

Merci. (*Il lui repasse la sacoche. A Grand-mère.*) Evidemment, je n'ai pas avec Père les rapports que Brick a avec lui...

EDITH

Tu as huit ans de plus que Brick et tu portes un fardeau de responsabilités qui écraserait le pauvre garçon. Il n'a jamais porté dans le cours de sa vie qu'un ballon de football ou un verre de whisky.

Margaret passe dans la véranda par le premier plan.

GOOPER

Veux-tu me laisser parler?

EDITH

Je te demande pardon, chéri.

GOOPER

Rendez-vous compte, Mère, la gestion d'une terre de quatorze mille hectares est une chose énorme.

EDITH

Mais oui, surtout sans aide.

GRAND-MÈRE

Ne te tourmente pas, Gooper, tu n'auras jamais cette responsabilité-là. D'ailleurs, qu'as-tu fait d'autre pour la plantation que de régler avec Père quelques questions de détail? Ta place est à Memphis, dans ton cabinet.

EDITH

Ah! Mammy, soyons justes! Ça fait plus de cinq ans, depuis que la santé de Père s'est mise à décliner, que Gooper se consacre à cette plantation. Corps et âme, maman. Et non seulement par devoir, ou par intérêt. Il ne vous le dirait pas, mais moi je vous le rappelle. Et Brick, lui, qu'a-t-il fait d'autre que de remâcher les glorieux souvenirs de sa vie d'étudiant?

GOOPER

Rester, à l'âge d'homme, un joueur de football!...

MARGARET, pénètre en trombe dans la pièce par la porte fond droite.

Ce n'est pas vrai. Vous mentez! Il y a belle lurette que Brick ne joue plus. Il est reporter sportif à la télévision et vous le savez très bien.

GOOPER

Je parle de ce qu'il était.

MARGARET

Cessez de parler de lui!

GOOPER, va à elle.

J'ai tout de même le droit de parler avec ma mère de mon propre frère. Ça ne te concerne pas!

Il avance vers elle un doigt qu'elle rabat d'une gifle.

MARGARET

Ce qui concerne mon mari me concerne moi-même. Et puis, parler de son frère avec cette malveillance...

GOOPER

Et lui, il n'en a pas, pour moi, de la malveillance? Il suffit que j'entre dans une pièce pour qu'il en sorte!

BRICK, dans la véranda inférieure.

Ça, c'est la vérité.

MARGARET

Vous avez mis au point un système de critique et de dénigrement, et ça, pour une raison sordide, dégoûtante : la cupidité.

GRAND-MÈRE

Je vais me mettre à crier, je vais me mettre à crier, si vous n'arrêtez pas! (*Un sanglot.*) Margaret, ma fille, viens t'asseoir près de ta vieille maman!

MARGARET, s'assoit près de Grand-mère.

Mammy chérie... Je suis si désolée...

Elle entoure de son bras les épaules de Grand-mère. Gooper va vers le bar.

GOOPER

Touchant tableau de famille!

EDITH

Une famille... sans enfant! Et si elle compte sur Brick, son magnifique athlète, pour lui en fabriquer, il faudra d'abord qu'elle le persuade de partager son lit!

GOOPER

Assez de mots inutiles! (*Il revient vers Grand-mère.*) Je vous demande seulement de jouer le jeu et honnêtement. Je me fous que Père m'aime ou ne m'aime pas, vous comprenez, qu'il m'ait aimé ou non. J'ai quelques petites choses à dire et je les dirai. (*Il va vers Brick, toujours sous la véranda.*)

C'est vrai que la partialité de Père m'indigne, mon garçon... et ce n'est pas d'aujourd'hui! depuis le jour de ta naissance... et aussi cette façon qu'on a, dans cette maison, de me compter pour zéro, et même pour un peu moins! (*Il revient vers Grandmère.*) Père a un cancer, tout le monde le sait maintenant, un cancer généralisé. Tous les organes sont pris, même les reins. L'urémie le guette; vous savez ce que c'est? L'impossibilité pour le malade d'éliminer tous les poisons...

MARGARET, le coupant.

Les poisons, les poisons! Les paroles venimeuses, les pensées corrompues des esprits et des cœurs, les voilà, les poisons!

GOOPER

Qu'on joue cartes sur table, je ne demande pas autre chose, mais je le demande, je l'exige. Et si je ne l'obtiens pas et qu'on mijote dans l'ombre de petites saletés, je saurai me défendre. (*Il descend vers la porte premier plan droite.*) Oui, je saurai me souvenir que je suis l'avocat-conseil d'un grand cartel.

Un roulement de tonnerre, au loin.

BRICK, entre par la porte premier plan.

Il va faire de l'orage.

GOOPER

Tiens, un revenant!

EDITH, va vers le bar.

Le fantôme d'un héros tout chargé de lauriers!

GOOPER

L'ombre du fabuleux, du divin Brick Pollitt!

EDITH

Mais il boite, ma parole, est-ce à la suite d'un match?

GOOPER, suit Brick, lentement.

Quel match? La coupe du Sucre? ou bien la coupe de la Rose?

De nouveau un grondement de tonnerre et le bruit du vent qui se lève.

EDITH, à la gauche de Brick qui arrive au bar.

Mais voyons, chéri, la coupe à whisky, la belle coupe à whisky en cristal taillé.

GOOPER

C'est vrai! Je confonds toujours toutes les coupes de ce garçon.

Il lui donne une petite tape sur le derrière.

MARGARET, se précipite sur Gooper et le frappe.

Assez, vous deux, assez!

EDITH, court à Margaret.

Margaret!

GOOPER, entre les deux.

Doucement!

GRAND-MÈRE

Taisez-vous; je vous l'ordonne. Assez, taisez-vous tous!

Grondement de tonnerre.

DAISY et SOOKEY, dans les coulisses, arrière-plan gauche.

L'orage! Voici l'orage! L'orage! L'orage!

Lacey traverse en courant la pelouse, un imperméable sur le dos.

GOOPER, court dans la véranda à droite et crie.

Lacey! Remonte la capote de la voiture!

LACEY, en coulisse droite.

Oui, monsieur!

GOOPER, va vers Grand-mère.

Finissons-en, maman. Il faut absolument que je sois à Memphis demain matin pour représenter la succession Parker devant le tribunal.

Edith s'assied sur le lit à gauche et met en ordre des papiers qu'elle sort de la sacoche.

GRAND-MÈRE

Ah?

EDITH

Oui, absolument.

GOOPER

C'est pourquoi je dois maintenant aborder un... problème...

EDITH

Important et urgent.

GOOPER

Il serait bon que Brick assistât à notre conversation. Je ne sais si on peut le considérer comme présent.

MARGARET

Il l'est et moi aussi.

GOOPER

Je vais donc vous donner les grandes lignes d'un projet... d'une esquisse de projet... que nous avons rédigé, Tom Bullitt, mon associé, et moi-même.

MARGARET

Inutile, je le connais. Tout sera entre tes mains et tu nous feras l'aumône une fois de loin en loin.

GOOPER

Dès que j'ai eu connaissance du rapport de la clinique au sujet de Père, j'ai consulté Bellowes, le président de la banque des planteurs du Sud. C'est lui qui gère les grosses fortunes du Delta.

GRAND-MÈRE

Gooper!

GOOPER, s'accroupit devant Grand-mère.

Je vous répète, maman, que ce n'est qu'un projet,

même un avant-projet. Rien de définitif, une base, simplement, une base de discussion.

Il brandit les papiers qu'Edith lui a remis.

MARGARET

Oui, un fameux projet...

L'éclairage de la pièce baisse. Grondement de tonnerre.

EDITH

... dont le but est d'empêcher que la plus grosse propriété du Delta ne tombe entre des mains irresponsables et...

GRAND-MÈRE, la coupe.

Ah! écoutez-moi! Je ne veux plus entendre de rosseries ni d'engueulades dans ma maison. Quant à toi, Gooper, range-moi ton papier ou je le mets en morceaux. Je me fous de ce qu'il y a dedans et je ne veux pas le savoir! Je m'en fous, tu comprends? Je parle comme Père. Je ne suis pas sa veuve, je suis encore sa femme... Je suis sa femme et je parle comme lui!

GOOPER

Mais, maman, ce projet...

EDITH

Gooper a spécifié...

GRAND-MÈRE

Je m'en fous, je m'en fous!... Range-moi ce papier, je ne veux plus le voir! Tu me parles de projets, d'esquisses, de bases, d'ébauches... et moi je te réponds... Qu'est-ce que dit Père quand il est dégoûté?

De gros nuages d'orage courent à travers le ciel.

BRICK, du bar.

Il dit merde.

GRAND-MÈRE, se lève.

Bravo. Je te dis : merde.

Grondement de tonnerre.

EDITH

Ce langage grossier...

GOOPER

Oui, je me sens offensé au profond de moi-même... (*Il soupire.*) Et voilà, une fois de plus, personne ne va rien faire. (*Il pose les papiers sur le lit.*) Jusqu'à ce qu'il arrive quelque chose à Père, ça va être l'anarchie... l'anarchie, comme toujours.

Coup de tonnerre. Bruit de verre brisé, à gauche dans les coulisses. Dans les coulisses à droite, les enfants commencent à pleurer. Beaucoup de bruits d'orage, à droite et à gauche. Coups de tonnerre répétés. Claquements de persiennes. Daisy et Sookey courent sur la pelouse de gauche à droite. Tous crient : « L'orage! L'orage! » Sookey brandit du papier d'emballage pour couvrir les meubles de jardin sur la pelouse. Edith sort de la chambre par l'entrée puis descend la véranda à droite.

EDITH

Sookey, dépêche-toi de couvrir les meubles de la véranda!

Gooper court vers la véranda à droite.

GOOPER

Lacey, range ma voiture!

LACEY, paraît à droite.

Je ne peux pas, monsieur, c'est vous qui avez les clefs.

Lacey sort à l'arrière-plan.

GOOPER

Mais non, c'est toi qui les as. (*Il sort premier plan droite, et rentre en scène par le fond droite. Il crie à Edith :*) Où sont les clefs de la voiture, chérie?

Il court vers le centre.

EDITH, dans la véranda premier plan droite.

Tu les as dans ta poche!

Elle sort premier plan droite. Gooper sort au fond, à droite. Un chien hurle. Dans la coulisse fond droite, Daisy et Sookey chantent pour réconforter les enfants. On entend la voix d'Edith qui les calme. Margaret va au divan et s'y assoit. Grand-mère va la rejoindre et s'assoit à côté d'elle. L'orage s'éloigne.

GRAND-MÈRE

Brick! Viens ici, Brick! J'ai besoin de toi. (*On*

entend en coulisse les voix des enfants qui pleur-
nichent et la voix d'Edith qui les console. Brick
va à la droite de Grand-mère et se tient debout
près d'elle. Roulement de tonnerre dans le loin-
tain.) C'est extraordinaire comme Brick ressemble
ce soir à l'enfant qu'il était... à ce petit garçon qui
jouait dans le verger et qui ne rentrait jamais que
quand je n'avais plus de voix à force de l'appeler...
Je le vois revenir, en sueur, tombant de sommeil,
avec ses petites joues rouges et ses cheveux mouillés
qui luisaient dans le soir... (*On entend pleurnicher*
les enfants et la voix d'Edith qui les console. Un
chien hurle. Grondements de tonnerre dans le loin-
tain.) (*Même ton :*) Dieu, que le temps passe vite!
La mort commence trop tôt... On ne connaît rien
à la vie, et la voilà déjà! Oh! comprenez donc qu'il
n'y a que l'amour qui compte et que nous devons
nous unir en face de cette chose noire qui vient de
s'installer dans notre maison. (*Un chien hurle en*
coulisse.) Oh! Brick, fils de Grand-père, Grand-père
t'aime tant; si son rêve le plus cher pouvait se
réaliser! Si avant de nous quiter, s'il faut que
Grand-père nous quitte... (*Le chien hurle.*) ... tu lui
faisais cadeau d'un petit-fils qui te ressemble autant
que tu lui ressembles...

MARGARET

Oui, c'est le rêve de Grand-père.

GRAND-MÈRE

Et depuis bien longtemps!

GRAND-PÈRE, dans la véranda premier plan droite.

On dirait que le vent en prend bien à son aise avec cette plantation.

> Lacey paraît au fond gauche et va vers le centre arrière-plan sur la pelouse. Brightie et Small paraissent sur la pelouse au fond. Grand-père va vers le fond droite de la véranda.

LACEY

Bonsoir, monsieur.

BRIGHTIE ET SMALL

Bonsoir, patron. Salut, patron.

GRAND-PÈRE

L'orage a passé le fleuve, Lacey?

LACEY

Il est parti vers l'Arkansas, patron.

> Grand-mère s'est levée en entendant la voix de Grand-père. Elle va dans la véranda par la porte premier plan.

GRAND-MÈRE

Il faut que je m'en aille. Il lirait dans mes yeux...

GRAND-PÈRE, aux hommes.

Y a des dégâts?

BRIGHTIE

Le vent a emporté la véranda de la vieille tante Crawley.

GRAND-PÈRE

Dommage que la vieille tante Crawley n'ait pas été dessus. (*Les ouvriers rient et sortent fond droite. Grand-père entre dans la chambre par la porte du couloir.*) Je peux entrer? (*Il pose son cigare dans le cendrier du bar.*)

Edith et Gooper arrivent derrière Grand-père par la porte du couloir.

MARGARET

L'orage vous a réveillé, Grand-père?

GRAND-PÈRE

Quel orage, ma fille?... Celui du dehors ou ce sacré barouf que vous avez fait ici?

GOOPER, se faufile devant Grand-père et va vers le lit où sont éparpillés tous les papiers.

Je vous demande pardon, Grand-père...

Edith essaie de se faufiler devant Grand-père pour rejoindre Gooper, mais Grand-père étend le bras pour l'en empêcher.

GRAND-PÈRE

Oui, pour faire du potin, vous faisiez du potin! Une chaude discussion. Qu'est-ce qu'on discutait?

EDITH, troublée.

Mais... rien du tout, Père.

GRAND-PÈRE, descend vers le centre premier plan.

Et cette grosse enveloppe que Gooper essaie de cacher? Qu'est-ce que c'est?

GOOPER, fourre en hâte les papiers dans l'enveloppe.
Rien, Père... d'important...

GRAND-PÈRE

Rien d'important, pas vrai? Une grosse enveloppe bourrée de rien d'important! Bon. Une dernière question. (*Il hume l'air.*) Qu'est-ce que ça sent ici? Il me semble flairer une odeur... n'est-ce pas, Brick?... une forte et répugnante odeur de... dissimulation!

BRICK

Je crois que vous y êtes, Père.

GOOPER

Edith, Edith...

GRAND-PÈRE, à Edith, qu'il retient toujours à sa droite.
Il n'y a rien de plus fort. (*Il se tourne vers Brick.*) N'est-ce pas, Brick?

Il lâche Edith qui court à Gooper.

BRICK

Oui, Père, et rien de plus répugnant.

GRAND-PÈRE

Nous sommes d'accord, mon fils. (*Gooper et Edith chuchotent ensemble. Il lui donne la sacoche. Elle se tourne vers la porte du couloir pour sortir, mais Grand-père se retourne vers eux.*) Tu as remarqué, Gooper? la dissimulation a une odeur si forte que l'orage n'a pas pu la chasser de cette chambre.

GOOPER

Vous dites, Père?

GRAND-PÈRE

Mais toi, Edith, tu la sens? N'est-ce pas que tu sens l'odeur répugnante de la dissimulation?

EDITH, cache la sacoche derrière son dos.

Je ne comprends pas, Père.

Gooper prend la sacoche et la cache sous le lit.

GRAND-PÈRE, descend au centre.

Si tu ne la sens pas, merde! Elle pue la mort! (*Dans la véranda, Grand-mère sanglote. Grand-père la regarde.*) Qu'est-ce qu'a donc cette grosse femme couverte de diamants? Qu'est-ce qu'elle a qui ne va pas?

MARGARET, va à Grand-père.

Grand-mère vient d'avoir un petit étourdissement.

GRAND-PÈRE

Eh! là, doucement, Maman! Attention au coup de sang.

MARGARET, près de Grand-père.

Père...

GRAND-PÈRE

Oui?

MARGARET

Vous avez mis la robe de chambre de Brick.
N'est-ce pas qu'elle est douce?

GRAND-PÈRE

Comme mon anniversaire... (*En coulisse, les ouvriers agricoles commencent à chanter avec Sookey
en vedette : « I just can't stay here by myself ».*)
Je n'ai plus besoin de rien, maintenant, que de
douceur... L'anniversaire de la douceur...

Maggie s'agenouille devant Grand-père.

GOOPER

Maggie, je t'en prie, c'est indécent...

EDITH

Pis que ça, déloyal...

Grand-père, du geste, les fait taire.

MARGARET

Et vous portez aussi mes pantoufles chinoises...

GRAND-PÈRE

Tenue d'anniversaire! Couvert de cadeaux de la
tête aux pieds!

MARGARET

J'ai encore quelque chose à vous donner, Grand-
père.

GRAND-PÈRE

Tu me combles.

MARGARET

Mon vrai cadeau. Je crois que vous l'aimerez...
Je porte une petite vie...

GOOPER

Comment?

EDITH

Qu'est-ce qu'elle a dit?

GRAND-PÈRE

Silence.

MARGARET

Je porte dans mon ventre un peu de la vie de
Brick. Ce sera l'enfant de Brick et de Maggie la
chatte. Et voilà mon cadeau.

> Grand-père regarde Brick qui traverse la chambre der-
> rière lui et va vers la porte premier plan gauche.

EDITH

C'est un mensonge!

GRAND-PÈRE

Non. Relève-toi, Maggie. (*Il l'aide à se relever.
Il fait quelques pas vers la droite, prend un cigare
dans la poche de sa robe de chambre et en détache
le bout d'un coup de dent. Pendant tout ce jeu de*

scène, il regarde attentivement Margaret.) Non, c'est la vérité : le corps de cette femme est fait pour donner la vie.

BRICK

Seigneur!

GRAND-PÈRE, à Brick.

Silence, toi aussi. C'est la pure vérité.

GRAND-MÈRE

Le rêve de Grand-père!

GRAND-PÈRE

Gooper, dis à mon notaire qu'il vienne me voir demain.

GOOPER

Mais, Père...

GRAND-PÈRE

Demain matin. (*Il va vers la droite, au-dessus du canapé.*) Et maintenant je m'en vais...

BRICK

Où allez-vous, Grand-père?

GRAND-PÈRE

Sur le toit de ma maison, contempler mon royaume, avant de le remettre... quatorze mille hectares!... des terres les plus riches d'ici à la vallée du Nil!

Il sort par la porte droite, puis par la véranda premier plan droite.

GRAND-MÈRE, le suit.

Puis-je aller avec toi, mon chéri, mon chéri?...
Puis-je aller avec toi?...

Grand-père ne répond pas. Elle sort derrière lui. Margaret est debout près du miroir. Un temps.

GOOPER, va au bar.

Je prendrai bien un whisky.

BRICK

Je comprends ça. Sers-toi.

GOOPER

Trop aimable.

EDITH

Nous savons tous, bien entendu, que c'est un damné mensonge!

GOOPER, il boit.

Un peu de calme, Edith.

EDITH, va vers Gooper.

Une ignoble invention!

GOOPER

Du calme, je t'ai dit.

EDITH

Cette femme n'est pas enceinte!

GOOPER

Et qui donc dit qu'elle l'est?

EDITH

Mais elle-même!

Fin de la chanson des ouvriers agricoles.

GOOPER

Et comment aurait-elle conçu un enfant d'un homme qui ne couche pas avec elle...

EDITH

Il couche sur le divan. Il ne peut pas la souffrir. Il est forcé de boire, de boire sans arrêt, pour pouvoir seulement vivre dans la même chambre qu'elle. (*Elle va à Margaret.*) Comment peux-tu prétendre?... Comment, comment peux-tu?...

BRICK, va à Edith et, la prenant par le bras.

Et toi, comment peux-tu, comment peux-tu prétendre que je ne couche pas avec Maggie?

EDITH

Parce que le mur qui sépare votre chambre de la nôtre est mince comme du papier...

BRICK

Ah!...

EDITH

Chaque soir, elle te supplie, et chaque soir, tu la

repousses. N'espère pas nous duper, ni tromper ce
pauvre homme...

BRICK

Nous faisons peut-être l'amour sans bruit. Il y
a des amants tonitruants, je sais, mais il y a aussi
des amants silencieux.

GOOPER, derrière le canapé.

Ce débat est stupide!

BRICK

Pourquoi ne serions-nous pas des amants silencieux?... D'ailleurs, quand Gooper est à Memphis
et que, toi tu joues au golf ou à la canasta, comment peux-tu savoir ce que Maggie et moi faisons
dans cette chambre? Comment peux-tu le savoir?

Il va vers le divan.

EDITH

Brick, vraiment, tu me révoltes! Jamais je n'aurais pensé que tu t'abaisserais au niveau de cette
femme. Jamais je ne l'aurais cru!

BRICK, s'assoit sur le divan.

Faites-vous une raison! Vous avez entendu les
paroles de Grand-père : « Cette femme a le corps
pour donner la vie. »

EDITH

Qu'est-ce qu'il en sait?

BRICK

C'est vrai. La vie, c'est quelque chose d'acharné, de furieux, et Maggie l'a dans le ventre... Quelque chose d'acharné et de désespéré qui ressemble à Maggie. (*Il se lève et va au bar.*) Et maintenant, je vous en prie, cessez de vous comporter comme si le nommé Brick Pollitt était un type foutu, liquidé, supprimé. Je suis soûl, c'est certain... et j'ai envie de dormir, mais je tiens le coup, n'ayez crainte... Je ne suis pas tout à fait aussi vivant que Maggie, mais je suis tout de même vivant...

GOOPER

Parfait! (*Il prend sa sacoche sous le lit. A Edith* :) Allons-nous-en! Laissons ces tourtereaux roucouler dans leur nid.

EDITH

Oui, un beau nid de vermine!... Sales menteurs!

GOOPER

Du calme!

EDITH

Sales menteurs! Sales menteurs!

Elle sort par le couloir.

GOOPER

Nous allons voir venir, tu comprends, mon petit vieux. (*Il passe à la droite du bar.*) Nous allons simplement voir venir les choses!

Il sort par le couloir. La pendule sonne douze coups.

Maggie et Brick se regardent. Il boit lentement, pose son verre sur le bar. Petit à petit son expression se transforme. Il respire tout à coup très fort. Son expiration trouve son écho chez les chanteurs qui, en coulisse fond droite, commencent à vocaliser : Give me a cool drink of water fo' I die?

MARGARET

C'est le clic?

BRICK

Lui-même.

MARGARET

Bravo! C'est donc que l'éloquence peut le déclencher chez toi aussi bien que le silence.

BRICK

J'ai été éloquent?

MARGARET

Mieux que ça, persuasif. Tu as vu le résultat.

Elle montre la porte par où les Gooper sont sortis.

BRICK

O. K., Maggie, O. K.

Il va lentement vers le lit.

MARGARET

Une petite question, Brick. Est-ce que tu étais sincère?

BRICK

Comment?

MARGARET

Parfaitement sincère?

Un petit temps.

BRICK

Je me le demande moi-même.

Machinalement il prend l'oreiller sur le lit et va vers le divan.

MARGARET

Ah! mais non! (*Elle bondit, lui arrache l'oreiller. Elle se tient face à Brick, l'oreiller serré contre elle.*) Parce que moi, Brick, je suis sincère, je te préviens. Totalement sincère!

BRICK

Je sais, Maggie, je sais.

MARGARET, court au lit, y jette l'oreiller, se retourne.

Et d'une!

BRICK, à lui-même, en souriant.

Quelque chose d'acharné... diablement acharné...

MARGARET

Et ça n'est pas fini! (*Elle va au bar et s'empare de toutes les bouteilles. Brick, debout près du*

*canapé, la regarde. Elle va dans l'entrée et lance,
l'une après l'autre, toutes les bouteilles sur la pelouse, à l'arrière-plan gauche. Elle rentre dans la
chambre et fait face à Brick.)* Et de deux!

BRICK, de même.

Quelque chose de furieux... d'acharné et de furieux... (*A Maggie.*) Je vais dire à Lacey d'aller
me racheter de quoi boire.

MARGARET

Et moi, je dirai à Grand-père de retenir Lacey.
Et il le fera, tu sais.

BRICK

Alors, j'irai moi-même...

MARGARET

Avec ta patte cassée?... Non, mon petit garçon. Je
suis plus forte que toi. Il m'a fallu du temps pour
m'en apercevoir, mais ça y est : je le sais.

BRICK

J'ai peur de commencer à le savoir aussi.

MARGARET

Pourquoi peur? La force soulage l'amour de la
crainte et de la gêne. Je crois que je vais pouvoir
t'aimer librement. (*Elle va lentement à lui.*) J'ai
menti à Père, mais nous pouvons changer ce mensonge en vérité... n'est-ce pas?... Puis nous boirons

tous deux... nous boirons tous les deux, dans cette
chambre que la mort a traversée... Tu ne dis rien,
mon chéri?

BRICK

Je pense au vieux roi, contemplant son royaume...
(*Il lève les yeux vers le plafond.*) Le vieux roi sur
son toit, au-dessus de son royaume... tellement au-
dessus déjà...

> Il va vers le lit et s'assoit, du côté gauche. Margaret
> éteint le plafonnier et s'agenouille près de lui.

MARGARET

Ah! vous autres, hommes faibles et merveilleux
qui mettez tant de grâce à vous retirer du jeu! Il
faut qu'une main, posée sur votre épaule, vous
pousse vers la vie... (*Elle lui effleure la joue.*) Cette
main tendre et légère... (*Tout bas.*) Je t'aime, Brick,
je t'aime.

BRICK

Je pense que je vais finir par le croire, Maggie.

RIDEAU

TABLE

IMPRIMÉ EN FRANCE PAR BRODARD ET TAUPIN
Usine de La Flèche (Sarthe).
LIBRAIRIE GÉNÉRALE FRANÇAISE - 6, rue Pierre-Sarrazin - 75006 Paris.
ISBN : 2 - 253 - 02954 - 8

Thrillers

Parmi les titres parus

Karl ALEXANDER
C'était demain
H.G. Wells à la poursuite de Jack l'Éventreur.

M. BAR-ZOHAR
Enigma
Fils d'escroc, voleur lui-même, « le Baron » oppose son charme et sa bravoure à la Gestapo.

Arnaud de BORCHGRAVE et Robert MOSS
L'Iceberg
La face cachée du K.G.B., l'hydre qui sort ses têtes par tous les médias.

Bernard F. CONNERS
La Dernière Danse
Vingt ans après, le cadavre d'une jeune fille remonte à la surface du lac Placid...

Robin COOK
Vertiges
Des expériences criminelles à donner la migraine.

Robin COOK
Fièvre
Seul contre un empire : pour sauver sa fille, un homme s'attaque à toute l'industrie médicale.

Martin CRUZ SMITH
Gorky Park
Dans ce fameux parc de culture, des cadavres poussent soudain sous la neige...

Robert DALEY
L'Année du Dragon
Chinatown : une ville dans la ville, une mafia d'un tout autre type.

Ken FOLLETT
L'Arme à l'œil
1944. Chasse à l'espion pour un débarquement en trompe l'œil.

Ken FOLLETT
Triangle
1968. Seul contre tous, un agent israélien emporte sous son bras 200 tonnes d'uranium.

Ken FOLLETT
Le Code Rebecca
1942. Le Caire. Lutte à mort contre un espion allemand armé... d'un roman !

William GOLDMAN
Marathon Man
Quand on n'a pas de tête, il faut avoir des jambes... et du cœur au ventre.

Michel GRISOLIA
Barbarie Coast
Du balai chez les marginaux. Clochards de tous les pays, dans le placard !

Michel GRISOLIA
Haute mer
Des hommes et des femmes sur un bateau : tempête sous les crânes.

Michel GRISOLIA
Les Guetteurs
Rien ne sert de courir, même à l'autre bout du monde.

Jack HIGGINS
L'aigle s'est envolé
L'opération la plus folle qui soit sortie du cerveau d'un dément célèbre : Hitler.

Patricia HIGHSMITH
Le Jardin des disparus
Époux en froid, rancœurs réchauffées, encore un recueil de subtiles atrocités.

Patricia HIGHSMITH
Les Gens qui frappent à la porte
Où l'on voit que la vertu est, hélas ! mère des pires maléfices.

William IRISH
Du crépuscule à l'aube
Danse macabre, guet-apens, des histoires à tressaillir et à blêmir.

William IRISH
La Toile de l'araignée
La mort six fois recommencée, six fois réinventée...

Stephen KING
Dead Zone
Super-pouvoir psychologique contre super-pouvoir politique... super-suspense.

Laird KŒNIG
La Petite Fille au bout du chemin
Arsenic et jeunes dentelles...

Laird KŒNIG et **Peter L. DIXON**
Attention, les enfants regardent
Quatre enfants, sages comme des images d'horreur.

Bernard LENTERIC
La Gagne
Une singulière partie de poker : elle se jouera avec et sans cartes.

Robert LUDLUM
La Mémoire dans la peau
Il a tout oublié. Traqué par des tueurs, un homme se penche avec angoisse sur son passé.

Robert LUDLUM
Le Cercle bleu des Matarèse
Deux ennemis mortels se donnent la main pour en combattre un troisième.

Robert LUDLUM
Osterman week-end
Privé de son repos dominical par de redoutables espions soviétiques.

Robert LUDLUM
La Mosaïque Parsifal
Des agents très au courant, branchés pour faire sauter la planète.

Nancy MARKHAM
L'Argent des autres
Les basses œuvres de la haute finance.

Laurence ORIOL
Le tueur est parmi nous
Grossesses très nerveuses dans les Yvelines : un maniaque sexuel tue les femmes enceintes.

Francis RYCK
Le Piège
Retour à la vie ou prélude à la mort ? Un père, sa fille, une autre et des ciseaux...

Francis RYCK
Le Nuage et la Foudre
Un homme traqué par deux loubards, bien décidés à lui faire passer le goût du pain et du libertinage.

Brooks STANWOOD
Jogging
Sains de corps, mais pas forcément sains d'esprit...

Edward TOPOL et **Fridrich NEZNANSKY**
Une disparition de haute importance
Toutes les polices de l'U.R.S.S. à la poursuite d'un journaliste disparu. Du sang, de la « neige » et des balles.

Biblio / Essais

Parmi les titres parus

Jacques ATTALI
Histoires du temps
Où l'on apprend que les techniques de comptage du temps n'ont jamais été autonomes par rapport à l'histoire, aux cultures et aux sociétés.

Jacques ATTALI
Les Trois Mondes
Après avoir vécu dans le monde de la régulation, puis dans celui de la production, nous sommes entrés dans un troisième, celui de l'organisation. Une interprétation originale de la crise économique actuelle.

Cornélius CASTORIADIS
Devant la guerre
Cornélius Castoriadis comptabilise les forces des deux super-puissances et délivre son diagnostic. Un ouvrage clef pour y voir clair dans les nouveaux enjeux de la politique internationale et les idéologies contemporaines.

Catherine CLÉMENT
Vies et légendes de Jacques Lacan
Loin des rumeurs et des passions inutiles, une philosophie déchiffre une œuvre réputée difficile. Et tout devient limpide, simple, passionnant.

Régis DEBRAY
Le Scribe
A quoi servent les intellectuels ? Et qui servent-ils ? Quelles sont leurs armes ? Quels sont leurs rêves ?

Jean-Toussaint DESANTI
Un destin philosophique, *ou les pièges de la croyance*
Une exploration systématique des principaux chemins de la philosophie moderne et des chausse-trappes que l'on peut y rencontrer.

Laurent DISPOT
La Machine à terreur
Terreur d'hier, terrorisme d'aujourd'hui. Des maîtres du Comité de salut public révolutionnaire aux partisans d'Action directe et aux membres de la « bande à Baader », pas de différence notable.

Lucien FEBVRE
Au cœur religieux du XVIe siècle
L'espace intellectuel du XVIe siècle visité dans ses moindres recoins : la Réforme, Luther, Érasme, Dolet, Calvin...

Elisabeth de FONTENAY
Diderot ou le matérialisme enchanté
Un Diderot méconnu, penseur des questions brûlantes qui tourmentent notre temps : la liberté, la féminité, la lutte contre les pouvoirs, le désir, la découverte de toutes les différences...

René GIRARD
Des choses cachées depuis la fondation du monde
Analyse approfondie des mécanismes sanguinaires qui règlent la vie des sociétés, commentaire magistral de l'antidote à la violence : la parole biblique.

René GIRARD
Critique dans un souterrain
Où l'on voit fonctionner le triangle infernal du désir (je veux ce que toi tu veux) dans les grandes œuvres littéraires.

René GIRARD
Le Bouc émissaire
Schéma fatal du mécanisme de la victime émissaire : quand les sociétés entrent en crise et qu'elles ne peuvent récupérer leur unité qu'au prix d'un sacrifice sanglant. De l'Inquisition aux camps nazis et au Goulag soviétique.

André GLUCKSMANN
Le Discours de la guerre, *suivi d*'Europe 2004
A partir de la grande tradition de la réflexion stratégique (Machiavel, Clausewitz, Hegel, Lénine, Mao), une œuvre capitale qui déchiffre l'impensé de la politique internationale d'aujourd'hui.

André GLUCKSMANN
La Force du vertige
Repenser le pacifisme à la lumière de l'arme atomique. Quand on parle la langue de la force, il faut répondre avec les mêmes mots. A partir de là, tout devient simple.

Roland JACCARD *(sous la direction de)*
Histoire de la psychanalyse (I et II)
Une histoire érudite et claire qui relate la genèse des découvertes freudiennes et leur cheminement à travers la planète.

Claude LEFORT
L'Invention démocratique
Non, le totalitarisme n'est pas un mal irrémédiable. Et à qui sait attendre, des voix jaillies des profondeurs de l'oppression racontent le roman de sa disparition.

Emmanuel LEVINAS
Éthique et Infini
Le regard d'Emmanuel Lévinas sur son propre ouvrage philosophique. Un livre de sagesse.

Emmanuel LÉVINAS
Difficile Liberté
C'est une dénonciation vigoureuse de la violence masquée qui hante notre conscience occidentale et travaille sournoisement notre raison comme notre histoire. Contre l'écrasement, un seul recours : la morale.

Bernard-Henri LÉVY
Les Indes rouges, *précédé d'une* Préface inédite
Travail d'analyse politique exceptionnel sur l'un des premiers échecs historiques du marxisme.

Anne MARTIN-FUGIER
La Place des bonnes
La domesticité au XIXe siècle. A travers l'examen de cette couche sociale, une jeune historienne propose une surprenante radiographie de la société bourgeoise.

Edgar MORIN
La Métamorphose de Plozevet, *Commune en France*
Le classique de la sociologie française. Où est cerné avec une exceptionnelle acuité l'irruption de la modernité dans une commune en France.

Edgar MORIN
L'Esprit du temps
Lecture raisonnée du temps présent, un repérage des valeurs, des mythes et des rêves du monde développé à l'entrée de la décennie 60.

Ernest RENAN
Marc Aurèle et la fin du monde antique
Dans ce texte lumineux, tout le projet du philosophe se manifeste.
Son rapport étrange et fascinant avec la religion. Un document
sur la Rome antique, qui est aussi un livre novateur.

Marthe ROBERT
En haine du roman
A la lumière de la psychanalyse, Marthe Robert réexamine le phé-
nomène Flaubert et fait surgir un personnage nouveau. Une sorte
de Janus, partagé entre deux êtres, à partir duquel on doit expli-
quer désormais tout le processus de sa création littéraire.

Marthe ROBERT
La Vérité littéraire
Le mot, l'usage des mots : deux problèmes au cœur de La Vérité
littéraire. Ceux qui ont en charge le langage sont mis à la ques-
tion : de l'écrivain au journaliste, en passant par le traduc-
teur.

Marthe ROBERT
Livre de lectures
Une réflexion neuve sur la crise de la littérature, qui est aussi une
véritable leçon de lecture.

Michel SERRES
Esthétiques sur Carpaccio
Les registres de la connaissance mis en peinture. Une réflexion
sur le langage, mais aussi sur l'amour, la guerre, la mort, la
science.

Alexandre ZINOVIEV
Le Communisme comme réalité
L'auteur décrit avec une terrible minutie la logique qui mène à
l'instauration du régime totalitaire, et ensuite l'incroyable fonc-
tionnement des sociétés qu'il engendre.